L'HISTOIRE

DE

LA MUSIQUE

HISTOIRE

DE

LA MUSIQUE

PAR

PAUL LANDORMY

ANCIEN ÉLÈVE DE L'ÉCOLE NORMALE SUPÉRIEURE
AGRÉGÉ DE PHILOSOPHIE
PROFESSEUR DE L'UNIVERSITÉ

*« C'est le chant des siècles et la fleur
de l'histoire ; elle pousse sur la douleur
comme sur la joie de l'humanité. »*
ROMAIN ROLLAND.

DEUXIÈME ÉDITION, REVUE ET CORRIGÉE

PARIS

LIBRAIRIE PAUL DELAPLANE

48, RUE MONSIEUR-LE-PRINCE, 48

—

1911

AVERTISSEMENT

Cet ouvrage résume une expérience de huit années, et tout un effort pour créer une sorte d'enseignement secondaire de l'histoire de la Musique. *Il n'a pas la prétention d'être complet, ni surtout définitif ; mais il fournira, sur les questions les plus importantes et les mieux connues, des indications qu'on a voulu rendre aussi précises que possible.*

Il ne faut pas oublier que l'histoire de la musique est encore dans l'enfance, que dans son vaste domaine il y a bien des régions inexplorées, que tous les jours les recherches des spécialistes apportent sur tel ou tel point quelques lumières nouvelles.

La musique est aussi ancienne que le monde ; mais c'est un art dont on a toujours oublié le passé : d'abord parce que ses transformations, souvent très rapides (surtout dans les temps modernes), ont déterminé ou accompagné une évolution parallèle du goût public qui s'est immédiatement détourné des productions antérieures ; chaque nouvelle école a fait dater de son apparition l'avènement de l'art musical, et a déclaré qu'avant elle régnait la barbarie. Et puis, tandis que les Pyramides sont toujours debout, et l'Acropole et le Parthénon, même en ruines, et nos cathédrales, pour s'imposer à notre admiration, ou du moins à notre attention, la musique au contraire, du moment qu'elle n'est plus exécutée, n'existe plus pour personne, et l'on perd même parfois jusqu'à la connaissance des signes qui servaient à la noter. Si bien que, parmi les manifestations de l'activité humaine, il n'y en avait aucune dont l'histoire dût nécessairement demeurer plus longtemps inconnue.

C'est depuis une vingtaine d'années surtout qu'en France, en Allemagne, en Angleterre, en Italie, on travaille à l'avancement de cette science nouvelle ; ses progrès déjà considérables sont fort peu de chose en comparaison de ce qui reste à faire.

Dans ce modeste essai, nous n'avons eu pour but que de fixer les premiers résultats obtenus ; et, si le public doit s'intéresser à notre tentative, nous demandons à tous les hommes compétents de vouloir bien nous aider par leurs critiques et par leurs conseils à tenir les éditions ultérieures de ce livre au courant des découvertes de l'érudition (1).

PAUL LANDORMY

(1) Je dois un particulier remerciement à M. Pierre Aubry, le très érudit musicologue, qui a bien voulu revoir les pages de ce livre relatives au moyen âge, et à MM. Bouchor, Laloy, Eug. Landry, Tommasini, Ch. Van den Borren, qui m'ont suggéré de très heureuses corrections pour la deuxième édition de cet ouvrage.

HISTOIRE DE LA MUSIQUE

PREMIÈRE PARTIE

**LA MUSIQUE
DEPUIS L'ANTIQUITÉ JUSQU'A LA RENAISSANCE.
L'OPÉRA EN ITALIE ET EN FRANCE
JUSQU'A LA RÉVOLUTION ET L'EMPIRE.**

CHAPITRE PREMIER

LA MUSIQUE ANTIQUE ET LE CHANT GRÉGORIEN.

La question des origines de la musique est trop obscure et trop controversée pour qu'elle puisse donner lieu à un exposé élémentaire. Le chant précéda-t-il la parole ? Le chant fut-il au contraire une imitation et une exagération des inflexions naturelles du langage? Le chant et la parole sont-ils deux manifestations parallèles de la vie psychologique? Nous ne chercherons pas à résoudre des problèmes aussi complexes.

Qu'il nous suffise de noter l'extrême variété des musiques primitives. Il est impossible d'admettre ici une évolution en ligne droite. L'art musical est certainement issu de bien des sources différentes et s'est formé progressivement de la conciliation de tendances d'abord divergentes.

On peut supposer que dans la musique orientale le rôle du *rythme* fut d'abord prépondérant, à cause de l'union étroite de la musique et de la danse. Pour la même raison les instruments devaient y avoir une place très importante, et de la construction de ces instruments a sans doute dépendu en grande partie la détermination des intervalles mélodiques. Comment furent construits les premiers instruments ? Par exemple, pour percer les trous d'une flûte obéit-on surtout à des considérations mathématiques, c'est-à-dire posa-t-on *a priori* cette loi simple que la même distance séparerait toujours un trou du suivant ? Ou bien, au contraire, procéda-t-on par tâtonnements et essaya-t-on différentes méthodes en cherchant avant tout la satisfaction de l'oreille? Nous nous bornerons à indiquer des questions aussi délicates. — D'autre part, n'est-il pas vraisemblable que l'étude de la virtuosité instrumentale dut avoir son influence sur la conception de l'art du chant, si bien que la prédilection des Orientaux pour les *vocalises* s'expliquerait ainsi, au moins en partie?

Chez les **Grecs**, la musique semble avoir des liens plus étroits avec la *poésie* qu'avec la danse. Dans l'art grec c'est l'influence de la *parole* sur le *chant* qui est prédominante; le chant ressemble à un récitatif dans lequel les mètres poétiques seraient surtout mis en valeur.

Mais ce ne sont là que des indications très générales et très problématiques ; et il faut tenir compte aussi des relations ininterrompues de la Grèce avec l'Orient, relations qui ne pouvaient manquer d'établir une parenté ou du moins des échanges fréquents entre les arts de peuples aussi voisins.

Si nous comparons entre elles les gammes en usage dans les différentes nations de l'antiquité, ici encore nous ne rencontrons que diversités. La *gamme chinoise*, comme la *gamme celtique*, se compose de cinq sons seulement :

On a prétendu que c'était la forme primitive de la gamme chez tous les peuples. (M. Saint-Saëns a employé dans le ballet de son *Henry VIII* une vieille mélodie écossaise dont toutes les notes sont empruntées à cette gamme.)

Les *gammes grecques* sont formées de sept sons, comme les nôtres; mais elles admettent toutes sortes de variétés dont nous avons bien de la difficulté à saisir aujourd'hui la valeur esthétique.

Cet art grec est du reste le seul des arts antiques que nous connaissions avec un peu de précision et dont il puisse être intéressant de résumer ici les principes. C'est donc à quoi nous nous bornerons.

D'après M. Hugo Riemann la gamme fondamentale des Grecs serait la *gamme dorienne :*

dont il est curieux de signaler l'analogie avec notre gamme majeure :

mais tandis que notre gamme est essentiellement *ascendante*, la gamme dorienne est essentiellement *descendante* : la monter, c'était, aux yeux des Grecs, la prendre à l'envers. La place des demi-tons dans les deux gammes est la même, si l'on considère chaque gamme dans son sens direct, et non dans son sens inverse. N'oublions pas qu'une gamme est un mouvement mélodique, et que de la direction de ce mouvement dépendent les attractions entre les notes, et par suite la détermination de la place des demi-tons.

Notre gamme a une *tonique* qui en est le premier son. Mais la notion de la tonique n'a de sens qu'au point de vue moderne de l'harmonie. L'harmonie, telle que nous l'entendons, était ignorée des Grecs. Leur gamme n'avait donc pas de tonique. Mais cependant une note y avait un rôle prépondérant : c'était la *médiante*. Dans la gamme dorienne, la médiante était le *la*. Son nom lui venait de sa position presque centrale, et son importance était due sans doute à ce fait que la plupart des relations mélodiques se percevaient directement ou indirectement par rapport à elle; et ainsi la gamme dorienne sonnait aux oreilles des Grecs à peu près comme notre gamme de *la mineur*.

La gamme dorienne est l'échelle fixe des sons dans la musique grecque. Mais elle se transforme en une

série de gammes diverses ou *modes*, selon que l'on en
déplace le point de départ et la médiante. Voici les
sept modes des Grecs :

De même que nous transposons notre gamme majeure d'*ut* et notre gamme mineure de *la* dans quatorze tonalités différentes par le moyen d'altérations
ascendantes ou descendantes, les Grecs usaient de
transpositions analogues. Ils surent même *moduler* à
la quinte inférieure par des moyens purement mélodiques.

Nous n'avons exposé jusqu'ici le système musical
des Grecs que selon sa forme la plus ancienne qu'ils

appelaient *le genre diatonique*. Des complications s'introduisirent par la suite sous les noms de *genre enharmonique* et de *genre chromatique ;* elles consistèrent à varier les intervalles entre les différents sons de la gamme par toutes sortes d'altérations quelquefois inférieures ou un peu supérieures à un demi-ton, ce qui donnait lieu à des successions mélodiques dont nous n'avons aucun exemple dans notre musique occidentale moderne.

La musique grecque était essentiellement *homophone*, comme toutes les musiques de l'antiquité, c'est-à-dire que les Grecs ne considéraient pas comme musicale la production simultanée de deux sons différents. Quand ils chantaient des chœurs, c'était toujours à l'unisson, ou à l'octave, et déjà le redoublement d'un chant à l'octave, tel qu'il se produit quand on associe des voix de femmes à des voix d'hommes, leur paraissait d'une complication audacieuse. Les instruments qui accompagnaient les voix se contentaient de doubler leur partie ; parfois cependant ils y ajoutaient une « broderie » ; mais de tels ornements n'avaient à aucun degré le caractère ou le rôle de nos harmonies, de nos accords modernes.

Les principaux instruments qu'employaient les Grecs étaient la *lyre* et la *cithare*, montées pendant longtemps à sept cordes, l'*aulos*, sorte de hautbois, et la *syringe*, sorte de flûte de Pan.

Les Grecs ont connu la musique purement instrumentale, et dans certaines fêtes solennelles de grands concours publics avaient lieu entre les plus renommés virtuoses. Nous possédons, sous le titre de *Nome Pythique*, le programme d'une sorte de Sonate ou de Concerto descriptif en l'honneur de la victoire

d'Apollon sur le serpent Python (vi^e siècle av. J.-C.).
Tous les instrumentistes les plus fameux de l'antiquité brillèrent à tour de rôle dans l'exécution de
leur « Pythicon ». Mais si le jeu des instruments en
solo prit de plus en plus d'importance dans la vie
sociale de la Grèce, primitivement la musique grecque
fut surtout vocale. Les œuvres lyriques de tous les
anciens poètes étaient composées pour être chantées.
La tragédie grecque était un drame en grande partie
musical : les chœurs y étaient chantés et dansés ; un
bon nombre des monologues et même des dialogues
étaient également chantés, surtout à l'origine, par
exemple dans les œuvres d'Eschyle. Et l'on sait qu'à
Athènes notamment, les représentations de tragédies
étaient des cérémonies officielles et des fêtes populaires auxquelles toute la cité prenait part. C'est dire
quelle place l'art musical, associé à la poésie, à la danse,
à la mimique, tenait dans la Grèce antique. Il est malheureux que nous ne possédions aucun texte de
musique tragique. Les seuls fragments de musique
grecque qui soient parvenus jusqu'à nous sont une
mélodie sur le début de la *première ode pythique* de
Pindare (environ 400 av. J.-C.), une lamentation
(Skolion) sur le néant de la vie, un fragment musical
de l'*Oreste* d'*Euripide*, deux *hymnes* du iie siècle
avant J.-C., trois *hymnes* de *Mésomède de Crète* (iie ou
ive siècle ap. J.-C.).

La musique de l'**Église chrétienne** est issue principalement de la musique grecque. Cependant, ici
encore, il faut tenir compte de l'influence de la
vocalise orientale.

Les deux grands organisateurs de cet art nouveau
sont *Saint Ambroise* (qui mourut en 397) et *Saint
Grégoire* (pape de 590 à 604), qui donna son nom au

chant grégorien. [Quelques auteurs se demandent si
le Grégoire dont il s'agit ici n'est pas plutôt Gré
goire II (715-731) ou bien Grégoire III (731-741).]

La musique ecclésiastique comportait un système
de *modes* comme la musique grecque, mais assez
différent. L'ancienne église byzantine distinguait
huit modes numérotés de l'aigu au grave, et d'où se
trouvaient éliminées toutes les successions enharmoni-
ques et chromatiques. Les modes ecclésiastiques du
système occidental furent numérotés du grave à
l'aigu et ils étaient d'abord au nombre de huit :

Remarquons que dans ce tableau ne figurent parmi
les modes authentiques ni notre mode majeur, ni
notre mode mineur modernes. C'est au XVIᵉ siècle

seulement qu'ils furent introduits dans la musique ecclésiastique et que le système fut complété de la manière suivante :

Par une fausse assimilation avec les modes antiques on donna aussi à ces douze modes les noms suivants : 1. *Dorien*, 2. *Hypodorien*, 3. *Phrygien*, 4. *Hypophrygien*, 5. *Lydien*, 6. *Hypolydien*, 7. *Mixolydien*, 8. *Hypomixolydien*, 9. *Ionien*, 10. *Hypoionien*, 11. *Éolien*, 12. *Hypoéolien*.

Comme la musique grecque, le chant grégorien était *homophone*; il se chantait primitivement sans accompagnement, et son rythme, très libre, était celui de la prose à laquelle il devait s'adapter ; chaque syllabe correspondait tantôt à une seule note, tantôt à un groupe de notes formant parfois une véritable vocalise. L'ancienne tradition se perdit assez rapidement et le chant grégorien devint alors le *plain-chant* ainsi appelé à cause de son caractère très uni (*planus cantus*), tout rythme ayant disparu, et la même valeur étant attribuée à toutes les notes. En accompagnant le plain-chant d'harmonies massives, on acheva de lui enlever tout caractère. A quel point le chant grégorien fut ainsi dénaturé, nous pouvons

facilement nous en rendre compte par une petite
expérience très facile à réaliser : prenons l'air de
Rosine dans le *Barbier de Séville* de Rossini ; chan-
tons lentement les notes de la mélodie et des
vocalises, en leur donnant à toutes une valeur égale,
et accompagnons chaque note d'un accord consonant,
nous aurons une idée du rapport qu'il peut y avoir
entre le plain-chant tel qu'on l'exécute à l'heure
actuelle dans la plupart des églises, et le chant grégorien primitif. C'est contre cette déplorable barbarie
que s'est élevée récemment la papauté ; un « *motu
proprio* » eut pour objet d'indiquer comme une
réforme nécessaire le retour à la vieille tradition
perdue.

L'art grégorien naquit dans une des époques les
plus troublées de l'histoire du monde ; nous nous
figurons malaisément que le démembrement de
l'Empire romain et les grandes invasions, que le
bouleversement de la civilisation antique, les guerres,
les pillages, les meurtres et les ruines fussent des conditions favorables pour le développement d'un art.
En fait, c'est au milieu des massacres, des pestes, des
famines, des cataclysmes de toutes sortes, où saint
Grégoire voit les signes avant-coureurs de la fin du
monde et du Jugement dernier, que s'élèvent pour
la première fois ces chants de paix et d'espoir, d'une
simplicité lumineuse, d'une émotion si douce. « Voilà,
dit M. Romain Rolland, cet art sorti de la barbarie et
où rien n'est barbare », « témoin parlant, ajoute
M. Gevaert, de l'état d'âme de ceux qui vécurent au
milieu de tant de formidables événements ».

Cet art devint vite populaire et régna sur toute la
chrétienté. « Charlemagne et Louis le Pieux passaient

des journées à chanter ou à entendre ces chants, à s'absorber en eux. Charles le Chauve, malgré les troubles de son règne, entretenait une correspondance musicale et composait de la musique en collaboration avec les moines du couvent de Saint-Gall. Rien d'émouvant comme ce recueillement d'art, cette floraison souriante de musique, malgré tout, en dépit de tout, au travers des convulsions sociales. »

De ce passé lointain que nous venons de parcourir rapidement, il reste en certains pays quelque chose de bien vivant, c'est la *chanson populaire*. On sera tout étonné, en lisant les deux volumes dans lesquels M. Bourgault-Ducoudray a rassemblé quelques-unes des plus caractéristiques chansons de la Grèce et de la Bretagne, de retrouver, dans ces mélodies d'une beauté parfois si pure ou bien si émouvante, les vieux modes de la musique grecque ou ceux du chant grégorien.

LECTURES RECOMMANDÉES.

Ouvrages de critique et d'histoire : GEVAERT, *Histoire et théorie de la musique dans l'antiquité* (Annoot-Braukmann, à Gand). — LOUIS LALOY, *Aristoxène de Tarente et la musique de l'antiquité* (Lecène et Oudin). — ROMAIN ROLLAND, *Musiciens d'autrefois*, Préface (Hachette). — HUGO RIEMANN, *Dictionnaire de musique*, traduction Georges Humbert (Perrin). Nous citons une fois pour toutes cet excellent ouvrage, qu'il sera utile de consulter à propos de chaque question d'histoire ou de théorie musicales. — GASTOUÉ, *Les origines du chant romain* (Paris, Schola cantorum). — GASTOUÉ, *Petit précis de chant romain grégorien* (Schola cantorum). — GASTOUÉ, *Cours théorique et pratique de plain-chant romain grégorien* (Schola cantorum). — GASTOUÉ, *L'Art grégorien*, collection « Les maîtres de la musique » (Alcan). — NORBERT ROUSSEAU, *L'école grégorienne de Solesmes* (Desclée à Tournai, 1910). — JULIEN TIERSOT, *Histoire de la chanson populaire en France.* — LOUIS LALOY, *La Musique chinoise*, collection « Les musiciens célèbres » (Laurens).

Textes musicaux : *Hymne à Apollon*, chant grec du IIIe ou IIe siècle avant J.-C., transcrit par M. Th. Reinach (Bornemann). — Mésomède de Crète, *Hymne à Némésis*, chant grec du IIe siècle ap. J.-C. (dans l'ouvrage de Gevaert cité plus haut). — *Paléographie musicale*, Solesmes, 1889 sqq. — *Chant grégorien, édition vaticane*, publiée à Rome par la Commission pontificale (Lecoffre, Paris). — *Les principaux chants liturgiques du chœur et des fidèles*, édition en notation moderne (Poussielgue). — *Mélodies populaires de la Grèce*, et *Mélodies populaires de Basse-Bretagne*, recueillies et harmonisées par M. Bourgault-Ducoudray (Lemoine). — *Mélodies populaires des provinces de France*, reuceillies et harmonisées par M. Tiersot (Heugel).

CHAPITRE II

MOYEN AGE ET RENAISSANCE.

La musique fut, au moyen âge, le premier des arts. Saint Thomas d'Aquin lui donne « le premier rang parmi les sept arts libéraux » et la considère « comme la plus noble des sciences modernes ». *Art* et *science* à la fois, on l'enseignait dans les universités à côté de l'arithmétique, de la géométrie, de l'astronomie. De bonne heure les règles en furent étroitement déterminées, et, selon l'esprit de la Scolastique, l'invention musicale était considérée comme œuvre de raison plutôt que d'imagination ou de sentiment.

Mais justement le besoin parfois exagéré d'organisation rationnelle, qui caractérise l'activité du moyen âge, eut ici des effets excellents : car il s'agissait de débrouiller le chaos de la polyphonie naissante, de fixer la mesure du rythme, de trouver une notation précise pour les hauteurs et les durées sonores.

L'antiquité, l'Église primitive ne connurent que l'*homophonie*. C'est vers le ix⁰ siècle seulement que l'on eut l'idée de redoubler un chant, non plus à l'octave, mais à la quinte : tels furent les débuts obscurs de la *polyphonie*. On nomma **diaphonie** ce mélange de voix chantant la même mélodie à l'intervalle d'une quinte. Rien ne nous paraît aujourd'hui plus étrange, plus dur à l'oreille et plus contraire à nos habitudes musicales que le long parallélisme de quintes toutes nues. Il ne faut pas cependant s'étonner que ce soit de cette façon qu'on ait d'abord songé à marier ensemble deux mélodies analogues. D'abord la quinte passait pour le plus consonant des intervalles après l'octave. Et puis il est tout naturel qu'une basse et un ténor ayant la même phrase à chanter, pour mieux l'approprier à la tessiture de leurs voix, l'entonnent dans deux tonalités distantes d'une quinte. Enfin si nous faisons l'expérience de la diaphonie non à l'aide d'un piano ou d'instruments à cordes, mais avec des voix humaines, nous remarquerons que ces suites de quintes qui nous choquent si fort lorsque des instruments les font entendre, sonnent d'une façon infiniment plus douce dans un ensemble choral.

En Angleterre une des formes primitives de la polyphonie fut ce qu'on appela, on ne sait trop pourquoi, le *faux bourdon*, et qui consistait dans une série de tierces ou de sixtes parallèles et superposées au *cantus firmus* du texte grégorien.

Mais la grande découverte, celle-là véritablement féconde, fut celle du déchant (*discantus*), qui se régularisa à partir du xiie siècle. Cette fois ce n'est plus de *mouvements parallèles* qu'il s'agit mais de *mouvements contraires*. A une mélodie on ne superpose plus la même mélodie transposée, mais une autre mélodie dont les contours et ceux de la mélodie principale suivent des directions divergentes, et dont les notes principales sont consonantes une à une avec celles de la première. (Primitivement l'octave, la quinte, la quarte et l'unisson furent seuls admis comme consonances.)

Le déchant primitif était à deux voix : l'une de ces voix, celle qui suivait le texte du chant grégorien, ou *cantus firmus*, s'appelait *tenor*, c'est-à-dire partie conductrice; l'autre, qui se plaçait toujours au-dessus, était nommée *discantus* ; et ces deux termes finirent par signifier les voix moyennes et les voix hautes. Plus tard on ajouta une troisième voix, le *contratenor*, qui chantait, tantôt au-dessus, tantôt au-dessous du ténor et qui se divisa bientôt en deux parties différentes : la *basse* au-dessous du ténor, et le *contra-tenor*, ou *alta vox*, ou *altus* (voix haute) au-dessus du ténor. Le discantus prit alors le nom de *supremus* (voix la plus haute). Altus est devenu *alto* en italien, et supremus, *soprano*.

Le déchant est l'origine du *contrepoint*. A vrai dire, ce second mot exprime la même idée que le premier ; il signifie que contre chaque note du ténor on place une note du discantus, *punctum contra punctum*. Mais, comme ce nouveau terme ne fut employé qu'à partir du xıvᵉ siècle, il désigne un état beaucoup plus avancé de l'art de mélanger les voix ou les parties instrumentales. Parmi les inventions qui contribuèrent le plus au progrès du contrepoint il faut citer :

1º L'emploi des « notes de passage » ou *figuration*. Voici un contrepoint note contre note :

Voici le même contrepoint avec « diminution » de la valeur des notes ; c'est un exemple que nous donne

Jean de Muris, célèbre théoricien du xive siècle :

2° La recherche de l'*imitation*, principe nouveau qui acquerra toute son importance avec la Renaissance et ne cessera de féconder l'inspiration de la plupart des grands musiciens des temps modernes. L'imitation dans le contrepoint consiste à employer comme contrepoint d'un thème mélodique, ou bien ce thème lui-même se superposant à son premier énoncé par un second énoncé en retard sur le premier (c'est là l'origine du *canon*), ou bien des fragments et des déformations de ce thème.

3° *L'usage du mouvement parallèle alternant avec le mouvement contraire.* Par là le contrepoint gagnait infiniment en liberté et en souplesse.

D'abord le déchant fut improvisé par le chanteur lui-même (*contrapunto alla mente*, chant sur le livre). Mais, à mesure que le déchant se compliqua, il devint nécessaire de le noter, et aussi d'en mesurer exactement le rythme. Comment sans ces précautions les différentes voix se seraient-elles suivies ? Comment aurait-on pu éviter la confusion et le désordre ? Il fallait bien assurer la stabilité de l'ensemble.

Jusque-là le **rythme du chant grégorien** était libre, et à un double point de vue.

D'abord il se composait de valeurs en durée dont le groupement n'était nullement astreint à ces symétries que nous appelons dans notre musique moderne des « mesures ». Un allegro d'une symphonie de Beethoven est écrit à trois temps ou bien à quatre temps, c'est-à-dire que l'ensemble du morceau est décomposable en un nombre déterminé de groupes de valeurs marqués en général par un accent initial, tous égaux entre eux et tous divisibles soit en trois soit en quatre parties égales : ce sont ces groupes qu'on appelle des mesures. Une phrase de chant grégorien n'est ni à deux, ni à trois, ni à quatre temps ; elle est formée d'une série de valeurs qu'il est impossible de répartir en mesures égales ; il faudrait changer la mesure continuellement, ce qui revient à dire qu'il n'y en a pas. La durée de chaque note n'est donc pas appréciée dans le chant grégorien par rapport à la durée d'une mesure abstraite et de chacune de ses divisions ; mais c'est la durée du *premier temps (tempus primum)* ou de la première note, qui décide de la durée de tous les autres temps et de toutes les autres notes, celle-ci n'étant appréciée que par comparaison avec cette durée initiale.

D'autre part, on comprend qu'un rythme, qui n'est pas, à proprement parler, mesuré, ne soit pas très rigoureux. Le rapport des valeurs longues et des valeurs brèves ne saurait y être exactement déterminé. Dans notre musique, une blanche vaut précisément deux noires ; il paraît impossible de soutenir que dans le chant grégorien primitif une longue valût deux ou trois brèves ; une longue durait plus qu'une brève, voilà tout : de même que dans le langage parlé il y a des syllabes longues et des syllabes brèves, sans que l'on puisse dire qu'entre la durée des unes et celle des autres existe un rapport fixe et invariable. Les termes « longue » et « brève » n'eurent donc pas d'abord une signification musicale, mais seulement *prosodique*. Justement le chant grégorien primitif devait suivre, dans toutes ses variétés et ses dissymétries, le rythme naturel du langage, et du langage sous sa forme la plus libre, de la *prose*.

La polyphonie devait rendre nécessaire la détermination précise de la valeur de chaque note. C'est au xıı^e siècle que naquit l'*ars mensurabilis*, c'est-à-dire la musique mesurée. Elle donna lieu à un progrès considérable dans la *notation musicale*.

Dans l'antiquité, les notes étaient représentées par des *lettres*. Avec le chant grégorien s'établit l'usage des **neumes**, c'est-à-dire de petits dessins, indiquant, d'une façon très obscure, certains contours mélodiques ou certains ornements, et des points représentant la hauteur des sons par la plus ou moins grande distance à laquelle ils étaient placés au-dessus du texte liturgique. Puis on eut l'idée de tracer une ligne qui représentait la hauteur d'un son fixe, le *fa*. Les points se plaçaient alors sur cette ligne, au-dessus et au-dessous, suivant que la note était *fa*, un son plus élevé ou un son plus grave. On se servit ensuite d'une seconde ligne, la ligne d'*ut*. Enfin on écrivit sur quatre ou cinq lignes et l'on supprima de plus en plus les abréviations de toutes sortes dont était encombrée la notation primitive (1). Mais jusqu'au xıı^e siècle la notation

(1) *Guido d'Arezzo* (xı^e siècle) fut certainement pour quelque chose dans l'invention des lignes de la portée. Il en codifia et en régularisa l'usage. En revanche, c'est à tort qu'on lui attribue le mérite d'avoir donné un nom aux notes de la gamme en empruntant une syllabe au début de chaque vers de *l'Hymne à saint Jean* :

> **Ut** *queant laxis*
> **Re**sonare *fibris*
> **Mira** *gestorum*
> **Fa**muli *tuorum*
> **Solve** *polluti*
> **La**bii *reatum*
> **Sa**ncte *Joannes*

Cet usage existait avant lui. — La septième note ne reçut le nom *si* qu'au xvı^e siècle. Jusque-là on ne se servait que des syllabes, *ut*, *ré*, *mi*, *fa*, *sol*, *la*, pour distinguer les six premières notes. Mais alors, quand on avait besoin de nommer le *si*, on appelait le *sol* : *ut* par exemple, et l'hexacorde *sol*, *la*, *si*, *ut*, *ré mi* devenait *ut*, *ré*, *mi*, *fa*, *sol*, *la*. Ce système très compliqué s'appela théorie des *muances* (*mutatio*, changement d'hexacordes) ou *solmisation*, et devait conduire tout naturellement à la notion des *tonalités* et de la *modulation*.

dite *carrée* n'indiqua que la hauteur des sons et non leur *durée*. C'est au XIIe siècle seulement qu'apparaît la notation mesurée ou *proportionnelle* qui distingue la longue (figure carrée avec une queue en bas et à droite) et la brève (simple carré). Ce système de mensuration était encore bien incommode : d'abord, en vertu de bizarres considérations métaphysiques, le nombre trois étant posé comme parfait, la *mesure ternaire* était seule admise ; ce n'est qu'au milieu du XIVe siècle qu'apparaît dans la notation et dans la théorie la *mesure binaire*. D'autre part, la *barre de mesure* qui par son retour régulier devait faciliter l'exécution d'un ensemble choral, ne fut employée que beaucoup plus tard, à la fin du XVIe siècle ou au commencement du XVIIe. Enfin, à mesure que pour satisfaire à toutes les nécessités de la pratique d'un art de plus en plus raffiné se compliqua la notation proportionnelle, il arriva que la valeur de chaque figure de note n'était plus fixe, mais variait selon le rythme général de chaque morceau et n'était exactement déterminée que par la nature des figures des notes voisines.

On voit au milieu de quelles difficultés de toutes sortes se développa au moyen âge la polyphonie naissante. Elle n'en fit pas moins rapidement des progrès considérables et dès l'époque de saint Louis c'était un art organisé, qui de Notre-Dame de Paris rayonna sur toute l'Europe. A cette époque, on distinguait trois principales formes de pièces polyphoniques : l'*organum* double, triple ou quadruple (à deux, trois ou quatre voix), construit toujours sur un « thème donné » de chant grégorien ; le *conductus*, dans lequel le compositeur mettait en musique une poésie profane et n'employait que des thèmes originaux ;

le *motet* enfin, courte pièce (*motetus*, *brevis motus cantilenæ*, nous dit vers 1225 Walter Odington) dont le ténor était emprunté au chant liturgique, et les autres parties se chantaient sur des paroles différentes de celles du ténor, si bien que le français se trouvait parfois mélangé au latin ; quelquefois aussi le ténor était simplement joué par un instrument et les autres parties chantées.

En face de la musique d'église, de la musique savante, de la musique polyphonique, les **trouvères** et les **troubadours** représentent la musique profane, la musique populaire, la musique homophonique. Ce furent des *poètes* qui, depuis le milieu du xiie siècle jusqu'à la fin du xiiie, écrivirent soit en langue d'oïl (français), soit en langue d'oc (provençal), des pièces lyriques destinées à être chantées. Le plus souvent ils furent compositeurs en même temps que poètes. Nobles ou bourgeois, ils s'inspirèrent surtout de la chanson populaire. Purement mélodistes, ils sont les lointains ancêtres de nos Monsigny, de nos Grétry, de nos Boïeldieu. Quelques-uns d'entre eux chantaient eux-mêmes leurs poésies. Mais la plupart laissaient l'exécution de leurs œuvres aux *jongleurs*. Sa *vièle* sur le dos, sa besace au côté, le jongleur allait de château en château, de fête en fête, cherchant les heureux qui ont la bourse ouverte. Il faisait d'abord entendre une ritournelle sur sa vièle (ancêtre des violes et du violon), puis il chantait en s'accompagnant de quelques notes tenues, et chaque strophe de son chant était précédée d'une nouvelle ritournelle. L'hiver, pendant le carême, les jongleurs, qu'on appela plus tard *ménestrels* (de *ministri*, *ministelli*), se rendaient aux écoles de *ménestrandie* où ils apprenaient les règles de leur art, le jeu de la vièle et les chansons nouvelles. Trouvères et troubadours contribuèrent pour leur part à l'établissement de la musique mesurée. Par le fait même qu'ils composaient leurs chants sur des vers, et non sur de la prose, ils furent amenés à donner à leurs mélodies une *carrure* qui fût l'image de la régularité du « nombre » poétique. (Une mélodie carrée est celle qui se compose d'un nombre exact de fois quatre mesures.) C'était prendre le contre-pied du rythme grégorien, toujours libre, toujours adapté aux exigences de la prose. Les trouvères et les troubadours voulurent même traduire aussi exactement que possible la variété des rythmes poétiques dans · leurs mélodies, et ils s'imposèrent l'obligation d'enfermer leurs inspirations dans un petit nombre de formules rythmiques, dont le choix était déterminé par avance selon la nature des strophes à mettre en musique. Ils appelaient *modes* (ne pas confondre avec les modes du plain-chant) ces six formules rythmiques, dont les quatre premières représentaient, à leurs yeux, l'iambe, le trochée, le dactyle et l'anapeste des Anciens.

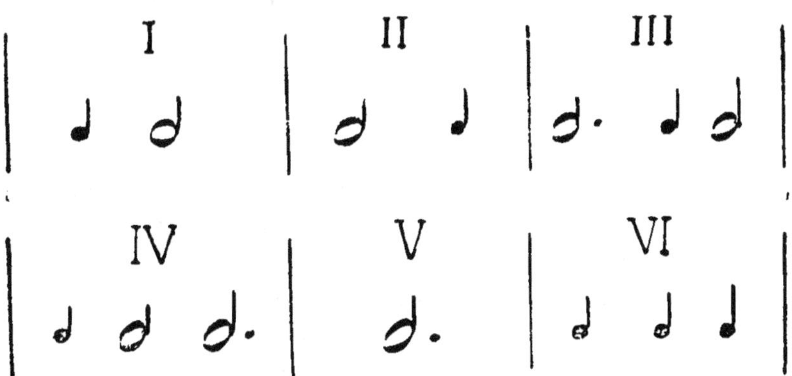

Les deux premières et les deux dernières formules déterminaient (selon notre notation moderne), une mesure à 3/4, la troisième et la quatrième, une mesure à 6/4. Une seule de ces formules devait être employée d'un bout à l'autre d'une même pièce : le musicien n'avait d'autre latitude que de remplacer de temps en temps une valeur longue par des valeurs équivalentes, à la condition qu'une seule syllabe du texte fût chantée sur les différentes notes substituées à la valeur longue de la formule. On voit à quel point cet art fut étroit dans ses prescriptions. On voit aussi quel rôle considérable il dut jouer dans la formation de la musique mesurée.

Les trouvères et les troubadours contribuèrent aussi à la préparation de la *tonalité* moderne. Ils abandonnèrent en effet quelques-uns des vieux modes grégoriens ; dans les autres ils introduisirent des altérations, le fa ♯ et l'ut ♯ notamment, et obéissant instinctivement aux lois de l'attraction musicale, adoucirent les fins de phrase par l'emploi presque régulier d'une « sensible », c'est-à-dire en rapprochant le septième degré du huitième à un demi-ton d'intervalle. C'est ce qu'on appelait la *musica ficta*.

N'oublions pas enfin que dans un temps où les communications étaient si difficiles et si rares de province à province, où les journaux n'existaient pas, où l'on n'écrivait pas de lettres, les trouvères, les troubadours, et les jongleurs surtout, voyageant sans cesse du nord au midi, de l'ouest à l'est de la France, non seulement répandaient partout la connaissance et le goût de la musique, mais encore portaient d'un lieu à l'autre les nouvelles, racontant les mœurs, décrivant les pays, et, tout en amusant, travaillaient à l'unité morale de la France.

Les principaux trouvères et troubadours furent **Marcabru, Gace Brulé, Colin Muset, Thibaut de Champagne,** roi de Navarre (1201-1253), **Adam le Bossu,** dit de la Halle, né à Arras, qui fit représenter en 1285, à la cour de Naples, le *Jeu de Robin et de Marion* (petite pastorale, le premier opéra-comique français) et mourut en 1286 ou 1287.

Dès le xive siècle, mais surtout au xve, le souffle de la **Renaissance** apporte une vie nouvelle à tous les genres musicaux créés par le moyen âge. Les recherches se multiplient en tous sens pour varier et étendre les ressources de la musique ; on invente des modes, des rythmes, des combinaisons contrapuntiques ; et peu à peu on met ces procédés au service de l'expression. On veut « imiter la nature » ; on en décrit les aspects matériels, mais on traduit aussi les passions de l'âme humaine (*affectus animi in cantu,* dit Glaréan). C'est le triomphe de la virtuosité technique, c'est une surabondance de matière qui semble devoir étouffer la pensée ou le sentiment, et la pensée et le sentiment ont rarement donné en art des fleurs plus vivaces, plus éclatantes et plus variées.

Le centre de ce renouveau d'activité musicale fut d'abord l'Angleterre, la Flandre et la France du Nord. Le mouvement gagne de proche en proche les pays voisins, l'Allemagne, l'Italie et l'Espagne. Les grands maîtres de l'art nouveau (*ars nova*) furent : dans la première moitié du xve siècle les flamands **Binchois** (? 1400-1460), **Guillaume Dufay** (? 1400-1474) et l'anglais **Dunstable** (mort en 1453), qui débrouillèrent l'art encore confus du contrepoint ; dans la deuxième moitié du xve siècle et au commencement du xvie, **Ockeghem** (? 1430-1495), **Josquin des Prés** (? 1450-1521), son élève, l'un des plus illustres polyphonistes néerlandais, dont les messes servirent de modèles à tous les compositeurs pendant près d'un siècle ; **Heinrich Isaac** (?-1517), **Larue**, **Brumel**, **Fevin**, **Gombert**, **Clemens non papa**, **Jannequin**, l'auteur réputé de la *Bataille de Marignan*, du *Chant des oiseaux*, du *Caquet des femmes*, de l'*Alouette*, du *Rossignol*, etc. ; enfin à partir de 1625 environ : **Willaërt** (? 1590-1562), **Goudimel** (1505-1572), qui, quoi qu'on en ait dit, ne fut jamais le maître de Palestrina, **Arcadelt** (né en 1514?), le délicat, le charmant **Costeley**, le puissant **Roland de Lassus** (né à Mons en 1530 ou 1532, mort en 1594), auteur de deux mille ouvrages dans tous les genres, l'un des musiciens les plus expressifs de cette époque, **Claude le Jeune** (1530-1564) et **Mauduit** avec leur curieuse musique « mesurée à l'antique », si vivante et si souple, en Espagne l'admirable **Vittoria** (1540-1608 ?), en Italie le divin **Pierluigi da Palestrina** (1526-1594), qui donna les modèles les plus parfaits et les plus purs de musique religieuse, en Angleterre **Bird** (1538-1623), **John Bull** (1563-1628), **Gibbons** (1583-1625).

Tous ces musiciens écrivirent presque exclusivement de la musique à trois, et surtout à quatre ou cinq parties vocales, *sans accompagnement*. Chaque partie suivait son dessin mélodique qui devait s'harmoniser avec celui des autres parties, mais sans que l'intérêt fût d'ordinaire prépondérant à la voix supérieure. Pour goûter de telles compositions, il nous est nécessaire de faire abstraction de toutes les habitudes que nous imposent trois siècles d'opéra et de monodie accompagnée ; ce ne sont pas des accords sous un thème qu'il nous faut entendre, mais des thèmes qui se fuient, se poursuivent et s'enlacent, des thèmes que ne soutient aucun accord mais seulement l'harmonie qui se dégage de leurs heureuses rencontres.

Les genres en honneur au XVe et au XVIe siècle furent la *messe*, le *motet* et la *chanson*. La *messe* était divisée en cinq morceaux, tous composés *sur un seul motif* ; ce motif était emprunté soit au chant grégorien, soit au chant populaire. On voit quel art prodigieux de développement possédaient déjà les polyphonistes de la Renaissance. On voit aussi combien peu ils se souciaient d'inventer des mélodies originales ; leur génie s'employait tout entier à combiner de mille façons nouvelles des matériaux fournis par la tradition, et leurs savantes architectures ne manquaient pas d'être aussi expressives, aussi émouvantes parfois que peut l'être d'autre part la plus simple des inspirations mélodiques. Enfin on remarquera que les thèmes des messes étaient souvent des refrains populaires, comme par exemple celui de l'*Homme armé* que presque tous les compositeurs du XVe et du XVIe siècle utilisèrent à tour de rôle. Ce mélange du sacré et du profane peut nous étonner. Mais d'abord il ne faut pas oublier qu'il est tout à fait dans les mœurs du moyen âge. On a souvent raconté cette Fête de l'âne qui avait lieu tous les ans le 14 janvier, à Beauvais, à Sens et en nombre de diocèses : un âne entrait dans l'église et assistait à la célébration de la messe ; des couplets en langue vulgaire étaient mêlés au chant liturgique et l'*Ite missa est* était remplacé par trois sonores *Hi han*. Mais il n'est même pas besoin de rappeler de semblables coutumes pour expliquer l'usage que les auteurs de messes firent de la chanson populaire. En effet, les thèmes qu'ils employaient, dépourvus de leurs paroles, noyés dans la polyphonie, souvent déformés dans le rythme, devenaient la plupart du temps méconnaissables. C'était une matière première qui ne prenait de valeur que par la forme qu'elle recevait et le rôle qu'elle jouait dans un ensemble où l'élément n'avait d'intérêt esthétique que par rapport au tout.

C'est dans les *motets* (religieux) et les *chansons* (profanes) que les polyphonistes se donnaient libre carrière, inventaient leurs thèmes et les modelaient autant que possible sur le texte poétique qu'ils devaient traduire musicalement. Mais là encore ils préféraient parfois emprunter à la tradition quelque mélodie connue. Et toujours la forme sévère du contrepoint à quatre ou cinq parties était de règle, ainsi que l'emploi exclusif des voix, sans accompagnement instrumental.

De *musique instrumentale* à proprement parler, il n'y en avait presque point encore, et la plupart du temps, les instruments n'avaient d'autre rôle que de remplacer les voix absentes dans les ensembles vocaux, ou de les renforcer. Nous verrons plus loin ce que furent les pièces purement instrumentales du XIIIe au XVIe siècle. En tous cas notons dès maintenant qu'on les écrivait dans le style de la polyphonie vocale.

Cet unique instrument, le quatuor ou le quintette vocal, ne se prêtait pas également à tous les genres d'expression. Il était essentiellement impersonnel et sans caractère dramatique. Il convenait admirablement à la musique religieuse. Ce ne fut que par des merveilles d'ingéniosité que les Flamands et les Français l'adaptèrent à leurs besoins descriptifs ou lyriques. A cet égard ils poussèrent l'art d'utiliser les voix, en un sens, beaucoup plus loin qu'on ne le fit jamais après eux. L'usage de l'orchestre et des chanteurs solistes a détourné les compositeurs modernes de l'étude des précieuses ressources du chœur.

C'est en Italie qu'allait naître à la fin du xviᵉ siècle le grand mouvement d'idées d'où devait sortir une nouvelle théorie de la musique, la notion de la tonalité et de l'harmonie modernes, et le genre de l'opéra. L'Italie instruira bientôt l'Europe ; c'est d'elle que viendront les exemples mille et mille fois imités. Mais n'oublions pas que l'Italie dut sa première éducation musicale aux Flamands et aux Français qui depuis le xivᵉ siècle ne cessèrent de porter à Rome leurs chefs-d'œuvre et leurs leçons. Lorsqu'en 1357 le pape Grégoire XI rentra dans la Ville Éternelle, il rapportait de son exil à Avignon la connaissance et le goût du déchant. Au xivᵉ et au xvᵉ siècle les chapelles des papes sont composées presque exclusivement de musiciens français. Le plus ancien imprimeur italien de musique, *Ottaviano Petrucci*, inaugure ses presses en 1501 à Venise par l'édition de 300 chansons d'auteurs français, flamands ou allemands. En 1516, *Andrea Antiquo* fait paraître le *Liber quindecim missarum*, dédié au pape Léon X, et c'est une anthologie des œuvres de *Brumel, Josquin des Prés, Jean Mouton, Févin, Pierre de la Rue, Pipelare*, et *Pierre Rousseau*. Les Italiens ne connaissaient, avant l'arrivée des Français et des Flamands, d'autre musique que leurs *frottoles, strambottes, giustinianes*, petites pièces à trois ou quelquefois quatre voix, d'allure populaire, de structure très simple, dont la mélodie supérieure pouvait facilement se détacher pour l'exécution au luth. C'est vers 1533 que fut fondé un nouveau genre, analogue à la chanson polyphonique française, mais sans beaucoup plus de complications que les *frottoles*, le madrigal, dont les principaux représentants furent *Verdelot, Willaërt, Arcadelt, Festa, Jhan Gero, Corteccia, Antoine et Léonard Bani, Domenico Ferrabosco, Cipriano di Rore*. Et ce sont justement les transformations successives de cette nouvelle forme d'art qui devaient, comme nous allons le voir bientôt, ouvrir la voie aux inventeurs de la monodie accompagnée, et de la musique dramatique.

LECTURES RECOMMANDÉES.

Ouvrages de critique et d'histoire : GASTOUÉ, *Les Origines du chant romain* (Paris, Schola Cantorum). — NORBERT ROUSSEAU, *L'école grégorienne de Solesmes* (Tournai, 1910). — PIERRE AUBRY, *Trouvères et Troubadours*, collection des « Maîtres de la musique » (Alcan). — MICHEL BRENET, *Palestrina*, collection des « Maîtres de la musique » (Alcan). — MICHEL BRENET, *Claude Goudimel* (Jacquin, à Besançon). — BELLAIGUE, article sur *Palestrina* dans *Portraits et silhouettes de musiciens* (Delagrave). — MICHEL BRENET, *Jean de Ockeghem* (Fischbacher). — JEAN BECK, *La Musique des Troubadours*, collection « Les musiciens célèbres » (Laurens).

Textes musicaux : ADAM DE LA HALLE, *Jeu de Robin et de Marion*, harmonisé par Weckerlin (Durand). — *Cent motets du XIII⁰ siècle*, transcrits par M. Pierre Aubry (Geuthner) — *Chansons de troubadours, Chansons du XV⁰ et du XVI⁰ siècle* (Rouart et Lerolle). — *Les maîtres musiciens de la Renaissance française*, édités par M. Henry Expert, 23 volumes actuellement parus (Leduc). — *Anthologie des maîtres religieux primitifs*, publiée par Charles Bordes (Schola Cantorum).

CHAPITRE III

L'OPÉRA AU XVIIᵉ SIÈCLE EN ITALIE.

Dans les environs de l'année 1600, il y eut une véritable révolution dans l'art musical. Un genre nouveau, l'**opéra** (1), prend tout d'un coup tant d'importance que tous les chefs-d'œuvre de la polyphonie du xvᵉ et du xvıᵉ siècle sont vite oubliés : le style dramatique envahit la musique d'église comme la musique instrumentale. C'est un autre âge qui commence.

Il y a tant d'imprévu, tant de soudaineté dans les progrès de la jeune école, que certains historiens de la musique se sont refusés à croire à un si brusque changement. Là où il nous semble apercevoir une révolution, ils veulent voir le résultat longuement préparé d'une évolution latente. C'est ainsi que M. Hugo Riemann signale l'aptitude spéciale des Italiens et particulièrement des Florentins pour la monodie, et il considère la création de l'opéra comme un retour en arrière à la tradition musicale de l'école florentine du commencement du xıvᵉ siècle. D'autre part, M. Romain Rolland rappelle que longtemps avant le xvııᵉ siècle on représentait en Italie des pièces chantées ou coupées d'intermèdes musicaux : ce furent au xvᵉ siècle les *Sacre Rappresentazioni* (représentations sacrées) et les *Maggi* (représentations de mai) ; au xvıᵉ siècle les *comédies latines* et les *repré-*

(1) *Opera* (*in musica*) signifie primitivement en italien *œuvre* (musicale), *composition*.

sentations à l'antique, puis à partir de 1554 les *Pastorales*, dont *Angelo Ingegneri* disait en 1598 : « S'il n'y avait pas les Pastorales, on pourrait presque dire que l'usage du théâtre s'est tout à fait perdu.... Elles délectent merveilleusement, soit avec, soit sans chœurs et intermèdes. »

Il est certain qu'il n'y a pas d'effet sans cause, et qu'ainsi à tout moment, qu'il y paraisse ou non, le présent s'enchaîne étroitement au passé, — et contient en germe l'avenir. Le fruit qui tombe devait tomber, et depuis longtemps sa chute se préparait en secret. Mais la chute du fruit n'en est pas moins un événement considérable, une nouveauté soudaine : ce qui n'était pas s'est accompli ; tout est modifié. Ainsi, comme un fruit mûr, un genre nouveau, l'opéra, se détache vers l'année 1600 des genres anciens qui devaient lui donner naissance et vit désormais d'une vie indépendante.

Entendons-nous bien : l'invention de l'opéra n'est pas celle du drame avec chant (ce drame a toujours existé au moyen âge et pendant la Renaissance), mais celle du style musical dramatique. Les chants des *Mystères*, des *Sacre Rappresentazioni*, des *Pastorales*, n'avaient rien de dramatique : c'étaient des motets, ou des chansons, ou des madrigaux. Et l'opéra ne pouvait exister que du jour où l'on découvrit les ressources techniques sans lesquelles l'action scénique, la parole, le dialogue, le jeu des passions ne pouvaient être traduits musicalement.

A ce point de vue l'une des plus grandes découvertes fut celle de **l'harmonie** au sens moderne du mot. Jusqu'à la fin du XVe siècle on l'ignorait encore. La polyphonie, le contrepoint ne sont pas l'harmonie. On peut mélanger des voix, superposer des mélodies simultanées, en recherchant autant que possible la consonance, sans cependant avoir la notion d'*accord*. Un accord a pour nous une existence indépendante de toute succession mélodique : il a une valeur en lui-même, il peut être posé isolément comme un tout qui se suffit ; il n'est pas indispensable qu'il « s'enchaîne » à d'autres accords. Pour les musiciens du xve siècle ou du commencement du xvie, les rencontres de sons que produisait la polyphonie ne pouvaient se concevoir en dehors de la marche des parties mélodiques, et ils ne songeaient point encore à isoler ces agrégats et à les considérer comme des entités indépendantes. Ce fut en quoi consista la transformation profonde qui se produisit dans l'art musical à la fin du xvie siècle.

Le progrès dans la fabrication des instruments et par suite l'extension de leur usage y contribua pour beaucoup. On prit l'habitude de jouer sur des instruments toutes les parties inférieures d'un ensemble polyphonique et de ne chanter que la partie supérieure, ou même de se passer tout à fait du chant. Quand, notamment, on se servait du **luth** pour de telles réductions, l'indépendance et la marche mélodique des parties intermédiaires devenaient tout à fait insaisissables et l'on était ainsi conduit à ne plus considérer tout ce qui n'était pas le chant supérieur ou le soprano que comme un **accompagnement**. On en vint à employer de tels moyens uniquement pour « soutenir » la voix.

On comprend que l'invention de ces nouveaux procédés était la condition nécessaire de la formation du style dramatique *auquel la tradition polyphonique faisait obstacle*. Dans l'antiquité, les Grecs avaient écrit des tragédies musicales : mais c'était l'âge de l'*homophonie*, rien ne s'opposait à ce qu'un personnage chantât en toute liberté (et sans aucun accompagnement) sa douleur, sa joie ou sa colère. Il ne pouvait plus être question au xviie siècle d'une musique dramatique aussi simple ; le règne de la polyphonie avait rendu nécessaire plus de complication ; mais la polyphonie mettait toutes les parties sur le même plan ; il fallait que la monodie reprît ses droits et la première place, tout en laissant le deuxième rang à la polyphonie ou du moins à son succédané, l'harmonie.

Ajoutons que les *madrigalistes* italiens à la fin du xvie siècle, et particulièrement **Cipriano di Rore**, avaient usé d'harmonies plus libres, plus variées ; ils avaient introduit le *genre chromatique*. On en vint à employer les *dissonances*, non plus comme de simples transitions mélodiques entre les consonances, mais comme des accords et pour leur valeur propre.

L'avènement de l'*accord de septième de dominante* est un fait important dans l'histoire de la technique musicale ; la cadence dont il est l'élément principal détermine la tonalité moderne (toutes les notes de la gamme majeure, sauf une, sont fournies par les deux accords de tonique et de septième de dominante) ; la *modulation* prend son véritable caractère. Et que de ressources nouvelles pour l'expression des passions, pour les effets de contraste dans le sentiment ou dans l'action, pour la couleur dans la description !

Les premiers essais de musique dramatique sont dus à des madrigalistes ; et notamment c'est Orazio Vecchi (? 1550-1605) qui inventa la *comédie musicale*. Mais ses comédies n'étaient pas jouées : le sujet en était simplement expliqué par un récitant, puis commenté musicalement par un chœur et des instruments : c'était en quelque sorte des symphonies dramatiques à la façon de *Roméo et Juliette* de Berlioz, mais surtout vocales. La polyphonie restait triomphante ; le chœur exprimait les sentiments de chaque personnage alternativement ; il n'y avait aucun solo ; et si un dialogue s'engageait entre deux personnages, le chœur se divisait en deux groupes qui représentaient les deux interlocuteurs.

C'est au **cénacle de Florence** que revient véritablement l'honneur d'avoir créé le drame musical moderne, l'opéra. *Giovanni Bardi*, comte de Vernio, réunissait chez lui à Florence, vers la fin du xviᵉ siècle, un groupe d'artistes qui s'occupèrent de chercher de nouvelles voies au développement de la musique. Ils voulaient retrouver la simplicité antique, oublier la complication du contrepoint, unir étroitement la poésie et la musique, et faire concourir tous les arts à la production d'œuvres d'un aussi puissant effet que les tragédies grecques. **Vincenzo Galilei**, le père du grand Galilée, semble avoir eu le premier une idée nette de ce que pouvait être la *musique représentative*, comme on l'appela dès lors. En 1581, il publia son *Dialogue de la musique ancienne et moderne*. Puis, joignant l'exemple au précepte, et voulant mener à bout « cette tentative si difficile et jugée presque ridicule » (*stimata quasi cosa ridicolosa*), il mit en musique la scène l'Ugolin de la *Divine Comédie*, et la chanta lui-même en s'accompagnant sur la viole. Il eut grand succès auprès des amis de Bardi mais « souleva de violentes discussions au dehors, et la colère des vieux musiciens ». **Giulio Caccini** et **Jacopo Peri**, deux chanteurs compositeurs, guidés par le comte de Vernio, suivirent bientôt les traces de Galilei. Ils renoncent à la polyphonie, à cette musique qui ne tient pas compte des paroles et déchire la poésie (*laceramento della poesia*) et ils cherchent « une sorte de chant où l'on pût comme parler en musique ».

« Les passages (c'est-à-dire les fioritures, les ornements), nous dit encore Caccini dans ses *Nuove Musiche*, ne sont pas nécessaires à la bonne manière du chant, mais je crois plutôt à un certain chatouillement de l'oreille de ceux qui ne savent pas ce que c'est que chanter avec passion.... Pour bien composer ou chanter il est beaucoup plus important de comprendre l'idée et les paroles, de les sentir et de les exprimer avec goût et émotion, que de savoir le contrepoint. »

Sur des poèmes d'*Ottavio Rinuccini*, et avec l'aide du savant et riche *Jacopo Corsi*, **Peri** fait représenter en 1597 une *Dafne*, en 1600, un *Orfeo* pour les noces de Marie de Médicis avec Henri IV) en *style recitatif*, est-a-dire, comme il le disait lui-même dans une préface, en employant des formes musicales « qui, *plus relevées que le parler ordinaire, et moins régulièrement dessinées que les pures mélodies du chant, fussent à mi-chemin des deux* ». La même année 1600, **Caccini** écrivait à son tour un *Orfeo*.

Mais le génie qui devait féconder l'invention nouvelle, et, en composant des chefs-d'œuvre, assurer définitivement son succès, ce fut Monteverde.

Claudio Monteverde, né en 1568, à Crémone, mort en 1643, à Venise, « est différent de Peri et de Caccini, nous dit M. Romain Rolland, de toute la distance qui sépare un artiste vénitien d'un artiste florentin.

Il est de la race des coloristes, de Titien et de Gabrieli ». Ce n'est pas un intellectuel, qui cherche à établir minutieusement, détail par détail, l'accord de la musique avec le texte poétique. C'est un passionné qui entend exprimer par son chant les mouvements du cœur, non les inflexions et les accents de la voix parlée. C'est un homme qui a vécu sa vie avec toute son âme, qui a joui et souffert avant de chanter les joies et les douleurs des autres. En 1607, il composait son *Orfeo* auprès du lit de sa femme mourante et c'est son propre deuil qu'il pleurait par avance quand il écrivait les plaintes déchirantes d'Orphée. Sa chère Claudia lui est enfin ravie ; et c'est sous le coup de cette terrible séparation qu'il dut achever pour les fêtes de Mantoue (1608), à l'occasion du mariage du prince héritier, son *Arianna*, dont il ne nous reste que quelques pages, celles qui firent, paraît-il, éclater en sanglots plus de six mille spectateurs.

Monteverde ne voit pas dans la musique un art de savantes combinaisons, ou un amusement pour les sens, mais le moyen le plus puissant d'exprimer l'homme, et l'homme tout entier, avec tous ses désirs, toutes ses craintes, toutes ses espérances, ses bonheurs, ses déceptions, ses révoltes. Il remarque qu'avant lui on n'a su traduire musicalement qu'un tout petit nombre de sentiments, surtout la tristesse et la paix ; la musique doit exprimer aussi bien la colère, la haine, les mouvements de l'âme les plus violents. Avant lui les rythmes étaient toujours calmes et modérés ; il créera le genre « agité » (*concitato*).

Peindre l'homme, ce n'est pas seulement voir en lui son présent, l'état fugitif de son âme mobile et diverse, c'est rattacher ce présent à son passé et à son avenir ; or justement la musique est merveilleusement faite pour nous rendre sensible cette liaison des manifestations successives d'une individualité. Monteverde prétend que la « musique ne s'attache pas seulement à souligner les intentions du texte ; elle doit lire plus avant », et sous les paroles, par lesquelles le personnage énonce sa pensée ou ses sentiments présents, nous faire pénétrer « le passé et l'avenir du caractère ».

On voit que rien n'est nouveau dans les théories les plus modernes du drame musical ; Wagner et ses *leitmotive*, qui résument parfois toute une destinée sous un mot, sont prévus par Monteverde.

Nous pourrions signaler bien d'autres analogies entre les deux novateurs. Comme Wagner, Monteverde donne une importance, qu'elle n'avait jamais eue avant lui, à l'instrumentation : l'orchestre de son *Orfeo* se composait de trente-six instruments, nombre considérable pour l'époque : 2 *gravicembati*, 2 *contrabassi de viola*, 10 *viole da brazzo*, 1 *arpa doppia*, 2 *violini piccoli alla francese*, 2 *chitaroni*, 2 *organi di legno*, 3 *bassi di gamba*, 4 *tromboni*, 1 *regale*, 2 *cornetti*, 3 *trombe sordine*, 1 *flautino alla vigesima seconda*, 1 *clarino* (1). Il emploie les instruments par groupes, selon la situation, ou selon le personnage.

Comme Wagner, Monteverde recherche les harmonies rares ; aucune audace ne l'effraie ; il a une prédilection pour les septièmes diminuées, les neu-

_____

(1) 2 clavecins, 2 contrebasses de viole, 10 violes de bras (violons et altos), 1 harpe double, 2 petits violons à la française, 2 luths, 2 orgues de bois (à jeux de fonds), 3 violes de gambe, 4 trombones, 1 orgue régale (à jeux d'anche), 2 cornets (cornets à bouquin), 3 trompettes avec sourdines, 1 petite flûte, 1 trompette aiguë.

vièmes, les quintes augmentées ; ses modulations sont parfois d'une telle hardiesse qu'on les croirait inventées d'hier. On rencontrerait d'ailleurs des trouvailles analogues chez quelques-uns de ses contemporains. Une fois même, l'analogie entre Monteverde et Wagner est presque textuelle. Qui pourra entendre ce motif d'*Orfeo* sans penser au thème du « cygne aimé » de *Lohengrin* ?

Comme Wagner, Monteverde, en cela d'accord avec tous ses contemporains, désire que l'orchestre soit caché, pour ne pas détourner l'attention des spectateurs et pour ne pas couvrir les voix.

Comme Wagner, Monteverde impose sa nouvelle conception de l'art musical au nom de la « mélodie », seule expression immédiate des passions humaines, et, comme lui, il se heurte à l'incompréhension des critiques : son contemporain **Artusi** l'accuse d'aller contre les lois de la nature, d'écrire sans souci des règles éternelles, d'imposer à l'oreille une fatigue insupportable, de prendre le bruit et le chaos pour l'harmonie et l'ordre.

Il va sans dire que **si** Monteverde ressemble à Wagner par certains côtés, il en est bien différent par d'autres. Monteverde est un Italien, peu soucieux de symboles et de métaphysique : il s'intéresse à l'homme pris en lui-même, à ses émotions de toutes sortes et n'a nullement la prétention de philosopher sur son rôle dans l'univers ; la nature telle que l'expérience la révèle, voilà ce qui l'occupe ; l'au-delà, le sens caché des choses, le surnaturel, le fantastique, tout cela lui est étranger. Il refuse un livret, *Peleo et Tetide*, parce qu'il ne le trouve pas assez simplement humain. Trop d'hippogriffes et trop de chimères, trop de sirènes, d'amours, de vents et de zéphirs ! « Et comment est-il possible que ces hippogriffes et ces chimères remuent les passions? L'*Ariane* émeut parce qu'elle est une femme ; l'*Orphée* parce qu'il est un homme. Un monstre, un vent ne peuvent émouvoir..... Il n'y a rien là pour la musique. » L'auteur de l'*Or du Rhin* n'en aurait pas dit autant.

Ainsi Monteverde fonda la tragédie musicale purement humaine, telle que Gluck voulut la restaurer plus tard, sans savoir qu'il avait eu un tel précurseur. Sur la fin de ses jours il donna également le premier modèle de l'opéra historique dans son *Incoronatione di Poppea* (le Couronnement de Poppée, 1642).

Le nom de Monteverde fut bientôt célèbre dans toute l'Europe. Mais il ne trouva tout d'abord des rivaux ou des imitateurs qu'en Italie : à Florence, Gagliano et la fille de Caccini, Francesca ; à Rome, **Ottavio Durante, Domenico Mazzocchi**, et surtout **Loreto Vittori**, le plus fameux chanteur du siècle ; à **Venise, Francesco Cavalli** (1599-1676), qui eut tant de succès à l'étranger, particulièrement à la cour de Louis XIV, **Legrenzi** (1625-1699) et **Cesti** (1628-1669) qui donna sa forme définitive à l'*aria* en trois parties;

Francesco Provenzale (? 1610 —?) le fondateur de l'école napolitaine.

Une fureur contagieuse se répand alors dans le public. De 1637 à 1640 on ouvre à Venise trois salles publiques, où l'on représente de 1637 à 1700 plus de trois cent cinquante-sept opéras. A Bologne, il y a plus de soixante théâtres privés. On joue des opéras jusque dans des couvents. Un pape en compose (*Clément IX*). Des cardinaux sont librettistes, ou metteurs en scène. Cela devient une passion maladive, une folie. Des scandales ont lieu. *Innocent X* est obligé de réagir. Et c'est la décadence qui commence, en Italie du moins, pour cette belle forme d'art, l'opéra, « spectacle vraiment de princes, admirable par-dessus tous; car en lui s'unissent tous les plus nobles plaisirs : l'invention poétique, le drame, la pensée, le style, la douceur des rimes, le charme de la musique, les concerts des voix et des instruments, l'exquise beauté du chant, la grâce des danses et des gestes, l'attrait de la peinture même, dans les décors et les costumes. Enfin l'intelligence et les plus nobles sentiments sont charmés à la fois par les arts les plus parfaits qu'ait trouvés le génie humain. » (GAGLIANO, Préface de la *Dafné*, 1608.) La nature sensuelle et voluptueuse des Italiens a bien vite fait de gâter une si merveilleuse invention. Le règne de la virtuosité commence; on ne songe plus qu'aux effets de voix, à l'art des chanteurs, au luxe de la mise en scène. La musique se déroule abondante, somptueuse et vide; l'opéra se transforme en concert; c'est une suite décousue de récitatifs et d'airs.

Stradella (? 1645-1681), **Alessandro Scarlatti** (1649-1725), **Caldara** (1670-1736), **Lotti** (? 1667-1740), **Mur-**

cello (1686-1739), **Léo** (1694-1746), **Bononcini** (1672-1762?) sont les plus remarquables compositeurs de cette époque qui a passé longtemps, bien à tort, pour l'âge d'or de la musique.

Marcello a fait lui-même la critique de l'opéra de son temps : « Avant de composer le livret d'un opéra, dit-il, le poète moderne demandera au directeur une note détaillée lui indiquant le nombre de scènes qu'il veut avoir, afin de les intercaler toutes dans le drame. S'il doit y faire figurer des apprêts de festins, des sacrifices, des ciels sur la terre, etc., il aura soin de s'entendre avec les machinistes pour savoir par combien d'airs, de monologues ou de dialogues il doit allonger les scènes afin qu'ils aient toutes leurs aises pour préparer ce qui leur sera nécessaire..... Il composera l'opéra entier sans se préoccuper de l'action, afin que le public, incapable de deviner l'intrigue, l'attende avec curiosité jusqu'à la fin. Le bon « poète moderne » s'arrangera pour que ses personnages sortent souvent sans motif ; ils s'éloigneront l'un à la suite de l'autre après avoir chanté la canzonetta de rigueur..... Il ne s'enquerra jamais du talent des acteurs ; sa préoccupation essentielle sera de savoir si le directeur n'a pas négligé de se pourvoir d'un bon ours, d'un bon lion, de bons rossignols, de flèches, de tremblements de terre, et d'éclairs.... Pour terminer l'opéra, il amènera une scène d'une décoration splendide, afin que le public ne parte pas avant la fin, et il ne manquera pas d'y ajouter le chœur habituel en l'honneur du soleil, de la lune ou du directeur. » (BENEDETTO MARCELLO, *Il teatro alla moda* (1720), traduction française d'E. David, 1890, Fischbacher.)

Depuis lors, les Italiens n'ont plus guère fait que

gaspiller leurs dons. Leur paresse et leur indifférence ont privé l'art musical de chefs-d'œuvre qu'eux seuls pouvaient écrire.

LECTURES RECOMMANDÉES.

Ouvrages de critique et d'histoire : ROMAIN ROLLAND, *Histoire de l'opéra en Europe avant Lully et Scarlatti* (Fontemoing). — ROMAIN ROLLAND, *Musiciens d'autrefois* (Hachette).

Textes musicaux : MONTEVERDE, *Orfeo*, traduction et adaptation de M. Vincent d'Indy (Schola Cantorum). — MONTEVERDE, *Le Couronnement de Poppée*, traduction et adaptation de M. Vincent d'Indy (Schola Cantorum). — *Airs classiques* des vieux maîtres italiens, collection Hettich (Rouart et Lerolle).

CHAPITRE IV

L'opéra et l'oratorio sont contemporains et ils ont des origines communes.. Ces deux genres datent de la formation du style dramatique, de la naissance de la musique récitative. Mais il fallait de plus à l'oratorio un cadre religieux que deux hommes surtout contribuèrent à lui préparer : ce furent Filippo de Neri et Animuccia.

Filippo de Neri naquit à Florence en 1515 et mourut à Rome en 1595. En 1551 il fut ordonné prêtre et se mit à faire des conférences sur l'histoire biblique dans l'oratoire du couvent San Girolumo et ensuite dans l'oratoire du couvent Santa Maria in Vallicella. Ces réunions pieuses prirent de plus en plus d'importance, si bien qu'en 1575 Grégoire XIII en régularisa l'institution sous le nom de *Congregazione dell'oratorio*.

De bonne heure Neri avait eu l'idée de faire appel à la musique comme nouvel élément d'édification. Il avait demandé le concours d'**Animuccia**, maître de la chapelle pontificale (? 1500-1570 ?). Animuccia composa des hymnes qu'on nommait *Laudi spirituali* et qui se rapportaient à l'histoire biblique commentée dans chaque conférence. Palestrina succéda dans ses fonctions à Animuccia. Jusque-là il ne s'agissait encore que de musique presque purement lyrique, et conçue dans le style polyphonique.

C'est au début du xviie siècle que ces compositions pour les réunions de l'oratoire prennent un autre caractère. L'histoire, l'exemple, le mystère (*storia, esempio, misterio*) est *mis en scène et représenté* : il est accompagné de musique dramatique, en style *monodique et récitatif*.

En 1600 a lieu dans l'église Santa Maria in Vallicella, la *Rappresentazione di Anima e di Corpo* de **Emilio del Cavaliere** : c'est le premier véritable oratorio.

Oratorio (oratoire) est employé par abréviation pour *rappresentazione per l'oratorio*. L'oratorio est un véritable opéra sacré, en plusieurs actes, qui comporte des costumes, des décors, des machines, des ballets, des symphonies ; il est écrit en langue vulgaire : c'est un spectacle de carême, qui se donne en dehors du culte.

Emilio del Cavaliere, gentilhomme romain, était un érudit, fort curieux des choses de l'antiquité, très désireux d'imiter la simplicité et le pouvoir expressif de l'art grec. Peut-être moins spécialement musicien que Peri, Caccini ou Monteverde, il est surtout homme de théâtre. Son orchestre est très pauvre : une *lire double*, un *clavicembalo*, un *chitarone* ou *théorbe*, un *organo suave con un chitarone*. Il n'applique pas toujours tous ses soins à la perfection de la déclamation musicale. Mais il s'entend merveilleusement à organiser les représentations au point de vue pratique et technique. La salle, nous dit-il, ne doit pas contenir plus de mille spectateurs commodément assis. Le son se perd dans les salles trop vastes, et si l'on n'entend plus les paroles, la musique devient ennuyeuse. L'orchestre doit être invisible. L'instrumentation doit changer suivant les caractères et les passions. Le jeu des acteurs sera aussi étudié que leur chant. Les chœurs prendront part à l'action : ils feindront d'écouter ce qui se passe, changeront de place, se lèveront, s'assiéront, feront des gestes. Les représentations ne dépasseront pas deux heures et seront divisées en trois actes (Préface de la *Rappresentazione di Anima e di Corpo*). Emilio del Cavaliere devait être un excellent metteur en scène.

Malheureusement dans son oratorio et dans ceux qui furent composés vers la même époque, les personnages sont presque tous des personnifications de conceptions abstraites : la Joie, le Temps, le Monde, le Péché, etc. Ces symboles persistants, ces métaphores continuées sont d'une froideur désespérante : il y avait là un germe de mort. Le genre de l'oratorio, né dans de telles conditions, ne se serait certainement pas développé si l'on n'en avait bientôt modifié profondément le caractère : Carissimi devait enfin lui assurer la vie.

Giacomo Carissimi (1603-1674) est né à Marino : c'est tout ce que l'on sait de son enfance et de sa jeunesse. En tout cas il est évident qu'il dut subir de bonne heure l'influence des nouveaux maîtres qui se faisaient rapidement un nom dans toute l'Italie en éclipsant subitement la gloire des grands polyphonistes du xvie siècle. Le succès de Cavaliere détourne déjà les jeunes musiciens des voies parcourues jusqu'alors. « L'intelligence du sujet et des paroles, disait Caccini dans la préface des *Nuove Musiche* (Florence, 1601), leur expression juste et agréable, la passion, l'émotion importent plus que tout le contrepoint. » Dès 1630 on n'admirait plus la musique de Palestrina que comme ces « belles antiquités » que l'on recueille dans les musées.

En 1624, Carissimi, qui n'était plus un inconnu, est nommé maître de chapelle de la basilique d'Assise.

En 1630, il a la direction de la musique au Collège germanique à Rome, poste occupé par Vittoria jusqu'en 1577. Ce collège avait été fondé par saint Ignace de Loyola pour lutter contre les progrès de la Réforme en Allemagne, et au xvie siècle il avait eu un bon chœur, formé des élèves. Mais au début du xviie siècle le goût de la musique récitative s'y répand et comme elle demande des chanteurs exercés, on engage au dehors des solistes professionnels, et en petit nombre, car ces artistes suffisaient à peine au service de toutes les églises de Rome. Carissimi, en arrivant au Collège germanique, se trouve donc en présence d'habitudes prises auxquelles il devra nécessairement s'adapter. Il n'aura pas de maîtrise sous sa direction, pas de chœur à instruire ; tout son temps lui sera laissé pour la composition ; et il ne travaillera pas seulement pour l'église, mais pour le théâtre ; nous ne nous étonnerons pas si sa musique religieuse est si souvent de la musique d'opéra. Carissimi n'écrira que pour des solistes ; même quand ses partitions renferment des ensembles à plusieurs voix, ce ne sont pas de véritables chœurs, chaque partie n'étant jamais doublée. Il usera du style mélodique et orné pour faire valoir les qualités des chanteurs. Il emploiera pour une même œuvre une, deux ou trois voix, rarement plus. L'accompagnement se fera, pour la basse continue, à l'orgue et au clavecin, avec deux violons pour les ritournelles. Quelquefois, dans de grandes solennités, on introduisait des chœurs ; mais pour conserver à la musique son caractère récitatif, on faisait dialoguer entre elles les parties, et c'étaient alors deux, trois, quatre, cinq chœurs, qui se répondaient ainsi.

Les oratorios de Carissimi ne sont pas des opéras sacrés à la façon de la *Rappresentazione di Anima e di Corpo* de Cavaliere, ce sont de simples *cantates d'église*, comme il avait écrit aussi des *cantates de chambre*. Pas de décors, de costumes, de machines, de ballets ; l'action n'est pas représentée, elle est tout simplement racontée par un personnage, l'*historicus*. C'est la forme qu'adopteront plus tard Hændel et Bach, tout en donnant à leurs ouvrages des dimensions autrement vastes. Carissimi n'a écrit qu'un oratorio dans la manière de Cavaliere, le *Sacrifice d'Isaac*, qui est d'ailleurs perdu. Les cantates sacrées de Carissimi avaient leur place, non dans les grandes fêtes, ni d'autre part dans les offices, mais dans les exercices pieux des fidèles de quelques confréries.

Sans représentation, sans mise en scène, les ouvrages de Carissimi sont infiniment plus vivants que celui de Cavaliere. C'est qu'au lieu de traiter des sujets abstraits ou allégoriques, il exprime musicalement des drames entre personnages concrets : ce sont des *histoires sacrées (historiæ sacræ)*: l'*Histoire de Job*, à trois voix ; l'*Histoire d'Ezéchias*, à quatre voix ; l'*Histoire de Balthazar*, à cinq voix ; l'*Histoire de Jephté*, à six voix ; l'*Histoire du mauvais riche*, à huit voix ; l'*Histoire d'Abraham et d'Isaac*, à cinq voix ; le *Jugement de Salomon*, à quatre voix ; ou le commentaire dramatisé de quelque dogme : la *Plainte des damnés*, à trois voix ; le *Jugement dernier*, à trois chœurs.

Carissimi compte parmi les musiciens les plus purs et les plus délicats qu'ait produits l'Italie. La perfection souveraine des proportions, la grâce des contours mélodiques, la justesse et la sérénité de l'expression donnent à ses œuvres religieuses une suavité incomparable. On se demande comment le même homme a pu écrire d'autre part des opéras si faibles.

Universellement admiré de ses contemporains, Carissimi eut des disciples nombreux en Italie, en Allemagne, même en France, où l'on était si hostile à la musique italienne, et où lui-même fit peut-être un séjour. **Marc-Antoine Charpentier** (1634-1702) le prit pour maître et pour modèle. Louis XIV entendait volontiers ses œuvres. Un certain *Miserere* de Carissimi s'est chanté d'une façon ininterrompue jusqu'à nos jours dans quelques églises du midi de la France.

Presque aussi grand que Carissimi, un Allemand, **Heinrich Schütz**, donnait en même temps que lui les premiers chefs-d'œuvre de la cantate religieuse. Né le 8 octobre 1585, à Kœstritz, d'une famille de bourgeois aisés, Schütz, jusqu'en 1609, fit ses études classiques et étudia le droit. Le landgrave Moritz de Hesse-Cassel ayant remarqué sa jolie voix lui offrit une pension pour aller suivre à Venise les leçons de *Giovanni Gabrieli* (1557-1613), organiste de Saint-Marc Schütz accepta, très heureux de voir du pays, mais sans avoir encore pris nettement conscience de sa vocation musicale. Gabrieli l'initia sans doute à l'ancien contrepoint, mais aussi à la musique récitative et aux ressources des instruments. Schütz revint en Allemagne au bout de quatre ans et devint organiste du château du landgrave Moritz. Puis il passa au service de l'électeur de Saxe, Jean-Georges Ier, et à Dresde il subit l'influence des traditions de l'Église luthérienne qui comportaient une certaine pompe dans les cérémonies et une musique d'un caractère déco ratif. En 1625, Schütz publie ses *Cantiones sacræ* qui répandirent son nom dans toute l'Allemagne. En 1628, il part de nouveau pour l'Italie ; il y constate le succès des œuvres de Monteverde et il publie, à Venise même, en 1629, des *Symphoniæ sacræ* avec cet avertissement au lecteur : « Étant demeuré à Venise près de mes anciens amis, j'ai remarqué que la manière de moduler avait un peu changé, ayant abandonné les anciennes cadences, pour flatter les oreilles d'aujourd'hui par un chatouillement moderne. C'est à quoi j'ai appliqué mon esprit et mes forces. » Schütz suit donc les nouvelles voies tracées par Monteverde, mais ce n'est pas sans regretter parfois l'art du passé, sans y faire bien des emprunts, sans mêler les ressources de la polyphonie à celles de l'harmonie et du récitatif.

De retour en Allemagne, Schütz mène une vie un peu errante : il fuit devant la guerre qui désole son pays, il se plaint du malheur de son temps, et cependant son âme religieuse s'épanche encore en d'admirables chants. Ce sont, en 1636 et en 1639, la première puis la seconde partie des *Petits concerts spirituels*, en 1647 et en 1650, la deuxième puis la troisième partie des *Symphonies sacrées*.

La vieillesse arrive. Schütz devient sourd. Ses dernières œuvres sont, en 1664, la *Passion selon saint Jean* et l'*Oratorio de Noël ;* en 1666, la *Passion selon saint Mathieu*. Il avait écrit encore une *Passion selon saint Luc*. Dans les compositions de la fin de sa vie, Schütz revient à la forme chorale, mêlée de récitatifs, le tout sans accompagnement. Il protestait ainsi contre les progrès de l'école italienne de la virtuosité. Il aimait un art de plus en plus sévère. « Il croyait retrouver, dit un de ses biographes, la langue de Palestrina; en réalité, il préparait celle de Bach. » C'était un génie rude, vigoureux, non dépourvu de grâce, et d'une remarquable profondeur de sentiment. Il mérite le beau nom qu'on lui a donné de « père de la musique allemande ».

LECTURES RECOMMANDÉES.

Ouvrages de critique et d'histoire : ROMAIN ROLLAND, *Histoire de l'opéra en Europe avant Lully et Scarlatti* (Fontemoing). — HENRI QUITTARD, *Giacomo Carissimi*, notice historique servant de préface à la 1re livraison des *Concerts spirituels* (Schola Cantorum). — ANDRÉ PIRRO, *Heinrich Schütz*, notice historique servant de préface à la 2e livraison des *Concerts spirituels* (Schola Cantorum).

Textes musicaux: *Concerts spirituels*, documents pour servir à l'histoire de la musique religieuse de concert: 1re livraison consacrée à Carissimi ; 2e livraison consacrée à Schütz (Schola Cantorum).

CHAPITRE V

L'OPÉRA EN FRANCE AVANT RAMEAU ET L'OPÉRA EN ANGLETERRE.

Bien longtemps avant que l'opéra italien pénétrât en France, les Français avaient manifesté leur goût pour les spectacles brillants, les représentations luxueuses, les fêtes princières, ballets, mascarades, divertissements. Le ballet surtout fut toujours en honneur à la cour, et nous verrons qu'il exerça une influence considérable sur le développement de l'opéra français. Rappelons en 1392, à l'hôtel de la reine Blanche, la fameuse « mômerie des hommes sauvages », dans laquelle des danseurs étaient vêtus de costumes d'étoupe enduits de résine qui prirent feu et provoquèrent le terrible incendie où Charles VI perdit la raison. Notons surtout, en 1582, le *Ballet comique de la Reine*, organisé par *Baltasarini*, dit *Beaujoyeux*, à l'occasion du mariage de Mlle de Vaudemont avec le duc de Joyeuse. Ce n'était pas seulement un ballet, mais une sorte de comédie mêlée de chant, de chœurs, de symphonies, ouvrage d'un grand nombre de collaborateurs. Il y avait là une ébauche fort intéressante de théâtre musical ; mais l'essai fut sans lendemain, et l'on continua par la suite de représenter à la cour des ballets dans lesquels on se souciait de moins en moins de l'action dramatique et de l'intérêt proprement musical. *Guédron, Mauduit, Bailly, Gab. Bataille, Antoine* et *Jean Boesset, Verdier, Belleville, Dumanoir, Boschet, d'Assoucy* o sont les principaux auteurs de ballets jusqu'au temps de Molière.

L'idée d'unir plus étroitement qu'on ne l'avait fait jusqu'alors la poésie et la musique était venue au poète *Jean-Antoine de Baïf*, qui en 1570 avait obtenu de Charles IX, avec *Joachim Thibaut de Courville*, le privilège d'établir une *Académie de poésie et de musique*. On pouvait attendre de ces réunions artistiques un effort pour créer un drame musical français. En réalité, il ne fut jamais question que de musique de chambre vocale. Baïf n'avait les yeux tournés que vers le passé ; il voulait à tout prix plier la langue française aux règles de la prosodie grecque ou latine ; il composa de délicieux « vers mesurés à l'antique » qui furent l'occasion pour *Claude le Jeune* et pour *Mauduit* de charmantes inspirations musicales ; mais c'était une curiosité d'art sans avenir. Les réunions de l'académie cessèrent vers 1584.

C'est *Mazarin* qui introduisit l'opéra en France. Cela faisait partie de sa politique. Mazarin était musicien ; il avait été élevé chez les Pères de l'Oratoire de Saint-Philippe de Néri, puis chez les Jésuites du Collège Romain, et là il avait pris part, comme un des acteurs principaux, à l'apothéose de saint Ignace de Loyola en 1622. En 1647, il fait représenter un *Orfeo* d'un des plus célèbres compositeurs d'Italie, **Luigi Rossi**. Ce fut un événement considérable, un succès retentissant. Cependant le genre nouveau n'est pas acclimaté en France. On continue d'écrire des ballets.

En décembre 1654, le poète *Charles de Beys* et l'organiste **Michel de la Guerre** donnent une pastorale : le *Triomphe de l'Amour*. En avril 1659, dans le petit village d'Issy, près de Paris, M. de la Haye fait représenter la *Pastorale*,. paroles de *l'abbé Perrin*, musique de **Cambert**. La pièce nouvelle produit un effet considérable. On en donne huit ou dix représentations, et l'on ne parle plus que de « l'opéra d'Issy ». La musique en est perdue. Mais le livret nous indique que ce n'est guère qu'une suite de chansons.

On pouvait croire qu'un théâtre musical allait bientôt être créé à Paris. Mais la mort de Mazarin enlève à Perrin et à Cambert le plus puissant de leurs protecteurs : ils rentrent dans l'ombre.

De nouveaux exemples viennent encore de l'Italie. En 1660, **Cavalli** fait jouer son *Serse* devant la cour, au Louvre ; mais pour accommoder la pièce au goût français, on croit devoir intercaler, entre les actes, des intermèdes dansés, dont Lulli se charge de composer la musique. L'œuvre de Cavalli, ainsi alourdie, ne plut que médiocrement. Cependant ce fut encore par son *Ercole amante* qu'on inaugura la magnifique salle des Tuileries, le 7 février 1662, avec un ballet de Lulli entre chaque acte et Louis XIV apparaissant en Soleil dans le ballet final. Cavalli rencontrait toujours auprès des Français quelque mauvaise volonté à reconnaître le mérite d'un artiste et d'un art étrangers.

Tous ces essais cependant préparaient la voie à la création d'un théâtre public d'opéra. Le 28 juin 1669, *l'abbé Perrin*, associé au *marquis de Sourdéac*, obtient le privilège d'établir à Paris une académie « *pour y représenter et chanter en public des opera et représentations en musique et vers français, pareilles et semblables à celles d'Italie* ». Le 19 mars 1671, le nouveau théâtre est inauguré avec la pastorale *Pomone*, de Cambert, qui conduisit lui-même son orchestre de treize musiciens, ses quatre chanteuses,

ses cinq chanteurs et ses quinze choristes. Le poème était très plat, et la musique bien médiocre, au moins si nous en jugeons par le premier acte que nous avons seul conservé.

Perrin et Cambert n'étaient certainement pas de taille à assurer les destinées de l'opéra français. La discorde se mit d'ailleurs bientôt entre les associés-directeurs de l'académie de musique, et Lulli en profita très habilement pour se faire donner en 1672 leur privilège. Le voici maître et pour longtemps de l'opéra français ; il régnera dans son nouvel empire en monarque absolu, il ne souffrira aucun partage ; il poursuivra Cambert d'une haine tellement implacable que celui-ci sera obligé de passer en Angleterre, où il mourra en 1677.

« Un petit homme d'assez mauvaise mine et d'un extérieur fort négligé..., de petits yeux noirs, bordés de rouge, qu'on voyait à peine et qui avaient peine à voir, » mais des yeux intelligents et spirituels, de gros traits, une grande bouche, un menton gras, voilà quel était Lulli au physique.

Au moral, c'était un homme méprisable, flatteur et perfide, autoritaire et plat, d'une cruauté sans pitié pour ceux qui se mettaient au travers de son chemin, d'une adresse surprenante à conquérir la faveur des grands.

Il obtint tout ce qu'il avait désiré : la gloire, les honneurs et la fortune : il laissait à sa mort 870,000 livres.

Jean-Baptiste Lulli était né à Florence en 1633, d'une famille très pauvre. Le chevalier de Guise l'emmena tout enfant pour en faire cadeau à Mlle de Montpensier qui l'attacha à son service et lui fit donner des leçons de musique. Il devint un remarquable violoniste et entra dans la *Grande Bande des violons du Roi.* Puis il fonda la *Bande des petits violons.*

En 1658 il écrit le ballet d'*Alcidiane;* il collabore ensuite avec Molière et joue des rôles comiques dans les intermèdes ; il était, paraît-il, un merveilleux *Mufti* dans le *Bourgeois gentilhomme;* il dansait à ravir, et tous les principaux rôles des ballets de la cour lui étaient réservés : ce fut ainsi qu'il conquit d'abord la faveur de Louis XIV.

Lulli avait travaillé la composition avec trois organistes de Paris : Métru, Roberday et Gigault. Il était donc nourri du style français : et même il partagea longtemps le préjugé des musiciens français contre l'opéra ; il se cantonnait dans la comédie-ballet, et jusqu'en 1672 il soutint que l' « opéra était une chose impossible à exécuter en la langue française ». Il fut sans doute éclairé par le succès de Perrin, et peut-être aussi par les confidences de Molière, qui ne dut pas lui cacher son désir de racheter le privilège de Perrin.

« Lully faisait un opéra par an. Trois mois durant il s'y appliquait tout entier, et avec une attache, une assiduité extrêmes Le reste de l'année, peu. Une heure ou deux de fois à autre, des nuits qu'il ne pouvait dormir, des matinées inutiles à ses plaisirs. » (Lecerf de la Viéville.)

Il trouva le poète qu'il pouvait rêver : *Quinault,* homme de talent, ou tout au moins de facilité, aimable, doux, complaisant, souple, et qu'il sut former. Il se l'était attaché moyennant 4 000 livres par opéra. Quinault n'avait pas une tâche commode : il avait à satisfaire d'abord le roi, puis l'Académie française, enfin Lulli, qui n'était pas le correcteur le moins sévère.

Lulli dressa son orchestre : il en fit le premier de l'Europe pour la discipline et le rythme. Il fit travailler lui-même les chanteurs, les danseurs, et régla tout dans son théâtre jusqu'au plus petit détail.

Cette volonté organisatrice se manifeste également dans son œuvre. Le musicien qu'est Lulli nous apparaît surtout comme une intelligence très ferme : il suit un système de composition très étroitement défini, se laisse peu de liberté dans l'inspiration, et donne une part très restreinte au sentiment.

Lecerf de la Viéville nous dit que Lulli « allait se former sur les tons de la Champmeslé ». Son souci principal est en effet d'imiter autant que possible dans son chant la déclamation des grands acteurs du xviie siècle, qui s'appliquaient surtout à respecter scrupuleusement la prosodie. Aussi Lulli a-t-il soin non seulement de placer toujours une note longue sur une syllabe accentuée, une note courte sur une syllabe non accentuée, mais encore de marquer un arrêt à la césure et à la rime. Il en résulte une grande impression de monotonie ; on dirait bien souvent que le compositeur s'est appliqué à renforcer musicalement le « ronron tragique ».

L'expression du sentiment est souvent très faible chez Lulli. Les plus heureux effets à ce point de vue sont tirés de la notation attentive des accents passionnés du discours, non de l'invention d'une ligne mélodique émouvante par elle-même. Mais, dans les moments les plus pathétiques, son chant se contente souvent d'être gracieux, et surtout noble et symétrique. Ici les traditions du ballet exercent une influence fâcheuse sur sa musique : les formes carrées et nettement rythmées de la danse se retrouvent partout dans ses airs, raidissant et guindant la mélodie. Et puis ses basses marchent toujours de la même allure régulière, une note par temps, tandis que le chant, empruntant trop souvent ses éléments aux chiffres de la basse, saute par grands intervalles, très harmoniques sans doute, mais très peu mélodiques.

Où Lulli excelle, c'est dans la *musique descriptive;* et c'est encore le fait d'un artiste plutôt intellectuel. Son *air du sommeil* dans *Armide*, par exemple, est un pur chef-d'œuvre. Cependant il n'est pas coloriste : il n'a que le dessin. Son orchestration est des plus grises : les violons jouent tout le temps, et de loin en loin les bois viennent les renforcer. Du reste, c'était là aux yeux de Lulli question très secondaire. La partie de chant une fois trouvée, le reste n'est à ses yeux que du remplissage ; il écrit la basse et la fait réaliser par ses élèves.

La musique de Lulli peut sembler avoir un caractère traînant. Ce défaut apparent tient souvent à l'exécution : on prend les mouvements trop lents, on chante sans mesure et à grands cris. Cette mauvaise interprétation se répandit dès le début du xviiie siècle. Mais nous savons par des contemporains de Lulli qu'« il donnait au chanteur une manière de réciter vive sans être bizarre,... le parler naturel », que son orchestre jouait avec une mesure inflexible, avec une justesse rigoureuse, avec une égalité parfaite et une délicatesse raffinée, que les danses enfin étaient si rapides qu'on les traitait parfois de « baladinage ». Mesure, justesse, vivacité, finesse, voilà les qualités que les contemporains de Lulli s'accordaient à noter dans le jeu de ses premiers interprètes et dans sa musique elle-même.

En somme, le Florentin Lulli a repris à l'usage des Français le système récitatif des Florentins Peri et Caccini, à l'époque où il cessait d'être en honneur en Italie et où il commençait à être remplacé par l'école du « bel canto ». Mais encore Lulli avait-il soin de laisser de côté tout ce qui dans l'art des fondateurs italiens de l'opéra pouvait parler trop exclusivement au cœur ou aux sens. Quand on compare « un récit quelconque de Lulli à un récit de Carissimi ou de Provenzale, dit M. de La Laurencie, on voit que le surintendant de la musique du Grand Roi a, en quelque sorte, procédé à un nettoyage de la technique italienne ; il l'a expurgée de toutes les herbes folles que le goût du « bel canto » et même le goût musical proprement dit laissaient croître dans le parterre monodique ». C'est à peine si de loin en loin il tolérait quelques ornements « par condescendance pour le peuple et par considération pour son beau-père Lambert » (qui les avait mis à la mode). « *Mon récitatif n'est fait que pour parler, je veux qu'il soit tout uni* », disait Lulli. Grâce à lui une tradition s'était créée, en France, toute contraire à celle de l'opéra italien, foncièrement sensuel et sentimental, de plus en plus mélodique et vocal. La musique de Lulli, bien faite pour plaire à des Français, et à des Français du xvıı^e siècle, s'adressait surtout à la raison : c'était une belle imitation du langage parlé, donnant à l'oreille et à l'esprit l'agrément d'un juste accent et d'une déclamation naturelle, accordant au chanteur le moins d'occasions possible de faire valoir sa virtuosité, et tirant toute sa valeur esthétique de ses heureuses proportions et de sa vérité.

Parti de la comédie-ballet, Lulli conserva dans

l'opéra les intermèdes comiques et les ballets. Son *Cadmus*, son *Alceste* (1674) contiennent des airs comiques, des scènes bouffes ; s'il exclut parfois la comédie, comme dans *Atys* (1676), pour faire de son opéra une pure tragédie musicale, du moins remarquons que le ballet y conserve dans tous les cas une place considérable, et que la tragédie elle-même n'est jamais très violente : c'est une tragédie de cour, une analyse, sous forme oratoire, des nuances subtiles du sentiment romanesque et galant.

Lulli mourut à Paris le 22 mars 1687. Il avait dirigé quinze ans l'Académie de musique y faisant représenter successivement *Cadmus et Hermione* (1672), *Alceste* (1674), *Thésée* (1675), *Atys* (1676), *Isis* (1677), *Psyché* (1678), *Bellérophon* (1679), *Proserpine* (1680), *le Triomphe de l'Amour* (1681), *Persée* (1682), *Phaéton* (1683), *Amadis de Gaule* (1684), *Roland* (1685), *Armide et Renaud* (1686), *Acis et Galatée* (1687), et, outre cela, de nombreux ballets et divertissements.

Il avait accaparé l'opéra. Ses contemporains durent se rejeter sur la musique d'église et la musique de chambre. C'est ce qui fit la grande fortune à cette époque, en France, d'un genre, éminemment faux, venu d'Italie, la *cantate de chambre* : sorte de drame sans action, où la nécessité de transformer la représentation en simple concert éteint l'expression des passions, refroidit, édulcore tous les sentiments. Cette sorte « d'opéra au salon » eut à son tour, en France comme en Italie, une influence très fâcheuse sur l'opéra lui-même.

Cependant il y avait des compositeurs de talent autour de Lulli, **Marc-Antoine Charpentier** (1634-1702), l'élève de Carissimi, auteur d'une *Médée*,

Campra (1660-1744) italianisant lui aussi, auteur d'*Achille et Deidamie*, **Clérambault** (1676-1749) dont J.-J. Rousseau aimait tant les gracieuses mélodies. Aucun d'eux ne se trouvait armé pour reprendre une aussi lourde succession. Aussi le public se lassa bien vite d'attendre en vain des œuvres de valeur. L'opéra tomba de plus en plus en discrédit. On finit par penser et par dire que les Français n'étaient pas nés pour composer des opéras, que la langue française se prêtait assez mal au chant, et que c'était en Italie qu'il fallait chercher les vrais modèles du théâtre musical et les auteurs toujours féconds. En 1702, **Raguenet** publia un *Parallèle des Italiens et des Français en ce qui concerne la musique et les opera*, tout à l'avantage des Italiens. **Lecerf de la Viéville** eut beau lui répondre, en 1704 par sa *Comparaison de la musique italienne et de la musique française*, qui était un panégyrique enthousiaste de Lulli, l'opéra français semblait en fort mauvaise posture. Les reprises des œuvres de Lulli ne suffisaient pas à entretenir la curiosité du public. Un aimable musicien, **Destouches** (1672-1749), auteur d'un opéra, *Issé*, ne réussissait pas à occuper suffisamment l'attention en composant de charmants *opéras-ballets*. Il est certain que l'Académie de musique aurait difficilement continué de vivre, si bientôt un nouveau génie, **Rameau**, n'était venu lui apporter des chefs-d'œuvre.

*
* *

En même temps que Lulli fondait l'opéra français, Henry Purcell faisait effort pour créer **en Angleterre** un opéra national : ce fut une glorieuse victoire, mais sans lendemain.

Les Anglais ont la réputation aujourd'hui d'être fort peu musiciens. C'est que depuis près de deux cents ans l'Angleterre n'a pas produit un seul grand compositeur, et l'on oublie trop volontiers qu'à son heure elle fut une des nations les plus musiciennes du monde. D'abord il existe une musique anglaise populaire, d'une saveur tout à fait rare et dont les origines remontent à une époque où la musique était à peine un art, mais bien plutôt l'expression naturelle des sentiments. Dès le moyen âge, de grands artistes illustrèrent l'Angleterre, et le célèbre *Dunstable*, au xve siècle, est un des inventeurs du contrepoint. Au xvie siècle, *Bird, John Bull, Orlando Gibbons* écrivent des chefs-d'œuvre de musique vocale dans un style analogue à celui des Roland de Lassus, des Costeley, des Palestrina. En ce même xvie siècle, les Anglais découvrent les ressources insoupçonnées des instruments à cordes et à clavier ; ils composent pour une sorte de petit clavecin, qu'on appelait le *virginal*, les premiers thèmes variés, remplis de fioritures, d'ornements, de traits de toutes sortes, dont les clavecinistes français du xviie et du xviiie siècle adoptèrent et perfectionnèrent le procédé. Mais surtout l'Angleterre a la gloire d'avoir produit un musicien de grand génie, **Purcell**, qui toucha un peu à tous les genres et y laissa une trace durable.

Henry Purcell naquit vers 1658, à Westminster (Londres) ; il fit son éducation musicale comme enfant de chœur de la chapelle royale. A vingt-deux ans il faisait représenter un opéra *Didon et Enée*, qui renferme des beautés de premier ordre et qui fit sensation. La même année il devenait organiste de l'abbaye de Westminster (1680) et, dès lors, il abandonnait la scène et composait surtout des cantates ou de la musique de chambre, notamment douze sonates pour deux violons et basse chiffrée. En 1686, il revient au théâtre et veut donner à son pays un opéra national. Après bien des efforts, il triomphe de la concurrence des Italiens établis à Londres, et en 1691 paraît son chef-d'œuvre le *Roi Arthur*, écrit sur un texte de *Dryden*. Malheureusement, dès l'année 1695, Purcell mourait sans avoir pu donner toute la mesure de son génie. Il laissait pourtant un bagage considérable d'œuvres intéressantes: tout particulièrement sa musique d'église, qui a exercé une telle influence sur le développement de Hœndel, lors de son arrivée en Angleterre.

Purcell avait pris les Italiens pour modèles ; et l'on s'en aperçoit aisément à la lecture de ses partitions. On y retrouve beaucoup des procédés créés par les Caccini, les Peri, les Monteverde et imités par leurs successeurs. Il a plus de rapport avec les Vénitiens qu'avec les Florentins ; c'est-à-dire que sa musique n'est pas d'un intellectuel raffiné, mais plutôt d'un sensitif et d'un passionné. D'ailleurs, bien des influences se mêlent pour déterminer son style. On rencontre dans ses œuvres des essais de polyphonie à la façon du xvie siècle, mais souvent un peu courts, à peine ébauchés et se concluant en de massives harmonies. Il entremêle dans ses opéras le récitatif le plus libre aux airs de structure rigide. Il résume tout un passé dont il est l'aboutissement un peu confus. Mais ce qu'on découvre surtout dans sa musique, c'est lui-même, c'est sa forte personnalité, d'une originalité savoureuse et bien anglaise. Son inspiration est franche, vigoureuse, parfois âpre, violente, brutale, toujours assez simple et parfois un peu sèche ; c'est une musique saine, d'un rythme puissant et vivant, d'une profondeur tragique souvent impressionnante et qui fait songer à Bach. Qu'on lise le dernier air de Didon, dans *Énée et Didon* : la page est admirable et soutient la comparaison avec n'importe quel chef-d'œuvre des grands maîtres. Elle s'élève si haut qu'on oublie complètement la forme qui la date et qu'elle peut paraître écrite d'hier à quiconque ignore l'évolution de la technique musicale. On y remarquera quelques audaces harmoniques familières à Purcell et qui donnent beaucoup de couleur, en quelques autres passages, à ses intentions descriptives.

Pour bien connaître Purcell, il faut l'entendre chanter en anglais. L'accent si particulier de cette langue a obligé le musicien à des tournures mélodiques et à des rythmes qui perdent toute signification s'ils doivent s'appliquer à une traduction française.

Le plus grand des musiciens anglais fut aussi le dernier. Après lui l'histoire de la musique anglaise est terminée. Au XVIII\ :superscript et au XIX\ :superscript siècle, les Anglais, faute de mieux, se contentent d'adopter des musiciens étrangers comme *Hændel* et *Mendelssohn*. Qui sait, d'ailleurs, si quelque jour, l'inspiration musicale ne renaîtra pas dans une nation qui a déjà donné tant de preuves des belles facultés artistiques qu'elle porte en elle, mais dont elle semble avoir quelque pudeur ou quelque gaucherie à faire largement l'emploi ?

En tout cas il faut signaler les efforts d'un groupe de jeunes artistes, qui, depuis quelques années, veulent rendre à l'Angleterre son ancienne gloire musicale. Ils ont fondé en 1909 la « Musical League » qui réunit les noms de MM. *Edward Elgar, Percy Grainger, Cyrill Scott, J. Holbrooke, Bell, Franck Bridge, Frédéric Austin, Vaughan Williams, Arnold Bax*, et, s'ils n'ont pas encore produit un chef-d'œuvre, du moins font-ils preuve d'une ardeur et d'une hardiesse méritoires à s'essayer dans tous les genres.

LECTURES RECOMMANDÉES.

Ouvrages de critique et d'histoire : CHOUQUET, *Histoire de la musique dramatique en France* (Didier). — ROMAIN ROLLAND, *Musiciens d'autrefois*, article sur Lulli (Hachette). — JULES ECORCHEVILLE, *De Lulli à Rameau* (Marcel Fortin). — LUDOVIC CELLER, *Les origines de l'opéra et le ballet de la Reine* (Fischbacher), — NUITTER ET THOIRAN, *Les origines de l'opéra francais* (Fischbacher). — H. PRUNIÈRES, *Lulli*, collection « Les Musiciens célèbres » (Laurens). — LIONEL DE LA LAURENCIE, *Lulli*, collection « Les maîtres de la musique » (Alcan).

Textes musicaux : LULLI, partitions de ses opéras, piano et chant (Michaëlis). — *Concerts spirituels*, 3e, 4e et 6e livraisons consacrées aux musiciens français du XVIIe siècle et du début du XVIIIe (Schola Cantorum). — PURCELL, *Œuvres*, édition populaire (Novello, à Londres).

CHAPITRE VI

La vie de **Jean-Philippe Rameau** est assez mal connue. Il est né à Dijon, en 1683. Son père était organiste, probablement à l'église Saint-Étienne : « Il enseigna la musique à ses enfants, dit Maret (1), avant même qu'ils eussent appris à lire. » Le petit Jean-Philippe fit ses études au collège des Jésuites, mais d'une façon sans doute assez distraite : « Pendant les classes, il chantait ou écrivait de la musique. » En 1701, à dix-huit ans, il part pour l'Italie. Mais il s'arrête à Milan et revient en France. Il regretta plus tard de n'avoir pas poussé plus loin son voyage et de n'avoir pas fait un long séjour dans un pays où il pensait « qu'il se fût perfectionné le goût ». Pendant quelque temps, il mène une vie errante ; il va de ville en ville, jouant de l'orgue dans les églises ; peut-être fut-il même violon dans une troupe ambulante. En 1702, il est nommé organiste de la cathédrale de Clermont ; il passe là quelques années tranquilles et fécondes : il écrit son premier livre de *Pièces de clavecin*, et probablement trois cantates, *Médée*, l'*Absence* et l'*Impatience*, « qui eurent, dit Maret, le plus grand succès en province ». En 1706, impatient de se faire connaître par d'autres ouvrages et en d'autres lieux, il rompt brusquement le traité

---

(1) Le médecin Maret fut chargé par l'Académie des sciences, arts et belles-lettres de Dijon, dont il était le secrétaire perpétuel, d'écrire l'éloge de Rameau.

qui le lie à l'église de Clermont. Maret rapporte à ce propos l'anecdote suivante : « Le samedi, dans l'octave de la Fête-Dieu, au salut du matin, étant monté à l'orgue, Rameau mit simplement la main sur le clavier, au premier et au second couplet ; ensuite il se retira et ferma les portes avec fracas ; on crut que le souffleur manquait, et cela ne fit aucune impression. Mais, au salut du soir, il ne fut pas possible de prendre le change, et l'on vit qu'il avait résolu de témoigner son mécontentement par celui qu'il allait donner aux autres. Il tira tous les jeux de l'orgue les plus désagréables et y joignit toutes les dissonances possibles. En vain lui donnait-on le signal ordinaire pour l'obliger à cesser de toucher ; on se vit forcé de lui envoyer un enfant de chœur. Dès qu'il parut, Rameau quitta le clavier et sortit de l'église. Il avait mis tant d'art dans le mélange des jeux et l'assemblage des dissonances les plus tranchantes que les connaisseurs avouaient que Rameau seul était capable de jouer si désagréablement. Le Chapitre lui fit des reproches ; mais sa réponse fut qu'il ne jouerait jamais autrement, si l'on persistait à lui refuser sa liberté. On sentit qu'on ne le déterminerait pas à abandonner le parti qu'il avait pris. On se rendit ; le bail fut résolu, et les jours suivants il témoigna sa satisfaction et sa reconnaissance, en donnant sur l'orgue des pièces admirables. » L'histoire n'est pas certaine, mais elle est bien dans le caractère de Rameau.

Libéré de ses obligations envers l'église de Clermont, Rameau s'en vient à Paris, où il publie son premier livre de *Pièces de clavecin* et où il vit pendant quelques années très médiocrement et très inconnu. Il dut surtout s'instruire, étudier Zarlino et

Mersenne (1) et préparer sa théorie nouvelle de l'harmonie.

En 1715, il se rend à Dijon, pour le mariage de son frère. Un peu plus tard, il séjourne à Lyon. Enfin il retourne à Clermont, où il retrouve la place d'organiste qu'il avait abandonnée quelques années auparavant. C'est là, dans le calme et le silence, qu'il achève l'ouvrage qui lui tenait au cœur depuis si longtemps, le *Traité de l'harmonie réduite à ses principes naturels*, qu'il fait paraître à Paris (1722).

Aussitôt il quitte Clermont et revient à Paris (1723). Il y publie un *Nouveau système de musique théorique* (1726), qui est un exposé plus simple de ses idées sur l'harmonie, au moyen duquel il espérait forcer l'attention du public. Alors commencent les discussions, les polémiques autour de son ouvrage : la notoriété lui vient.

Il se marie, à quarante-trois ans, avec Marie-Louise Mangot, fille d'un musicien du roi ,âgée de dix-neuf ans et douée d'une fort jolie voix.

Il publie un deuxième recueil de *Pièces de clavecin*. Puis il pense au théâtre. Il fait justement la connaissance du fermier général Le Riche de la Pouplinière, grand ami des arts, chez qui l'on jouait beaucoup de musique et l'on représentait des opéras. La Pouplinière prit Rameau pour maître de musique et pour organiste de sa chapelle, et mit son orchestre et son théâtre à sa disposition. « M. et Mme Rameau, nous dit Moret, passaient pour ainsi dire leur vie chez

---

(1) *Zarlino*(1517-1590), célèbre théoricien de la musique, dont les *Instituzioni harmoniche* parurent en 1558. — Le père *Mersenne* (1588-1648), ami de Descartes, de Huygens, etc., a écrit une *Harmonie universelle* (1636-1637), qui est une mine inépuisable de renseignements historiques.

M. de la Pouplinière, soit à Paris, soit à sa belle maison de Passy. »

C'est la Pouplinière qui demande à un librettiste à la mode, l'abbé Pellegrin, d'écrire pour Rameau un poème d'opéra. L'abbé Pellegrin s'empresse de fournir un arrangement de la *Phèdre* de Racine, qu'il intitule *Hippolyte et Aricie*, et qui est bien le plus détestable ouvrage qu'on puisse imaginer. On n'y rencontre que galanteries, que fadeurs ; le rôle de Phèdre n'a plus aucun sens ; le style est d'une platitude et d'une banalité écœurantes. Sur de telles paroles, Rameau réussit cependant à écrire quelques-unes de ses plus belles pièces musicales. L'opéra fut d'abord joué chez la Pouplinière, puis à l'Académie nationale de Musique (1733). Le public fut surpris d'un style très nouveau pour lui : « On a trouvé, dit le *Mercure*, la musique de cet opéra un peu difficile à exécuter » ; et l'on faisait courir ces petits vers :

> Si le difficile est le beau
> C'est un grand homme que Rameau.
> Mais si le beau, par aventure,
> N'était que la simple nature,
> Quel petit homme que Rameau !

« Peu à peu, dit Maret, les représentations d'*Hippolyte* furent plus suivies et moins tumultueuses ; les applaudissements couvrirent les cris d'une cabale qui s'affaiblissait chaque jour, et le succès le plus décidé, couronnant les travaux de l'auteur, l'excita à de nouveaux efforts. »

« Je n'ai travaillé pour l'opéra, dit Rameau, qu'à cinquante ans ; encore ne m'en croyais-je pas capable ;

j'ai hasardé, j'ai eu du bonheur, j'ai continué. » Il continua longtemps, puisqu'il écrivit trente-six opéras ; et il ne cessait pas de poursuivre cependant ses études théoriques et de publier des ouvrages sur les fondements de l'harmonie. En 1735, il donne les *Indes galantes ;* en 1737, *Castor et Pollux*, qui fut un grand succès, et, en même temps, la *Génération harmonique ou Traité de musique théorique ;* en 1739, *Dardanus ;* en 1741, des *Pièces de clavecin en concert ;* en 1749, *Zoroastre ;* en 1750, la *Démonstration du principe de l'harmonie ;* en 1751, *la Guirlande ou les fleurs enchantées*, entrée de ballet pour faire suite aux *Indes galantes ;* en 1752, les *Nouvelles réflexions sur la démonstration du principe de l'harmonie servant de base à tout l'art musical.* (La même année, d'*Alembert* résumait les idées de Rameau dans un ouvrage fort clair : *Éléments de musique théorique et pratique suivant les principes de M. Rameau*). A soixante-dix-sept ans, il écrivait encore les *Paladins*, et il mourait à quatre-vingts ans (1764).

Rameau était si grand, si maigre, si hâve, si sec, qu'il avait « plus l'air d'un fantôme que d'un homme ». Le visage était sévère et décidé. On le disait avare et dur. Il n'était point aimable, et la brutalité de sa franchise rebutait les plus patients. C'était un solitaire fait pour la méditation et pour l'étude.

Comme artiste, Rameau est tout d'abord remarquable par la prépondérance exceptionnelle en lui de l'intelligence, de l'esprit, sur toutes les autres facultés. C'est un penseur qui a voulu comprendre jusqu'au fond son art et qui a prétendu que le comprendre c'est devenir maître de toute invention.

Rameau est un admirable *théoricien de la musique.*

C'est lui qui a définitivement établi les principes de l'harmonie moderne. Ces principes étaient, il est vrai, appliqués depuis déjà plus d'un siècle, mais d'une façon en partie inconsciente et tout empirique, et l'on continuait d'invoquer des règles qui n'avaient de sens que pour l'art de l'antiquité ou pour celui du moyen âge. Rameau commence par définir la notion d'*accord*, et par poser l'*harmonie* comme antérieure logiquement à la *mélodie* : « Il semble d'abord que l'harmonie provienne de la mélodie, en ce que la mélodie que chaque voix produit devient harmonie par leur union. » C'est ainsi, en effet, que l'harmonie était conçue au temps de la polyphonie et du contrepoint. « Mais il a fallu déterminer auparavant une route à chacune de ces voix pour qu'elles puissent s'accorder ensemble. Or quelque ordre de mélodie que l'on observe dans chaque partie en particulier, elles formeront difficilement ensemble une bonne harmonie, pour ne pas dire que cela est impossible, si cet ordre ne leur est donné par les règles de l'harmonie... C'est donc l'harmonie qui nous guide et non la mélodie. » La gamme n'est pas une formation primitive ; elle est dérivée des accords fondamentaux de la tonalité. Les accords ne sont pas en nombre infini, comme la pratique de la basse chiffrée semble l'indiquer. Ils se ramènent à un petit nombre. Si l'on tient compte de leurs *renversements* et de leurs diverses modifications, on s'aperçoit qu'ils dérivent tous de deux accords : l'accord parfait majeur formé par la division d'une corde en son quart, son cinquième et son sixième et l'accord parfait mineur formé en multipliant la longueur d'une corde par 4, par 5 et par 6. Et Rameau découvre les *sons harmoniques*, qui donnent un fondement *physique* à sa théorie. Dans toute suite d'accords, Rameau retrouve, en l'analysant, une succession d'accords parfaits sous-entendus (*basse fondamentale*), dont la liaison détermine une série de *cadences* (sous-dominante ou dominante et tonique) et par suite une *tonalité* avec ou sans modulations.

De plus Rameau prétend que chaque accord et chaque succession d'accords ont leur expression particulière. Ce sont les touches, les nuances dont on peut peindre les passions ; il suffit d'en avoir établi la classification méthodique pour pouvoir traduire musicalement tous les sentiments ; et ainsi la *science* le conduit à l'*art*.

Cet art, certains des contemporains de Rameau le trouvaient justement trop peu spontané. Un admirateur d'*Hippolyte et Aricie*, après bien des éloges, exprimait cette réserve : « J'en éprouve peu d'attendrissement ; j'y suis peu remué ; mais j'y suis occupé et amusé ; la mécanique en est prodigieuse. » Pour Grimm, pour Rousseau, Rameau est surtout un savant, un mathématicien, un géomètre.

En réalité Rameau est bien le continuateur de Lulli. La musique est à ses yeux, comme à ceux de Lulli, une imitation de la nature, des bruits de la source ou du vent, du chant des oiseaux, du langage de l'homme, des mouvements de la danse, des gestes de la passion. L'art n'a d'autre rôle que de dire exactement ce qui est, et de la façon la plus simple ; l'expression juste est par là même belle. C'est une conception purement rationaliste, qui est celle même de notre littérature classique. Mais Rousseau protestait contre un tel idéal au nom du sentiment auquel il voulait donner la première importance en littérature et en art Il nous semble

aujourd'hui singulier que la musique n'ait pas toujours été considérée comme le langage immédiat du
sentiment et de l'inconscient, comme le domaine du
mystère, et qu'on ait pu y chercher un moyen de
traduire des idées ou des faits pour la seule satisfaction de l'esprit. Il faut bien cependant nous placer à ce
point de vue, si nous voulons comprendre l'art de
Rameau.

L'analyse psychologique, la peinture musicale des
caractères et des passions sont ce qui semble le moins
intéresser Rameau. Décrire la nature matérielle,
composer des danses, voilà qui lui plaît par-dessus
tout. Et, de fait, il écrivait plus volontiers pour les
instruments. « Il n'avait pas autant de facilité, dit
Maret, à composer la musique vocale que la musique
instrumentale, à laquelle il s'était livré de bonne
heure. » Dans ses opéras même, la partie vocale est
ingrate à chanter : c'est encore le récitatif-arioso de
Lulli, sans souplesse ; rarement Rameau se laisse
influencer par la mélodie italienne. Ses ballets, ses
symphonies, ses pièces de clavecin, voilà où il excelle.

Mais alors comment a-t-il pu songer à composer
des opéras ? C'est que l'opéra, tel que Lulli en avait
établi la formule, était surtout un « spectacle » et très
peu une tragédie. Les machines, la féerie, la danse y
occupaient une place considérable. Et Rameau va
plus loin que Lulli. Collé nous dit : « Tous ceux qui
ont travaillé avec lui étaient obligés d'étrangler leurs
sujets, de masquer leurs poèmes, de les défigurer, afin
de lui amener des divertissements. Il ne voulait que
cela. » Si bien que M. Laloy, dans sa belle étude sur
Rameau, n'a pas tort de conclure que la vraie gloire
de ce musicien est dans ses pièces de danse et ses sym

phonics, et qu'en un sens il peut être considéré comme l'un des précurseurs de Berlioz et de tous les auteurs modernes de poèmes symphoniques.

Son style se ressent de cette disposition très particulière de sa nature. M. Laloy le qualifie très ingénieusement de « style cloisonné ». Il est certain, en effet, que la conception singulière. que se fit Rameau du drame musical, pour l'adapter aux exigences de son génie, l'amena à composer chacun de ses opéras d'un nombre considérable de pièces disjointes, dont chacune formait un tout, mais se rejoignait souvent plus ou moins bien avec la précédente et la suivante. Et, d'autre part, ici comme chez Lully, l'usage, l'abus des intermèdes dansés lui donne l'habitude d'une coupe uniforme des phrases, qui, comme pour suivre le danseur, partent, s'enlèvent, redescendent et se reposent de telle sorte qu'elles sont formées, elles aussi, de membres généralement très étroitement définis et très nettement séparés des membres voisins. Ce n'est pas là un défaut constant ; il est assez fréquent cependant. Est-ce même un défaut ? C'est en tout cas une marque du temps.

On voit combien la musique de Rameau est loin de nous, combien nous avons d'efforts à faire pour en admirer les beautés. Ces beautés sont réelles cependant ; dans certains cas elles sont si frappantes que nous les percevons du premier coup. Il est impossible, par exemple, d'entendre la magnifique phrase de Thésée dans *Hippolyte et Aricie :* « Puissant maître des flots... » sans être sensible à cette mâle vigueur, à ces accents profonds, à cette grâce noble, à ce charme mélancolique.

Rameau, déclinant avec l'âge, disait de lui-même :

« De jour en jour j'acquiers du goût, mais je n'ai plus de génie. ». Peut-être eut-il toujours plus de goût que de génie. Ce fut pourquoi sans doute il s'en tint si prudemment à la conception du drame musical qu'il avait héritée de Lulli, précisément au moment où le public commençait de s'en détacher. Le temps était venu d'opéras moins guindés, moins savants, moins raffinés, moins « spectacles de cour », moins « fêtes pour l'esprit », d'opéras plus dégagés, plus simples, plus populaires, d'une émotion plus directe et plus vive. Une double influence devait produire ce changement de caractère : celle de *l'opéra italien* et celle de *l'opéra-comique*.

LECTURES RECOMMANDÉES.

Ouvrages de critique et d'histoire : Chouquet, *Histoire de la musique dramatique en France* (Didot). — Louis Laloy, *Rameau,* collection des « Maîtres de la musique » (Alcan). — Lionel de la Laurencie, *Rameau,* collection « Les Musiciens célèbres » (Laurens).

Textes musicaux : Rameau, quelques partitions de ses *opéras* dans la collection Michaëlis. — Quelques *Pièces de Clavecin* dans la collection Litolff. — Édition complète de ses *Œuvres,* sous la direction de M. Saint-Saëns, en cours de publication (Durand).

CHAPITRE VII

L'OPÉRA-COMIQUE AU XVIIIe SIÈCLE.

La monotonie et le caractère guindé de l'opéra au commencement du XVIIIe siècle et, d'autre part, la disette de grands compositeurs après la mort de Lulli firent le succès de l'opéra-comique.

L'opéra-comique est un genre d'origine populaire. Il trouve son premier public à la foire. C'est en 1595 que fut établi le *théâtre de la foire Saint-Germain*, qui donnait ses représentations du 3 février à la veille du dimanche des Rameaux, et qui était sous la dépendance des moines de Saint-Germain-des-Prés. *La foire Saint-Laurent* eut de même son théâtre pendant les mois de juillet, août et septembre. En 1674 et 1675, un certain Lagrille eut l'idée de donner des représentations d'opéras en miniature à l'aide de marionnettes qu'on appela les *bamboches de Lagrille* ou « les mauvais singes de l'opéra ». En 1678, *Allard* et *Maurice Vanderberg* montèrent, avec une troupe de véritables acteurs, une pièce mêlée de danses et de chant, les *Forces de l'amour et de la magie*. Lulli obtint du roi une ordonnance qui leur interdisait de chanter, et réduisait leur orchestre à quatre violons et un hautbois. D'autre part la Comédie-Française leur faisait défendre de représenter des comédies ou des farces. Pour tourner la difficulté, *Chaillot* et *Rémy* eurent l'idée, en 1697, de composer des pièces muettes où la pantomime était interrompue de temps en temps par des chansons, qui n'étaient pas chantées par les comédiens, mais par le public : de grands écriteaux descendaient à point nommé du haut du théâtre sur le devant de la scène, portant en gros caractères l'indication des paroles et d'un air connu ; l'orchestre attaquait en même temps la ritournelle, et les spectateurs, très amusés, entonnaient la chanson en chœur devant les acteurs qui faisaient les gestes. En 1716, *Catherine Vanderberg*, qui avait le privilège du théâtre de la foire Saint-Laurent, obtient enfin la permission de représenter des pièces mêlées de chant, de danses et de symphonies, qu'on appela bientôt des opéras-comiques.

Les premiers musiciens qui écrivirent pour la foire furent *Gillier* (1667-1737) et *Mouret* (1682-1738). Mais, jusqu'en 1752, le nouveau théâtre n'arriva pas à se constituer définitivement, et le nouveau genre ne donna lieu qu'à des œuvres sans valeur.

C'est de l'Italie que vint l'exemple dont les compositeurs français avaient besoin pour trouver leur voie. Le 4 octobre 1746 était représentée à la comédie italienne la *Serva padrona* de Pergolèse. **Pergolèse** (1710-1736) appartenait à cette brillante école napolitaine fondée par Alessandro Scarlatti, et dans laquelle le culte du « bel canto » était trop souvent substitué à la recherche de la vérité dramatique. Mais, à côté de l'*opera seria* tel que l'avait conçu son maître, Pergolèse traita avec un vrai bonheur, du naturel, de l'esprit, de la vivacité, un nouveau genre, l'*opera buffa*, où les Italiens trouvèrent dès lors le juste emploi de leurs merveilleuses qualités d'improvisateurs.

La Servante maîtresse était écrite pour un chanteur, une chanteuse, un personnage muet et le quatuor d'orchestre. C'était une œuvre très gaie, très vivante. Elle eut un succès considérable et déchaîna une querelle fameuse, qu'on appela la *guerre des Bouffons*. Les partisans de la musique française et ceux de la musique italienne entrèrent cette fois en conflit avec une ardeur inouïe. Chaque représentation était une bataille. Louis XV et Mme de Pompadour tenaient pour Lulli et Rameau, la reine pour les Italiens. Les partisans des Français se massaient près de la loge du roi, ceux des Italiens près de la loge de la reine, et du « coin du roi » au « coin de la reine », c'était un échange continuel d'épigrammes, de quolibets, parfois d'injures. Tous les littérateurs du temps prirent parti dans la dispute. *Grimm, Diderot, d'Holbach, J.-J. Rousseau* soutenaient les Italiens ; *J.-Ph. Rameau, Fréron, l'abbé Laugier,* les Français. L'événement le plus important de cette discussion si passionnée fut la *Lettre sur la musique française* de Rousseau ; elle déchaîna la fureur des « symphonistes » de l'Opéra, qui brûlèrent l'auteur en effigie.

« Je crois, disait Rousseau, notre langue peu propre à la poésie, et point du tout à la musique... En revanche, la langue française me paraît celle des philosophes et des sages. » A la place de la mélodie impossible dans leur langue, les Français ont inventé une « musique savante », compliquée, qui cherche le « bruit ». Ils ne se soucient que d'un pesant contrepoint, d'une lourde polyphonie et « sans façon ils font réciter les basse-tailles à l'unisson de la basse continue » ! Mais, s'ils écrivent à trop de parties des ensembles trop compacts, leur harmonie n'en est pas moins pauvre et plate ; dans les moments les plus pathétiques de son *Armide*, Lulli ne trouve pas une seule modulation expressive, et c'est par des *cadences parfaites* qu'il prétend traduire les mouvements les plus violents de la passion.

Rousseau reproche encore aux Français de changer de mesure à tout moment, de n'avoir pas de rythme précis; c'est une conséquence, en effet, du système récitatif, par opposition à la théorie napolitaine du chant pour lui-même.

Comme nuances, dit encore Rousseau, les Français ne connaissent que le *doux* et le *fort.* « Ces autres mots *rinforzando, dolce, risoluto, con gusto, spiritoso, sostenuto, con brio*, n'ont pas même de synonymes dans notre langue, et celui d'*expression* n'y a aucun sens. »

« Les inversions de la langue italienne sont beaucoup plus favorables à la bonne mélodie que l'ordre didactique de la nôtre, et une phrase musicale se développe d'une manière plus agréable et plus intéressante quand le sens du discours, longtemps suspendu, se résout sur le verbe avec la cadence, que quand il se développe à mesure et laisse affaiblir ou satisfaire ainsi par degrés le désir de l'esprit, tandis que celui de l'oreille augmente en raison contraire jusqu'à la fin de la phrase. »

Et il se plaint aussi des chanteurs français, qui ne savent que crier à pleins poumons.

Au contraire, la « douceur de la langue italienne » facilite la mélodie. Les Italiens ont encore « la hardiesse des modulations qui ajoutent une vive énergie à l'expression ». L'extrême précision de mesure se fait sentir dans leurs mouvements les plus lents et, par la variété des rythmes, leur musique exprime des caractères « dont nous n'avons pas même l'idée ». Tout, chez eux, est sacrifié à la mélodie. Pas de vaine science. Elle est bonne pour les Français « cette musique méthodique, compassée, mais sans génie, sans invention, qu'on appelle à Paris *musique écrite* par excellence, et qui, tout au plus, n'est bonne en effet qu'à écrire, et jamais à exécuter ».

Enfin Rousseau ne se contente pas de faire le procès de l'école française ; il indique nettement les voies qu'il faudrait suivre pour instituer un opéra vraiment national en conformant la déclamation musicale au génie de la langue : « Il est évident que le meilleur récitatif, dans quelque langue que ce soit, si elle a d'ailleurs les conditions nécessaires, est celui qui approche le plus de la parole ; s'il y en avait un qui en approchât tellement, en conservant l'harmonie qui lui convient, que l'oreille ou l'esprit pût s'y tromper, on devrait prononcer hardiment que celui-là aurait atteint toute la perfection dont aucun récitatif puisse être susceptible. Examinons maintenant sur cette règle ce qu'on appelle en France récitatif ; et dites-moi, je vous prie, quel rapport vous pouvez trouver entre ce récitatif et notre déclamation. Comment concevez-vous jamais que la langue française, dont l'accent est si uni, si simple, si modeste, si peu chantant, soit bien rendue par les bruyantes et criardes intonations de ce récitatif, et qu'il y ait quelque rapport entre les douces inflexions de la parole et ces sons soutenus et renflés, ou plutôt ces cris éternels qui font le tissu de cette partie de notre musique encore plus même que des airs ? Il est de toute évidence que le meilleur récitatif qui peut convenir à la langue française doit être opposé presque en tout à celui qui y est en usage : *qu'il doit rouler entre de fort petits intervalles, n'élever ni abaisser beaucoup la voix ; peu de sons soutenus, jamais d'éclats, encore moins de cris ; rien surtout qui ressemble au chant ; peu d'inégalité dans la durée ou valeur des notes, ainsi que dans leurs degrés.* En un mot, le vrai récitatif français, s'il peut y en avoir un, ne se retrouvera que dans une route directement contraire à celle de Lulli et de ses successeurs, dans quelque route nouvelle qu'assurément les compositeurs français, si fiers de leur faux savoir et par conséquent si éloignés de sentir et d'aimer le véritable, ne s'aviseront pas de chercher si tôt, et que probablement ils ne trouveront jamais. » Il est bien curieux de voir Rousseau prédire plus de cent ans d'avance et définir avec autant de précision la réforme apportée par M. Claude Debussy dans notre déclamation musicale.

Cette *Lettre sur la musique française* contient une foule de justes remarques sur la différence entre les opéras français et les opéras italiens. J.-J. Rousseau aurait pu ajouter encore que les opéras italiens étaient en général mieux proportionnés, en trois actes au lieu de cinq, sans l'encombrement des ballets, avec une agréable alternance de récitatifs, d'airs, de duos, pour le plus grand plaisir de l'oreille. Mais il passait sous silence les défauts d'un art trop exclusivement voluptueux, souvent sans âme, d'un art de virtuoses, uniquement soucieux de l'effet sur les sens.

En tout cas, il est certain que les Français avaient beaucoup à apprendre des Italiens au point de vue de la liberté, de la souplesse, de la variété surtout dans les mouvements et les harmonies.

La *Servante maîtresse* eut un tel succès à la Comédie Italienne qu'elle fut reprise, en 1752, à l'Académie de musique. En vain les partisans des Français voulurent-ils faire beaucoup de bruit autour d'une œuvre nouvelle de **Mondonville**, *Titon et l'Aurore*, qu'on venait de représenter sur le théâtre de Mme de Pompadour ; cet ouvrage médiocre ne pouvait soutenir un seul instant la comparaison avec la petite comédie de Pergolèse. C'est alors que J.-J. Rousseau lui-même entra en lice comme compositeur et voulut montrer ce qu'on pouvait faire en imitant les Italiens. Il écrivit une pastorale, le *Devin du village*, qui fut représentée à l'Académie de musique cette même année 1752 et accueillie avec enthousiasme. Ce n'est pas un opéra-comique proprement dit : il n'y a pas de parlé, tout est chanté ; c'est une suite de récitatifs et d'airs ou d'ensembles, mais le style est bien celui de l'opéra-comique ; et l'on peut dire que c'est le premier ouvrage de quelque valeur dans le genre nouveau.

J.-J. Rousseau voulait imiter les Italiens. Ses récitatifs sont en effet plus alertes que la plupart des récitatifs français ; ses mélodies sont simples et parfois d'un caractère populaire ; mais, malgré tout, il s'écarte peu de la tradition française : il y a encore chez lui une certaine raideur dans la coupe des airs et dans les rythmes, souvent empruntés à la danse, et une grâce noble un peu étudiée sous son apparence naïve et champêtre ; l'expression reste un peu sèche, quoique poétique. On sent du reste, surtout dans l'harmonie, la maladresse d'un homme dont l'éducation musicale fut très rudimentaire. Gluck se montrait bien indulgent quand il disait plus tard à son élève Salieri : « Mon ami, nous eussions fait autrement, et nous aurions eu tort. »

C'est à partir de 1752 que le théâtre de l'Opéra-Comique s'établit définitivement et pour une longue période de prospérité, d'abord sous la direction de *Jean Monnet*, qui obtint le concours du peintre *Fr. Boucher*, du chorégraphe *Noverre*, des poètes *Favart* et *Vadé*, du musicien *Dauvergne*.

Sur le nouveau théâtre, on joua des pièces en vaudevilles, avec divertissements, des ballets-pantomimes, des opéras-comiques. Les pièces que Gillier et Mouret avaient fait représenter au commencement du xviiiᵉ siècle n'étaient guère que des comédies mêlées d'ariettes. Pour la première fois les *Troqueurs*, de **Vadé** et **Dauvergne** (1753), donnent un peu plus d'importance, à côté du parlé, au chant et à la musique.

Le succès du théâtre de l'Opéra-Comique alla grandissant, surtout à partir de 1762 quand il se fut réuni avec la Comédie Italienne (fondée depuis 1719), qui avait accueilli si souvent des comédies mêlées de musique.

Les principaux auteurs qui lui fournirent leurs ouvrages furent : *Laruette* (1731-1792), chanteur et compositeur, ténor sans voix, qui se fit une spécialité des rôles de baillis, de pères, de tuteurs; *Duni* (1709-1775), napolitain, qui après de grands succès en Italie, notamment à la cour toute française alors de Parme, vint se fixer à Paris en 1757 ; son plus grand succès fut les *Deux Chasseurs et la Laitière* (1763) ; il collabora souvent avec Laruette ; **Monsigny** (1729-1817), aimable compositeur, sans grande science musicale, auteur de *Rose et Colas* (1764) et du *Déserteur* (1769) ; **Philidor**, né à Dreux en 1726, mort en 1795; d'une vieille famille de musiciens, les Danican ; c'est Louis XIII ou Louis XIV qui avait donné à l'un de ses ancêtres le surnom de Philidor ; François-André Danican Philidor cultiva la musique dans sa jeunesse, mais s'adonna ensuite surtout aux échecs où il devint le premier joueur du monde ; à trente-trois ans seulement il se mit à écrire pour la scène de l'Opéra-comique et il y triompha pendant dix ans. Ses ouvrages les plus remarquables sont *Blaise le savetier* (1759), le *Jardinier et son Seigneur* (1761), le *Maréchal Ferrant* (1761), *Tom Jones* (1765), qui renferme un quatuor *a cappella* et un septuor. L'harmonie de Philidor est déjà plus riche, ses morceaux mieux développés et il recherche les effets d'ensemble.

Enfin, voici le théoricien de l'école : **Grétry** (1741-1813), l'auteur des *Mémoires ou Essais sur la musique* (trois volumes imprimés en 1797 par arrêté du Comité d'Instruction publique) ; c'est un livre décousu, mais plein d'idées, très naturel, et très spirituel. « Vous êtes musicien et vous avez de l'esprit ! », lui disait Voltaire avec un peu d'ironie. Dans ses *Mémoires*, Grétry nous donne à la fois le récit de sa vie et l'exposé de ses théories. Il est né à Liége. A six ans, il était amoureux. Une troupe qui joue du Pergolèse lui donne le goût de la musique et il apprend à chanter à l'italienne : il y réussit à merveille. A dix-huit ans, il va en Italie, le cerveau bouillonnant de musique. Il écrit avant d'avoir fait des études sérieuses d'harmonie et de contrepoint (il n'en fit jamais, et c'est de sa musique qu'on dira : « Entre la partie de basse et celle du premier violon on ferait passer un carrosse à quatre chevaux », tellement la trame en était lâche). Il revient à Paris. Rameau l'ennuie ; mais il s'enthousiasme pour le

Théâtre Français et pour les grands acteurs d'alors :
« Leur déclamation me semblait le seul guide qui me
convînt, le seul qui pût me conduire au but que je
m'étais proposé. » Il consulte Mˡˡᵉ Clairon et note en
musique « ses intonations, ses intervalles et ses
accents ». Diderot l'engage à persévérer dans cette
voie. Grétry reprend en somme les principes de Lulli
et prépare directement Gluck. Il donne le *Huron* (1768),
à l'Opéra, et à l'Opéra-Comique *Lucile* (1769), avec son
fameux quatuor : « Où peut-on être mieux qu'au sein
de sa famille? », le *Tableau parlant* (1769), la *Fausse
magie* (1775), *Richard Cœur de Lion* (1784). Il finit sa
vie comblé de distinctions de toutes sortes : l'Institut
l'accueille ; il est un des premiers chevaliers de la
Légion d'honneur. Il meurt à l'Ermitage de J.-J. Rousseau, qu'il avait acheté.

Ses idées sur l'art musical, parfois un peu confuses,
sont extrêmement abondantes : il a des vues intéressantes sur l'ouverture à programme, sur l'entr'acte
servant de commentaire à une situation psychologique,
sur la peinture des passions et des caractères par le
moyen des sons, et sur les matériaux et les procédés
dont elle suppose l'analyse exacte.

Il rêve d'une tragédie musicale où le dialogue serait
parlé, l'orchestre caché; d'un théâtre du peuple, de
jeux nationaux. Il voudra introduire le chant dans
l'enseignement primaire.

Il voit même au delà de son art si français, et hors
de son pays : c'est ainsi qu'il admire sincèrement
Haydn. Il est vrai qu'il s'étonne des développements
sans objet et sans liberté de la musique pure ; il
désire l'affranchissement de la symphonie et définit
par avance le poème symphonique.

A la fin de sa vie, il s'effraye un peu de certaines nouveautés, et il écrit alors : « Que viendra-t-il après nous ? Je vois en idée un être charmant, qui doué d'un instinct mélodieux, la tête, et l'âme surtout, remplies d'idées musicales, n'osant enfreindre les règles dramatiques qui sont aujourd'hui connues de tous les musiciens, joindra au plus beau naturel une partie des richesses harmoniques de nos jeunes athlètes. Avec plus de certitude que l'enfant d'Abraham, soupirant après l'arrivée de son messie régénérateur, déjà je tends les bras vers cet être désiré, dont les accents aussi vrais qu'énergiques réchaufferont mes vieux ans. »

« Ce messie musical, dit M. Romain Rolland, nous le reconnaissons : Grétry, qui l'appelait de ses vœux, ne se doutait pas qu'il était venu. Il avait vécu, il venait de mourir, non loin de lui. C'était Mozart, dont le nom ne paraît pas une fois dans les *Essais* de Grétry. » Et l'opéra-comique français du xviiie siècle n'annonce-t-il pas aussi Mozart? C'est déjà parfois sa grâce, sa naïveté, son aisance et son naturel, mais sans sa perfection et sa pureté, et sans sa profondeur.

Cependant le règne de Gluck était venu et beaucoup de compositeurs italiens établis à Paris, désespérant de se voir ouvrir les portes de l'Académie de musique, se tournèrent alors vers l'opéra-comique. Ce furent *Bianchi*, *Prati*, *Bruni*, et bien d'autres; des auteurs d'opéras-comiques de la fin du xviiie siècle, ce ne sont pas les meilleurs, il s'en faut; et il convient surtout de noter ici les noms d'un Allemand, né à Freistadt (Palatinat), *Schwartzendorf*, dit **Martini**, qui donna le *Droit du Seigneur* en 1783,

Annette et Lubin en 1800, et dont la romance *Plaisir d'amour* sur des paroles de Florian est restée populaire ; — et d'un Français, **Dalayrac** (1753-1809) qui écrivit soixante et un ouvrages dramatiques en vingt-huit ans, parmi lesquels nous citerons *Adolphe et Clara* (1799) et *Maison à vendre* (1800).

Le succès de l'opéra-comique en France à partir de la seconde moitié du XVIIIe siècle eut une grande influence sur le style de l'opéra : il habitua le public à une musique très facile, très simple, très populaire, et le détourna des œuvres de Lulli et de Rameau qui paraissaient dès lors bien solennelles ou bien compliquées. En ce sens on peut dire que l'opéra-comique préparait la voie à Gluck dont la réforme consiste en partie à simplifier, à rendre plus populaire la tragédie musicale. Mais d'autre part l'opéra-comique a rendu un très mauvais service à la musique française : en réduisant dans le drame la part de la musique au minimum et au rôle de divertissement, en usant presque toujours d'une technique rudimentaire, en excluant de parti pris toute profondeur dans l'expression des sentiments, il devait détacher le public et les compositeurs de tout ce qui est vraiment grand en art, il devait répandre le goût superficiel du joli, il devait contribuer vers 1830 à assurer le triomphe de la musique italienne en France et retarder d'une quarantaine d'années le retour à nos traditions nationales et à un art sincère.

LECTURES RECOMMANDÉES.

Ouvrages de critique et d'histoire : J.-J. ROUSSEAU, *Lettre sur la musique française* et *Dictionnaire de musique*. — CHOUQUET, *Histoire de la musique dramatique en France* (Didot). — ROMAIN

Rolland, *Musiciens d'autrefois*, article : *Grétry* (Hachette). — Adam, *Souvenirs d'un musicien* et *Derniers souvenirs* (Calmann-Lévy). — Michel Brenet, *Grétry, sa vie et ses œuvres* (Fischbacher). — H. de Curzon, *Grétry*, collection « Les Musiciens célèbres » (H. Laurens).

Textes musicaux : *Répertoire classique de chant francais*, choix de morceaux recueillis et annotés par Gevaert (Lemoine).

CHAPITRE VIII

GLUCK ET PICCINNI.
L'OPÉRA FRANÇAIS PENDANT LA RÉVOLUTION
ET L'EMPIRE,

Christoph-Wilibald Gluck est né à Weidenwang, près de Berching (Franconie moyenne), non loin de la frontière de la Bohême, le 2 juillet 1714 ; il était le fils d'un garde-chasse du prince Lobkowitz. Il eut une enfance très dure, faisant des courses à travers bois l'hiver, pieds nus, par la pluie, le froid, la neige. Cette existence un peu sauvage n'altéra pas sa robuste santé. Il étudia la musique, comme enfant de chœur, à l'école des Jésuites de Komotau : il y reçut des leçons de chant, de clavecin, d'orgue et de violon. Il gagna d'abord sa vie à Prague comme violoniste et chanteur ambulant, puis devint un excellent violon-celliste sous la direction du musicien bohême Czerno-horsky. En 1736 il se rendit à Vienne ; c'est là que dans une soirée chez le prince Lobkowitz il se fit remarquer du prince lombard Melzi, qui l'emmena à Milan, où pendant quatre ans il eut pour maître *Sam-martini*, l'un des précurseurs de Haydn dans la symphonie et le quatuor à cordes. Après quoi, en 1741, il fit ses débuts au théâtre par un éclatant succès : *Artaserse*. Ce premier ouvrage fut suivi de beaucoup d'autres, mais nous n'en possédons aucun, car ce n'était pas la coutume en Italie de faire graver les partitions d'opéra ; on en faisait une trop rapide consommation pour prendre un tel souci.

Il faut se représenter ce qu'était devenu alors l'opéra italien. Le « sopraniste » y régnait en maître, et asservissait compositeurs et directeurs à ses bizarres fantaisies. Il exigeait que ses rôles fussent toujours « sympathiques »; il laissait au ténor les pères nobles, les traîtres et les tyrans (quant à la basse, elle était reléguée dans l'*opera buffa*). Il ne daignait jouer que les héros amoureux. Et quels n'étaient pas ses caprices! Il lui fallait absolument une première entrée à cheval, ou bien il voulait paraître tout d'abord descendant d'une haute montagne; tantôt il déclarait que sans un panache sur la tête il lui était tout à fait impossible de chanter; tantôt il refusait de mourir à la fin de la pièce; et toujours ses plus étranges manies faisaient loi. Il corrigeait le librettiste, il corrigeait le compositeur, et chacun s'inclinait. La beauté du chant était alors le seul souci artistique. De vérité dramatique il n'en était pas un seul instant question. La « prima donna » arrivait en scène invariablement suivie de son petit page qui ne lâchait jamais le bout de sa jupe, même dans les moments les plus tragiques. Le sopraniste, une fois son air terminé, restait en scène en mangeant des oranges ou en buvant du vin d'Espagne sans écouter les répliques de ses partenaires et sans avoir l'air de se douter que l'action continuait. Quant au public, il jouait aux cartes et prenait des glaces dans les loges, ne se retournant vers la scène et ne prêtant attention que pour un morceau favori ou pour un chanteur à succès. On pense quelle musique devait convenir à de tels artistes et à un tel public.

Gluck, déjà célèbre, est appelé à Londres en 1745. Il passe par Paris où il entend des ouvrages de

Rameau, et il arrive en Angleterre où triomphait alors Hændel. Il fait représenter la *Caduta dei Giganti* et *Artamène* (1746), deux opéras dans lesquels il place les meilleurs airs de ses précédents ouvrages, adaptés à des paroles nouvelles. C'était une pratique fort répandue et aucun compositeur italien ne se faisait faute de reproduire indéfiniment dans ses différentes œuvres et de faire servir à mille destinations nouvelles les morceaux qui avaient une première fois excité l'applaudissement du public. Mais le médiocre succès qu'il obtint fut pour Gluck l'occasion de réflexions instructives : il se dit qu'une représentation théâtrale n'est pas un concert, et que la même musique ne s'applique pas indifféremment à toutes les situations : il reconnut le caractère frivole de l'art italien, qu'il devait cependant cultiver si longtemps encore.

Il quitte Londres et donne à Vienne en 1748 la *Semiramide riconoscinta*. Sa vie se partage dès lors entre l'Italie et l'Autriche. Il fait représenter sur différentes scènes une foule d'opéras, toujours dans le goût italien, et avec le plus grand succès : *Ezio* (1750), *La Clemenza di Tito* (1752), *le Cinesi* (1754), *Il trionfo di Camillo* (1754), *La Danza* (1755), *Antigono* (1756), *Il Re pastore* (1756), *Don Juan* (ballet, 1761). Il compose également pour la cour d'Autriche de petits opéras-comiques sur des textes français de Lesage, Favart, Vadé, Dancourt, qui avaient été déjà mis en musique à Paris par d'autres musiciens. Ce sont : *L'île de Merlin* (1758), *La Fausse Esclave* (1758), *l'Arbre enchanté* (1759), *Cythère assiégée* (1759), *l'Ivrogne corrigé* (1760), *le Cadi dupé* (1761) et *la Rencontre imprévue* ou *les Pélerins de la Mecque*

(1764). Dans ses opéras-comiques Gluck imitait naturellement la manière des musiciens français, et sans doute cette imitation ne fut pas sans influence sur la formation de son style d'opéra.

Le 15 septembre 1750 Gluck s'était marié avec Marianne Pergin qu'il aimait depuis longtemps, mais qu'il avait dû attendre jusqu'à la mort du père, opposé à ce mariage.

A partir de 1754, Gluck était attaché comme kapell-meister à l'Opéra de Vienne, avec 2.000 florins de traitement, sous la direction du comte Durazzo, qui avait l'intendance générale du théâtre de la cour. (La même année 1754, il avait reçu du pape le titre de chevalier de l'éperon d'or). C'était ce Durazzo qui avait écrit à Favart pour avoir les livrets d'opéras-comiques que Gluck devait mettre en musique. L'initiative était-elle de Durazzo ou de Gluck? Gluck ne préparait-il pas déjà sa venue en France?

Si l'on en croit Gluck, l'accomplissement de sa destinée est due à la rencontre qu'il fit d'un homme merveilleux, qui lui donna l'idée d'un opéra d'un genre tout nouveau. Cet homme, c'était **Raniero da Calsabigi**, né à Livourne en 1715, et qui mourut à Naples en 1795. Il avait habité Paris, et donné une édition du poète *Métastase*, l'unique fournisseur de libretti des compositeurs italiens et notamment de Gluck. Ce Métastase avait des qualités : de la souplesse, de l'élégance, du charme, de l'adresse dans l'arrangement des situations dramatiques ; mais il manquait de force, de passion, de grandeur, il abusait des fleurs de rhétorique, et tombait souvent dans la préciosité et la fadeur.

Calsabigi vint à Vienne en 1761 ; il y fit la connaissance de Gluck ; et de leur collaboration naissait bientôt *Orfeo ed Euridice*, représenté le 5 octobre 1762 : Gluck avait alors quarante-huit ans. Le rôle d'Orphée était confié à l'un des plus remarquables sopranistes du temps, Guadagni, qui voulut bien respecter scrupuleusement la pensée du maître et chanter cette musique simple comme elle avait été écrite. D'ailleurs Gluck et Calsabigi avaient accablé l'orchestre et les acteurs de répétitions. Le public fut d'abord étonné, car il sentit bien qu'il s'agissait d'une révolution dans le théâtre musical. L'effet dramatique passait avant tout, la musique n'était plus qu'un moyen, non une fin : plus de fioritures, rien pour la virtuosité du chanteur.

Et c'était Calsabigi qui avait tout le mérite de cette réforme ! Du moins voici ce qu'il écrivait lui-même à ce sujet, bien des années après : « Je ne suis pas musicien, mais j'ai beaucoup étudié la déclamation. On m'accorde le talent de réciter fort bien les vers, particulièrement les tragiques, et surtout les miens. J'ai pensé, il y a vingt-cinq ans, que la seule musique convenable à la poésie dramatique, et surtout pour le dialogue et pour les airs que nous appelons d'*azione*, était celle qui approcherait davantage de la *déclamation naturelle*, animée, énergique ; que la déclamation n'était elle-même qu'une musique imparfaite ; qu'on pourrait la noter telle qu'elle est, si nous avions trouvé des signes en assez grand nombre pour marquer tant de tons, tant d'inflexions, tant d'éclats, d'adoucissements, de nuances variées pour ainsi dire à l'infini, qu'on donne à la voix en déclamant.... J'arrivai à Vienne en 1761 rempli de ces idées. Un an après S. E. M. le comte Durazzo, pour lors directeur des spectacles de la cour impériale, et aujourd'hui son ambassadeur à Venise, à qui j'avais récité mon *Orphée*, m'engagea à le donner au théâtre. J'y consentis *à la condition que la musique en serait faite à ma fantaisie*. Il m'envoya M. Gluck, qui, me dit-il, *se prêterait à tout....* Je lui fis la lecture de mon *Orphée*, et lui en déclamai plusieurs morceaux à plusieurs reprises, lui indiquant les nuances que je mettais dans ma déclamation, les suspensions, la lenteur, la rapidité, les sons de la voix tantôt chargés, tantôt affaiblis et négligés dont je désirais qu'il fît usage pour sa composition. Je le priai en même temps de bannir *i passaggi*, *le cadenze*, *i ritornelli*, et tout ce qu'on a mis de gothique, de barbare, d'extravagant dans notre musique. M. Gluck entra dans mes vues. » Du reste, Gluck lui-même avait écrit en 1773 : « .... Je me ferais un reproche encore plus sensible, si je consentais à me laisser attribuer l'invention du nouveau genre d'opéra italien dont le succès a justifié la tentative. C'est à M. Calsabigi qu'en appartient le principal mérite. » Ainsi Gluck ne serait pas l'inventeur de son système dramatique, il ne serait que l'artiste avisé, intelligent, qui aurait habilement exploité les idées d'un autre ! Mais remarquons que ces idées, prétendues nouvelles, ne sont que les principes déjà posés et développés par les Florentins, repris ensuite par Lulli, Rameau et Grétry. Le mérite de Gluck n'est certes pas de les avoir découvertes, ce n'est pas davantage celui de Calsabigi : Gluck en a tenté et réussi admirablement une application nouvelle.

Cependant Gluck revient encore à la méthode

italienne en composant *il Trionfo di Clelia* (1763) et
Telemacco (1765).

Mais il songeait à se faire connaître à Paris : il
pensait bien que sa nouvelle manière devait plaire
surtout à des Français. Le comte Durazzo s'occupe de
faire graver à Paris la partition d'*Orfeo*, qui ne se
vend d'ailleurs pas. Gluck fait lui-même un voyage
en France en 1764.

Le 16 décembre 1766 est représenté à Vienne un
second ouvrage issu de la collaboration de Gluck et
de Calsabigi, *Alceste*. Cette fois les auteurs semblaient
avoir voulu défier la bonne volonté du public. Ils
avaient choisi un sujet très pathétique, il est vrai, mais
sans progression d'intérêt, sans intrigue : c'était, d'un
bout à l'autre de la pièce, toujours la même situation
et les mêmes sentiments. Ce second opéra fut très
discuté. Un des partisans de Gluck disait : « Je suis
dans le pays des merveilles : un opéra sérieux sans
castrats, une musique sans exercices de solfège, ou
pour mieux dire sans gargouillades, un poème italien
sans bouffissure et sans jeux d'esprit, voilà le triple
prodige par lequel le théâtre de la cour vient de se
rouvrir ! »

Quand *Alceste* fut gravée, en 1769, Gluck la fit
précéder d'une *Épître dédicatoire au grand-duc de
Toscane*, qui est un véritable manifeste où il expose
et justifie sa conception du drame musical.

Cette même année 1769, il faisait jouer, avec moins
de succès, *Paride ed Elena* ; cette troisième partition,
composée encore sur un livret de Calsabigi, contenait
de grandes beautés. Elle fut publiée avec une *Épître
dédicatoire au duc de Bragance* qui est un second
manifeste.

De plus en plus Gluck était tourmenté du désir de triompher à Paris. Pendant cinq ans il cesse de composer pour Vienne et se prépare pour ce nouveau combat. Le *bailli du Roullet*, attaché d'ambassade à Vienne, lui écrit le livret d'une *Iphigénie en Aulide*, imitée de très près de celle de Racine. Il se charge également de recommander Gluck à Dauvergne, le directeur de l'Académie de musique : « Ce grand homme, lui écrit-il, s'est convaincu que les Italiens s'étaient écartés de la véritable route dans leurs compositions théâtrales ; que le genre français était le véritable genre dramatique musical ; que s'il n'était point parvenu jusqu'ici à sa perfection, c'était moins au talent des musiciens français, vraiment estimable, qu'il fallait s'en prendre, qu'aux auteurs de poèmes, qui, ne connaissant point la portée de l'art musical, avaient, dans leurs compositions, préféré l'esprit au sentiment, la galanterie aux passions, et la douceur et le coloris de la versification au pathétique de style et de situation. » C'était un troisième manifeste. Dauvergne connaissait sans doute la valeur de Gluck comme musicien ; prévoyant d'autre part le bon effet de cette déclaration de principes sur le public français, il n'eut rien de plus pressé que de faire imprimer la lettre du bailli du Roullet dans le *Mercure de France*.

Sous prétexte de protester contre certains éloges exagérés qui lui avaient été décernés, Gluck envoie à son tour une lettre très adroite au même périodique (février 1773) : « Quoique je n'aie jamais été dans le cas d'offrir mes ouvrages à aucun théâtre, je ne peux savoir mauvais gré à l'auteur de la lettre à un des directeurs d'avoir proposé mon *Iphigénie* à votre Académie de musique. J'avoue que je l'aurais produite avec plaisir à Paris, parce que, par son effet, et avec l'aide du fameux M. Rousseau, de Genève, que je me proposais de consulter, nous aurions peut-être ensemble, en cherchant une mélodie noble, *sensible* et naturelle, avec une déclamation exacte selon la prosodie de chaque langue et le caractère de chaque peuple, pu fixer le moyen que j'envisage de produire *une musique propre à toutes les nations, et de faire disparaître la ridicule distinction des musiques nationales.*» (Gluck se présentait en conciliateur des Italiens et des Français et faisait d'avance acte de soumission au grand critique Rousseau : c'était prodigieusement habile.) « Les ouvrages de ce grand homme sur la musique prouvent la sublimité de ses connaissances et la sûreté de son goût, et m'ont pénétré d'admiration. Il m'en est demeuré la persuasion intime que, s'il avait voulu donner son application à l'exercice de cet art, il aurait pu réaliser les effets prodigieux que l'antiquité attribue à la musique ; je suis charmé de trouver ici l'occasion de lui rendre publiquement ce tribut d'éloges que je crois qu'il mérite. »

Le premier acte d'*Iphigénie* est envoyé à Dauvergne. Il répond : « Si le chevalier Gluck veut s'engager à livrer six partitions de ce genre à l'Académie de musique, rien de mieux ; autrement on ne le jouera point ; un tel ouvrage est fait pour tuer tous les anciens opéras français. » La remarque était judicieuse : mais c'était aussi un moyen d'éterniser les négociations. Gluck eut alors l'idée de s'adresser à Marie-Antoinette, son ancienne élève, pour lui demander sa protection. Elle appelle Gluck à Paris et, bientôt après, *Iphigénie* était mise en répétitions.

Gluck eut fort à faire pour obtenir une exécution de son œuvre conforme à ses vues. Il eut à lutter contre toutes sortes de traditions ridicules et toutes-puissantes. Ainsi les acteurs et les danseurs ne se faisaient pas faute de paraître au cours d'une représentation à moitié habillés au fond du théâtre pour regarder ce qui se passait dans la salle ou pour écouter chanter un camarade ; les chœurs (qui avaient été masqués jusqu'en 1766), lorsqu'ils paraissaient en scène, défilaient, les hommes d'un côté, les femmes de l'autre, par ordre d'ancienneté, et venaient se planter à leur place, les hommes les bras croisés, les femmes jouant de l'éventail, impassibles jusqu'à la fin de l'acte. Les musiciens de l'orchestre portaient des gants l'hiver : ils s'accordaient bruyamment au milieu des morceaux ; chacun quittait sa place quand bon lui semblait ; et la mesure n'était gardée que grâce aux grands coups de baguette dont le « bûcheron », comme l'appelait Rousseau, faisait résonner le plancher. Gluck imposa à tous sa volonté.

Au dernier moment le premier chanteur se trouva indisposé. Gluck voulut qu'on remît la représentation. Quelle affaire ! La Dauphine, les princesses, la famille royale avaient promis d'être là. Il était de la dernière inconvenance de les prier d'attendre quelques jours. Mais rien n'arrêtait Gluck ; il en vint à ses fins : *Iphigénie* ne fut jouée que lorsque son chanteur fut rétabli (19 avril 1774).

Il y avait queue aux portes du théâtre dès onze heures du matin. Toute la cour était là à cinq heures, sauf le roi et Mme du Barri. L'ouverture fut bissée, mais le reste de la partition reçue avec froideur, malgré les applaudissements de Marie-Antoinette.

Dès la deuxième représentation le succès était consi
dérable.

Alors on répéta *Orphée*, traduit en français et
remanié ; le rôle d'Orphée était écrit cette fois pour
ténor. Les répétitions étaient déjà des événements :
les grands seigneurs envahissaient la salle, s'em-
pressaient autour de Gluck qui conduisait l'orchestre
en bonnet de nuit, se précipitaient pour lui présenter
son surtout ou sa perruque à la fin de chaque séance.
Le 2 août 1774 eut lieu la première représentation.
La pièce alla aux nues. J.-J. Rousseau, enthousiaste,
s'écria : « Puisqu'on peut avoir un si grand plaisir
pendant deux heures, je conçois que la vie peut être
bonne à quelque chose. » Plus tard il devait se fâcher
avec Gluck, on ne sait trop pourquoi.

Gluck était à l'apogée de sa gloire. Marie-Antoinette lui fait assurer une pension de 6.000 livres, et
6.000 livres en outre par opéra nouveau. Marie-
Thérèse d'Autriche le nomme compositeur de la cour
impériale avec 2.000 florins d'appointements et la
liberté de venir à Paris faire jouer ses œuvres.

En 1776 paraît *Alceste*, traduite en français et
modifiée selon les indications de Rousseau. C'est
d'abord une chute. « Il serait plaisant, dit Gluck, que
cette pièce tombât... *Alceste* ne doit pas plaire seulement à présent et dans sa nouveauté ; il n'y a point de
temps pour elle ; j'affirme qu'elle plaira également
dans deux cents ans, si la langue française ne change
point, met a raison est que j'en ai posé tous les fondements sur a nature, qui n'est jamais soumise à la
mode. »

Sur ces entrefaites, la nièce de Gluck, qu'il aimait
comme sa propre fille et qui chantait d'une façon

charmante, était morte à Vienne. Ce fut pour lui un chagrin violent. Il part pour l'Autriche, laissant là *Alceste*. En son absence on charge Gossec de remanier le troisième acte, pour lequel il écrit un air bien médiocre, celui d'Hercule. Cependant peu à peu le succès vient. Mais la discussion continue : la reprise d'*Iphigénie* lui fournit un nouvel aliment. *La Harpe* et *Marmontel* s'acharnent contre Gluck : depuis longtemps ils cherchaient à lui opposer quelque musicien venu d'Italie. Ils finissent (en 1776) par décider *Piccinni*, l'un des compositeurs les plus fameux de l'école napolitaine, à se mesurer avec l'auteur d'*Orphée*.

*
* *

Piccinni (1728-1800), l'un des plus féconds auteurs d'opéras qui aient jamais existé, s'était fait une spécialité des pièces bouffes en dialecte napolitain, et avait écrit pour Rome la *Cecchina* ou la *buona figliuola* (la bonne fille), qui lui valut une réputation universelle. C'était l'homme le moins fait pour servir d'adversaire à Gluck. D'abord si sa musique était charmante, elle n'avait ni force ni puissance. Et puis Piccinni n'avait pas le caractère combatif : petit, maigre, pâle, toujours las, très poli, très doux, très affectueux, mais impressionnable à l'excès, il ne redoutait rien tant que les émotions de la lutte.

Il arrive à Paris le 31 décembre, mort de froid. Il ne sait pas un mot de français. Marmontel est obligé de lui donner des leçons, de lui marquer les accents et les rythmes des vers qu'il devait mettre en musique. Il remporte d'abord un énorme succès au *Concert des Amateurs*. Les Gluckistes en profitent pour prétendre que sa musique n'est que de la musique de concert, et non de théâtre. Sur ces entrefaites (1777) paraît l'*Armide* que Gluck, comme pour jeter un défi à l'opinion publique, venait d'écrire sur le même livret de Quinault dont toutes les mémoires chantaient les vers accompagnés de la musique de Lulli. Ce fut, après l'étonnement des premières représentations, un immense succès. L'année suivante, Piccinni donne un *Roland* qu'il préparait depuis son arrivée à Paris et que le public attendait avec impatience. Le jour de la première représentation Piccinni n'avait plus figure humaine. Sa femme et son fils sanglotaient. Il sanglotait avec eux. Le nouvel opéra fut fort bien accueilli; mais la guerre des « coins » n'en recommença que plus acharnée. On eut l'idée de mettre aux prises les deux champions sur un sujet commun; le drame d'*Iphigénie en Tauride* fut choisi pour servir de matière à ce tournoi musical. L'*Iphigénie en Tauride* de Gluck fut d'abord représentée en 1779 et c'était un avantage considérable pour lui d'être entendu le premier : il avait su se l'assurer. Aucune œuvre de Gluck n'avait encore soulevé un tel enthousiasme. Malheureusement, en 1779, un gros échec, celui d'*Écho et Narcisse*, affecta profondément Gluck. Il eut une attaque, se retira à Vienne. En 1780 l'Académie de musique donne l'*Atys* de Piccinni, accueilli avec faveur, puis en 1781 son *Iphigénie en Tauride*. Le souvenir de l'opéra de Gluck devait écraser l'œuvre de son rival. Le premier et le deuxième actes furent écoutés froidement. Le troisième acte eut du succès. On remarqua surtout l'air de Pylade, un trio et des chœurs. Mais à la deuxième représentation voici que la principale chanteuse paraît en scène, l'air quelque peu égaré, et commence à faire mille sottises. Elle était grise. « Ce n'est pas Iphigénie en Tauride, s'écrie un mauvais plaisant, c'est Iphigénie en Champagne. » Et la déroute commence... La pièce se releva ensuite. On joua les deux *Iphigénie*, celle de Gluck et celle de Piccinni, concurremment. Celle de Gluck finit par tenir seule l'affiche.

Le duel entre les deux hommes était terminé. Il ne nous reste plus qu'à raconter rapidement la fin de leur existence à tous deux. En 1783, Piccinni remporte un grand succès avec sa *Didon*. Puis survient un nouveau rival, **Sacchini** (1734-1786) qui, bien qu'Italien, imite souvent Gluck, comme cela arrive à Piccinni lui-même. Mais sa *Chimène* ne fait pas oublier *Didon*. Piccinni semble un moment tenir la gloire et même la fortune. Il est nommé directeur de l'École de chant qu'on venait de joindre, si à propos, à l'Académie de musique ; car jusque-là les chanteurs de l'Opéra ne se recrutaient que dans les maîtrises de Paris et de la province. Un élève de Gluck, **Salieri**, arrive à Paris avec un opéra, les *Danaïdes*, qu'il présente comme l'œuvre de son maître, et qui en réalité est de lui, Salieri ; on lui fait un succès tout à fait injustifié.

Cependant Gluck ne compose plus pour le théâtre. Depuis son départ de 1779, il ne pardonne pas aux Parisiens. Ses facultés d'ailleurs baissaient peu à peu ; il eut plusieurs attaques, et mourut le 15 novembre 1787. Sur sa tombe on inscrivit cette épitaphe : « Ci-gît un honnête homme allemand, un bon chrétien et un mari fidèle, Christophe Chevalier Gluck, maître dans l'art de la musique, mort le 15 novembre 1787. »

Piccinni eut le mérite de faire publiquement l'éloge de Gluck et de demander que tous les ans on célébrât sa mémoire en donnant un concert de ses œuvres ; ce vœu ne fut pas exaucé.

Le pauvre Piccinni ! voici la Révolution ; il tombe dans la misère, et c'est pour lui le commencement des tribulations. Il part pour Naples, y est suspect de libéralisme, s'en va à Venise, revient à Naples, puis reprend le chemin de Paris. Le Directoire lui accorde une pension, mais elle n'est pas souvent payée. Bonaparte le fait nommer inspecteur du Conservatoire ; mais il ne touche pas facilement ses appointements. Il meurt, au milieu de ses embarras, le 7 mai 1800, à Passy. C'était un vrai musicien, qui fait penser parfois à Mozart, mais surtout à Rossini.

Arrêtons-nous maintenant pour exposer et apprécier le système dramatique de Gluck dont la querelle des Gluckistes et des Piccinnistes ne fut que la longue, l'interminable discussion.

« Lorsque j'entrepris de mettre en musique l'opéra d'*Alceste*, déclare Gluck dans son *Épître dédicatoire au grand-duc de Toscane*, je me proposai d'éviter tous les abus que la vanité mal entendue des chanteurs et l'excessive complaisance des compositeurs avaient introduits dans l'opéra italien, et qui, du plus pompeux et du plus beau de tous les spectacles, en avaient fait le plus ennuyeux et le plus ridicule ; je cherchai à réduire la musique à sa véritable fonction, celle de seconder la poésie, pour fortifier l'expression des sentiments et l'intérêt des situations, sans interrompre l'action et la refroidir par des ornements superflus ; je crus que la musique devait ajouter à la poésie ce qu'ajoute à un dessin correct et bien composé la vivacité des couleurs et l'accord heureux des lumières et des ombres, qui servent à animer les figures sans en altérer les contours.

« Je me suis donc bien gardé d'interrompre un acteur dans la chaleur du dialogue pour lui faire attendre une ennuyeuse ritournelle, ou de l'arrêter au milieu de son discours sur une voyelle favorable, soit pour déployer dans un long passage l'agilité de sa belle voix, soit pour attendre que l'orchestre lui donnât le temps de reprendre haleine pour faire un point d'orgue.

« Je n'ai pas cru non plus devoir ni passer rapidement sur la seconde partie d'un air, lorsque cette seconde partie était la plus passionnée et la plus importante, afin de répéter régulièrement quatre fois les paroles de l'air, ni finir l'air où le sens ne finit pas, pour donner au chanteur la facilité de faire voir qu'il peut varier à son gré et de plusieurs manières un passage.

« Enfin j'ai voulu proscrire tous ces abus contre lesquels, depuis longtemps, se récriaient en vain le bon sens et le bon goût.

« J'ai imaginé que l'ouverture devait prévenir les spectateurs sur le caractère de l'action qu'on allait mettre sous leurs yeux, et leur en indiquer le sujet ; que les instruments ne devaient être mis en action qu'en proportion du degré d'intérêts et de passions, et qu'il fallait éviter surtout de laisser dans le dialogue une disparate trop tranchante entre l'air et le récitatif, afin de ne pas tronquer à contre-sens la période, et de ne pas interrompre mal à propos le mouvement et la chaleur de la scène.

« J'ai cru encore que la plus grande partie de mon travail devait se réduire à chercher *une belle simplicité*, et j'ai évité de faire parade de difficultés aux dépens de la clarté ; je n'ai attaché aucun prix à la découverte d'une nouveauté, à moins qu'elle ne fût naturellement donnée par la situation et liée à l'expression ; enfin il n'y a aucune règle que je n'aie cru devoir sacrifier de bonne grâce en faveur de l'effet. »

Il est évident que Gluck suit la *vieille tradition française*, en mettant ainsi la musique au service de la poésie et du drame, en niant que la « musique pure » ait sa place au théâtre. De même il écrivit dans l'*Épître dédicatoire de « Paris et Hélène »* : « On a calculé dans un appartement l'effet que cet opéra (*Alceste*) pouvait produire sur un théâtre ; c'est avec la même sagacité que dans une ville de la Grèce on voulut juger autrefois, à quelques pieds de distance, de l'effet de statues faites pour être placées sur de hautes colonnes. »

Mais il faut voir aussi combien à certains égards Gluck va contre la tradition de Lulli et de Rameau, ou du moins combien il la renouvelle.

D'abord il veut une musique plus *simple*, plus *populaire*. Sa mélodie s'est assouplie à l'école des Italiens ; il sait que les intervalles les plus petits sont les plus mélodiques, il évite les grandes enjambées de l'ancien chant français. Son harmonie est très claire et peu raffinée ; il laisse de côté toutes les recherches de Rameau. Ses rythmes sont très nets et très marqués ; il tâche de concilier le souci de la « *carrure* », avec les nécessités de la déclamation juste.

Gluck veut aussi que le drame soit simple, comme la musique : pour cette raison il aime les *sujets antiques*, et la *tragédie*. Or il ne faut pas oublier que l'opéra français n'avait jamais été avant Gluck une véritable *tragédie lyrique*. Déjà avec Quinault, et de plus en plus après lui, il s'était perdu dans les fadeurs romanesques, les élégances de cour, un vague optimisme sentimental (développé à dessein pour justifier la recherche du plaisir sensuel), et la pompe du spectacle. C'était l'image d'une société trop raffinée, toute proche de la corruption (1). Ce n'était pas la peinture des éléments nécessaires et universels de la nature humaine et des conflits émouvants que leurs rencontres peuvent produire. Gluck ramène la tragédie à sa véritable définition et choisit des sujets antiques parce que, dans leur éloignement, toutes les circonstances particulières s'effacent, ne laissant paraître que les lignes générales des situations, les traits dominants des caractères. Et, fort heureusement, il a eu merveilleusement le sens de l'antiquité grecque, de son génie harmonieux et pur. De plus Gluck supprime les ballets *autant qu'il peut*, comme des hors-d'œuvre inutiles, malgré les réclamations de *Vestris* et du public. Dans *Iphigénie en Tauride* il n'y a qu'un seul ballet, et encore est-il lié étroitement à l'action.

Cette simplicité de la musique et du drame dans les œuvres de Gluck leur donne tout naturellement un caractère d'*universalité*. Et c'est avec raison qu'il se flattait « de produire une musique propre à toutes les nations, et de faire disparaître la ridicule distinction des musiques nationales ».

Enfin dans l'opéra de Gluck l'expression du *sentiment*, des *passions*, prend une place très importante qu'elle n'avait pas chez Lully et Rameau trop uniquement soucieux d'une juste déclamation. La musique

(1) La morale des opéras de Lully et de Rameau peut se résumer dans ces quatre vers de Quinault :

Rendez-vous, jeunes cœurs, cédez à vos désirs,
Tout vous inspire un tendre badinage.
Ne préférez jamais la sagesse aux plaisirs,
Il vaut bien mieux être heureux qu'être sage.

devient dès lors autre chose qu'un plaisir de l'esprit, elle ne parle pas seulement à l'intelligence ou à la raison, mais elle s'adresse au cœur, elle émeut. Gluck reproche à Quinault d'avoir préféré « l'*esprit* au *sentiment*, la *galanterie* aux *passions* », de n'avoir pas cherché « le *pathétique* de style et de situation ». Il prétend trouver, avec l'aide de Rousseau, une mélodie « noble, *sensible* et naturelle ». Il songe à réaliser « les effets prodigieux que l'antiquité attribue à la musique ». Si proche que soit encore Gluck de Lulli et de Rameau, si profondément qu'il ait subi l'influence de l'esprit classique français, son art a d'autres sources aussi; il est italien et il est allemand; il sait « chanter » et il sait toucher; et en s'inspirant des idées déjà romantiques de Rousseau, il prépare d'une façon très lointaine, à travers Mozart et Beethoven, un avenir très différent de l'idéal des classiques français.

Gluck avait un système dramatique dont il a très nettement et très abondamment développé les principes. Mais il ne l'a pas toujours suivi très scrupuleusement.

Ainsi il ne s'est pas fait faute d'employer dans ses derniers opéras des motifs empruntés aux opéras anciens, sans se soucier autrement de la différence des situations et de celle des paroles.

D'autre part, après avoir déclaré que la musique devait être l'humble servante de la poésie et du drame, il n'hésitait pas à écrire à Gailland, le librettiste d'*Iphigénie en Tauride* : « Pour les paroles que je vous demande, il me faut un vers de dix syllabes, en ayant soin de mettre une syllabe longue et sonore aux endroits que je vous indique ; enfin que votre dernier vers soit sombre et solennel, *si vous voulez être conséquent avec ma musique.* »

Si l'on voulait chicaner Gluck au sujet du naturel de sa déclamation, on lui demanderait pourquoi il use et abuse des *appogiatures* de façon à détruire complètement la mesure des vers et à déformer l'accent du langage. Par exemple dans *Alceste :*

> Ah ! malgré *moi-a* mon faible cœur partage
> Vos tendres *pleu-eurs*, vos regrets si touchants,
> Et je sens *bien-in* en ces *crué-els instan-ants*
> Que j'ai *besoin-in*, etc.

Est-il si naturel aussi de faire chanter des *airs à reprises*, à la façon italienne ? Cette coupe si monotone et si artificielle dépare quelques-unes des plus belles pages de Gluck.

Mais quand, au contraire, Gluck suit son système, ne va-t-il pas trop loin dans un autre sens ? « Avant d'entreprendre un opéra, je ne fais qu'un vœu, déclare-t-il, c'est d'oublier que je suis musicien. » Et il nous dit encore : « J'ai emprunté le peu de suc qui me restait pour achever l'*Armide*. J'ai tâché d'y être plus peintre et plus poète que musicien. » Et quand on lui demandait d'ajouter un air à une partition : « Pas une note de plus ! Cet opéra pue déjà la musique ! » Ne peut-on justement reprocher parfois à Gluck d'être trop peu musicien ? Sans oublier le drame, sans écrire de la musique uniquement pour l'oreille, n'y a-t-il pas un autre moyen d'expression que la juste déclamation ? Ne doit-on imiter musicalement que la parole passionnée et non pas tout d'abord les mouvements du cœur, alors même qu'ils ne s'expriment pas par des mots ?

Gluck a cherché la simplicité; mais à force d'être simple, il est parfois nu et sec. Sa mélodie n'a pas l'abondance italienne, ni l'aisance mozartienne. Son harmonie, Marmontel la trouvait « escarpée et raboteuse », cela peut nous étonner; mais, après tout, n'oublions pas que les successions d'harmonies consonantes, qu'il aime par-dessus tout, ont quelque chose de dur, de moins souple et de moins coulant, qu'un peu de dissonnance ou de chromatique adoucit. Voilà, par parenthèse, comment Marmontel a pu comparer Gluck à Shakespeare (ce qui n'était pas un éloge à ses yeux, et ce qui ne nous paraît plus avoir aucun sens), tandis qu'il rapprochait les Italiens (bien à tort) de Racine. En tout cas s'il n'y a pas toujours de dureté dans l'harmonie de Gluck, il y a souvent pauvreté ou monotonie. Et ses rythmes peu variés ne contribuent pas à effacer cette impression.

Enfin l'idéal tragique que l'auteur d'*Alceste* a voulu réaliser, le détermine à user d'un style peut-être trop constamment noble, et qui finit par sembler tendu ou guindé. M. Claude Debussy déclare que Gluck l'ennuie; nous n'en dirions pas toujours autant, mais il est certain qu'il est parfois un peu pédant.

Toute conception artistique est discutable, et nous avons voulu indiquer comment celle de Gluck pouvait être discutée. Il n'en est pas moins vrai que si l'on peut préférer un art plus complexe, plus souple, ou plus varié, il est difficile d'en imaginer de plus élevé ou de plus pur.

* *

Voici une époque de l'histoire de la musique qui s'achève. Après Gluck le règne de la tragédie musicale va être bientôt terminé. Une époque de transition commence ; les successeurs de Gluck vont prolonger la fin d'un genre périmé tout en préparant l'avènement de nouvelles formes d'art.

La Révolution arrive. Ce n'est pas, comme on pourrait le croire, la fin des représentations théâtrales. Tout au contraire. Un décret de janvier 1791 proclame la liberté des spectacles : 60 salles de théâtres s'ouvrent à Paris, dont 16 ou 18 scènes musicales. On joue des pièces de circonstance : *Le siège de Lille* (1792), de *Kreutzer ; le Réveil du peuple* ou *la Cause et les effets* (1793), de *Trial ; l'Intérieur d'un ménage républicain* (1794), de *Fay ; les Vrais sans-culottes* (1794), de *Lemoyne ; Viala ou le héros de la Durance* (1794), de *Berton.* La musique est souvent bien faible ; c'est quelquefois du pur vaudeville. A côté de cela, le vieil opéra-comique fleurissait toujours, et aussi l'opéra.

A ce moment paraît un compositeur de premier ordre, **Méhul** (né à Givet en 1763, mort à Paris en 1817), l'auteur du *Chant du Départ*, du *Chant de Retour*, du *Chant de Victoire*, d'*Euphrosine* (1790), de *Stratonice* (1792), d'*Ariodant* (1799), de l'*Irato* (1802), de *Joseph* (1807), son chef-d'œuvre. Méhul continue la tradition de Gluck ; il en a la simplicité et la grandeur, il n'en a pas toujours la pureté. Il est plus sentimental et il recherche la couleur dans l'orchestration ; dans son *Uthal* (1806) les violons sont supprimés et remplacés par des altos. On trouverait déjà chez ce compositeur bien des germes de romantisme.

A côté de Méhul, mais au second plan, il faut citer **Cherubini** (né à Florence en 1760, mort à Paris en 1842). C'était un savant polyphoniste ; il écrivit d'abord pour l'église, ensuite des opéras à l'italienne. Quand il vint en France, il changea de style sous l'influence de Gluck ; c'est alors qu'il composa *Lodoïska* (1791) et *Les deux journées* (1800). Poursuivi par l'inimitié de Napoléon, il se rendit à Vienne où il fit représenter *Lodoïska*, puis *Faniska ;* Haydn et Beethoven applaudirent à son succès. Plus tard il revint en France et en 1821 fut nommé directeur du Conservatoire ; Beethoven lui écrivit pour lui demander son appui afin d'obtenir du roi de France une souscription à la *Messe en ré*. Cherubini ne répondit même pas.

La musique de Cherubini est bien faite, c'est tout ce qu'on peut en dire ; c'est de la musique de professeur de composition.

Rappelons encore ici les noms de **Lesueur** (1763-1837), auteur d'*Ossian ou les Bardes*, qui a surtout le mérite d'avoir été le maître de *Berlioz* et d'avoir contribué à lui donner le goût de la musique descriptive, et de **Spontini** (1774-1851) qui releva un moment le genre de la tragédie musicale en écrivant la *Vestale* (1807), œuvre très mélangée, au fond très italienne, dont le succès fut immense et assez durable pour qu'on pût croire qu'un nouveau chef-d'œuvre était né, comparable aux *Orphée*, aux *Alceste*, ou aux *Armide*.

Mais le goût du public va bientôt changer. La création à Paris d'un *Opéra Italien*, où l'on joua les œuvres de **Paesiello** (1741-1816), auteur de la *Molinara,* ou *la Jolie meunière,* et du *Barbiere di Seviglia ;* de **Cimarosa** (1754-1801, auteur du *Matrimonio segreto ;* la prédilection de Napoléon Ier pour la musique italienne, « qui ne l'empêchait pas, dit Cherubini, de penser aux affaires de l'État », assure le triomphe de l'italianisme et le règne prochain des

Rossini, des *Meyerbeer*, des *Halévy*, des *Auber* : l'*opéra historique* allait succéder bientôt à l'*opéra-tragédie*.

D'autre part, en Allemagne, *Mozart*, *Beethoven*, *Weber*, préparent l'avènement de l'*opéra symphonique et romantique* auquel *Wagner* devait donner un si merveilleux développement.

C'est bien la fin de la *tragédie musicale* créée par les Florentins et par Monteverde, et réalisée sous sa forme la plus parfaite par le génie de Gluck.

LECTURES RECOMMANDÉES.

Ouvrages de critique et d'histoire : CHOUQUET, *Histoire de la musique dramatique en France* (Didot). — DESNOIRESTERRES, *Gluck et Piccinni* (Didier). — ROMAIN ROLLAND, *Musiciens d'autrefois* (Hachette). — ARTHUR POUGIN, *Méhul* (Fischbacher). — JULIEN TIERSOT, *Gluck*, collection des « Maîtres de la Musique » (Alcan). — J. D'UDINE, *Gluck*, collection « Les Musiciens célèbres » (Laurens).

Textes musicaux : GLUCK, *Œuvres* (Peters). — PICCINNI, *Didon* (Michaelis). — *Répertoire classique du Chant Français*, recueil de morceaux annotés par Gevaert (Lemoine).

DEUXIÈME PARTIE

LA MUSIQUE INSTRUMENTALE JUSQU'AU DÉBUT DU XVIIIe SIÈCLE. LA MUSIQUE ALLEMANDE DEPUIS LES ORIGINES JUSQU'A NOS JOURS.

CHAPITRE PREMIER

LA MUSIQUE INSTRUMENTALE JUSQU'AU DÉBUT DU XVIIIe SIÈCLE

On entend d'ordinaire par musique instrumentale la musique exécutée par des instruments seuls, d'où par conséquent le chant est exclu. Il est clair cependant qu'au point de vue historique le développement de la musique instrumentale pure va de pair avec celui des accompagnements instrumentaux de la musique vocale.

Il est impossible de dire si les instruments n'ont d'abord servi qu'à accompagner la voix, ou si au contraire primitivement ils étaient employés seuls. Il est à supposer du moins qu'à l'origine les instruments à vent furent les instruments solistes, et les instruments à cordes les instruments accompagnateurs. Chez les Grecs, dès le vi^e siècle avant notre ère, le jeu de la flûte en solo (*aulétique*) était un art très développé et l'on commençait de mettre en honneur le jeu en solo de la cithare (*citharistique*) (1). Les instruments en cuivre (*tuba*, *lituus*, *buccina*) ne servirent d'abord que pour les signaux militaires, les cortèges et les marches ; ce n'est qu'à la fin du moyen âge que l'on commença à les utiliser pour des effets purement artistiques.

C'est dans les cérémonies religieuses, les représentations des mystères et les fêtes de cours qu'eurent lieu les premiers essais de musique instrumentale polyphonique. Et le progrès de la fabrication des instruments, d'abord très lent, n'est devenu plus rapide que du jour où les besoins de la polyphonie l'ont rendu nécessaire. Il est évident d'autre part que le développement de la musique instrumentale est lié réciproquement à celui de la facture des instruments.

A ce point de vue, l'apparition des **instruments à archet** a une grande importance. Elle remonte au ix\ :sup:`e` siècle après J.-C. Le *crouth*, le *rebec*, la *vièle* ou *vielle* en sont les formes primitives (notons que le mot *vielle* ne fut employé qu'à la fin du xv\ :sup:`e` siècle pour désigner l'instrument à rouleau colophané, au lieu d'archet, que nous désignons aujourd'hui par ce nom) ; ces formes se modifièrent par la suite de toutes sortes de manières, donnant ainsi naissance à la grande famille des *violes*. Les plus anciens textes de musique instrumentale que nous possédions remontent au xiii\ :sup:`e` siècle ; ce sont d'une part des danses monodiques, et d'autre part des contrepoints à deux ou trois parties sur des textes liturgiques, qui devaient se jouer sur

____

(1) Voir plus haut, page 12, ce que nous disons de la musique instrumentale dans l'antiquité.

des vièles. On se servit aussi de ces instruments pour doubler ou pour remplacer les voix dans les ensembles polyphoniques, et l'on écrivit pour eux jusqu'à la fin du xvie siècle des danses et des fantaisies sur des thèmes connus à plusieurs parties dans un style plutôt vocal qu'instrumental.

Le vrai style instrumental devait se caractériser par une *mobilité* et une *étendue* dont le chant est incapable. Jamais une voix n'embrassera les sept octaves du piano et ne réalisera l'infinie variété de traits qui y sont exécutables. La formation du style instrumental a été déterminée en majeure partie par la pratique du **luth et des instruments à clavier**.

Le *luth* est un instrument égyptien, puis arabe, qui pénétra ensuite en Espagne et en Italie et de là au xive siècle dans toute l'Europe. A partir du xve siècle il joua le rôle de notre piano ; c'était l'instrument pour lequel on transcrivait toutes les compositions vocales, et qui servait d'universel accompagnateur. Sorte de guitare sans éclisses, et à dos voûté comme celui de la mandoline, il portait onze cordes sur la touche et plus tard (fin du xvie siècle) cinq cordes graves à côté de la touche, le long du manche.

Le plus ancien instrument pourvu d'un clavier est l'*orgue*, issu de la musette et de la flûte de Pan. *Ctésibius* (170 av. J.-C.) passe pour en être l'inventeur. Les premières orgues étaient de très petites dimensions ; elles avaient de 8 à 15 tuyaux. Vers le ixe siècle l'usage s'en généralisa : on les employait notamment pour l'enseignement du chant. La répartition des tuyaux en *jeux* paraît dater du xiie siècle environ : à mesure que le mécanisme se compliquait, le jeu devint de plus en plus dur, si bien qu'au xiiie ou xɪvᵉ siècle, les planchettes qui servaient de touches ne pouvaient être enfoncées qu'à coups de poing. Le *pédalier* apparut au xɪvᵉ siècle, et les *jeux d'anche* au xvᵉ.

Vers le vɪɪɪᵉ ou le ɪxᵉ siècle après J.-C. on eut l'idée d'adapter un clavier à un monocorde et l'on créa ainsi l'*organistrum* (plus tard *symphonie* ou *chifonie* ou *sambucca*), c'est-à-dire la *vielle* au sens moderne du mot : dans cet instrument la corde était mise en vibration par *frottement*. Les premiers instruments à clavier et *à cordes pincées* sont les *échiquiers* d'Angleterre, qui avaient plusieurs cordes, mais pas encore autant que de notes ; on usait de chevalets mobiles pour obtenir plusieurs sons d'une même corde. A l'échiquier succède le *clavicembalo* (étymologiquement *cymbalum* ou *tympanon à clavier*) ou *clavecin*, ou, de son nom anglais, *virginal*, qui avait autant de cordes que de touches. A côté du clavecin, *le clavicorde* emploie le procédé des *cordes frappées* et non plus des cordes pincées. Tous ces instruments devaient donner enfin naissance au *piano à marteaux*, grâce aux recherches de *Bartolomeo Cristofori* (1711), et de *Gottfried Silbermann* (1753); mais ce n'est qu'à la fin du xvɪɪɪᵉ siècle que le piano devait commencer à se répandre et à faire oublier le clacicorde et le clavecin.

Le *style du luth et du clavecin*, ou style galant, issu de la chanson populaire et de la danse, se caractérise par sa légèreté, par la prédominance nettement marquée d'une partie mélodique, et par l'usage d'un nombre indéterminé d'autres parties servant d'accompagnement.

Le *style de l'orgue* ou style sévère imite le style

vocal, mais en l'ornant, et applique strictement les règles de la polyphonie.

Un Espagnol, **Antonio de Cabezon** (1510-1566) est l'auteur des premières pièces de réelle valeur pour le clavier. C'est sans doute en *Angleterre* que se développa ensuite de la façon la plus remarquable la musique de clavier. Du moment qu'on écrit pour les instruments seuls, on est amené à *développer*, c'est-à-dire à ne pas se contenter de la simple présentation d'un thème ; les Anglais inventèrent la *variation* qui est la forme la plus simple de développement, et ils écrivirent pour le *virginal* une foule de jolies pièces dans ce genre. Citons ici les noms de **Bird** (1528-1623), de **John Bull** (1563-1628), de **Orlando Gibbons** (1583-1625).

Les *clavecinistes français* suivirent la voie ouverte par les Anglais. Ils apportèrent dans leurs compositions leur souci habituel d'élégance, de grâce noble, de correction, et d'imitation pittoresque. **Jacques Champion de Chambonnières**, fils et petit-fils d'organistes estimés, premier claveciniste de la chambre de Louis XIV et maître de **Couperin l'aîné**, de d'Anglebert et de **Le Bègue**, nous a laissé deux cahiers de pièces de clavecin, parus en 1670. Les pièces de clavecin de *d'Anglebert* furent publiées en 1689. François Couperin (1668-1733), dit *Couperin le Grand*, neveu de Couperin l'aîné, claveciniste de la chambre et organiste de la chapelle du roi, est, avec **Rameau** (dont nous avons longuement parlé au chapitre VI de la première partie), le compositeur de beaucoup le plus intéressant de cette école : J.-S. Bach l'a souvent pris pour modèle. Il a publié quatre livres de *Pièces de clavecin* (1713, 1716, 1722, 1730), l'*Art de toucher* *le clavecin* (1717), *Les goûts réunis* (1724), l'*Apothéose de l'incomparable Lully*, des *Trios* pour deux dessus de violon et basse, et les *Leçons des ténèbres*.

A côté de ses clavecinistes, la France eut au XVIIe siècle et au commencement du XVIIIe, une brillante école d'organistes : ou plutôt tous ses clavecinistes furent en même temps organistes ; citons cependant **Nicolas de Grigny** (1671-1703) dont nous ne connaissons que des pièces d'orgue, d'un charme, d'une délicatesse et d'une élégance rares. Souvent les organistes français traitaient l'orgue un peu dans le style léger du clavecin. Citons aussi **André Raison, Jacques Boyvin, Louis Marchand** (1669-1732).

A partir du XVIIe siècle, les *Italiens* donnèrent un développement considérable à la musique instrumentale, et ils furent les inventeurs de la forme de développement la plus féconde, de la sonate.

Le mot *Sonata* désigne tout d'abord, par opposition à la *cantata*, toute pièce instrumentale quelle qu'elle soit. Il est employé, sans doute pour la première fois, par *Andrea Gabrieli* (1510-1586) pour un recueil de morceaux à cinq instruments (1568) que nous avons malheureusement perdu. Son neveu **Giovanni Gabrieli** (1557-1585) écrit des sonates qui sont des préludes en simples accords sans figuration pour des cantates. **Ludovico Viadana** (1564-1645) use d'un autre mot et appelle *canzone* (chanson) un morceau pour violon, cornetto, deux trombones et basse d'orgue (1602) ; les deux mots *sonata* et *canzone* furent d'abord employés indifféremment comme titres de pièces instrumentales.

La *sonate italienne* est à l'origine un *morceau d'église*, écrit pour orgue seul, ou pour divers instruments avec accompagnement d'orgue, c'est la *sonata da chiesa*. On y emploie tout naturellement le *style sévère*, qui est le style d'orgue imité de la musique vocale ancienne, comprenant un nombre fixe de parties mélodiques.

A côté de la sonate d'église se créa par la suite une sonate mondaine, qu'on appela la *sonata da camera* ou *sonate de chambre*. Le mot « chambre » désignant alors l'administration des résidences princières, la *musique de chambre* est la *musique de cour*. La sonate d'église et la sonate de chambre devaient se confondre plus tard en une seule forme d'art qui sera la sonate classique. Dès l'origine, la sonate de chambre est influencée par la sonate d'église, à laquelle elle emprunte parfois son style sévère (plus souvent cependant, elle est écrite en style galant). Mais, d'autre part, elle se rattache à un genre tout différent, cultivé dès le xvi⁰ siècle, et qui est la *suite* ou *partita*. La suite se compose d'une succession de danses comme l'*allemande* (d'origine allemande ainsi que son nom l'indique), la *courante* (d'origine française), la *sarabande* (d'origine espagnole), la *gigue* (d'origine anglaise). Il est à remarquer que ces morceaux sont disposés en général de telle sorte qu'un mouvement vif succède toujours à un mouvement lent. Il y a donc là une symétrie d'ordre binaire : lent-vif-lent-vif. La sonate de chambre adopte cette division et ces titres, même quand les différents morceaux dont elle se compose n'ont plus le caractère de danses ; les titres finiront par se perdre et la seule distribution alternative des mouvements lents et vifs se maintiendra.

La symétrie binaire qui préside à l'ensemble de la composition se retrouve dans le détail. Chaque morceau est divisé à son tour en deux parties par un mouvement harmonique qui va de la *tonique* à un repos provisoire sur la *dominante* et revient ensuite de la *dominante* à la *tonique.*

Enfin chaque morceau de sonate n'a primitivement qu'un *seul thème,* qui est développé par imitation et par transposition, mais reparaît toujours comme un ensemble indécomposable et d'un rythme invariable; et tous les morceaux de la sonate sont *dans le même ton.*

Il y a là, comme on le voit, un art encore un peu rudimentaire et dont les effets n'évitent pas toujours la monotonie.

Les premiers auteurs italiens d'œuvres purement instrumentales furent des *organistes.* Nous en avons cité déjà quelques-uns. Ajoutons ici les noms de **Claudio Merulo** (1533-1604), dont nous possédons les *Toccate d'intavolatura d'organo* (1604) et les *Ricercari d'intavolatura d'organo* (1605) ; et **Frescobaldi** (1583-1644), dont le grand Bach avait recopié de sa main tous les *Fiori musicali di diverse compositioni, Toccate, Kyrie, Canzoni, Capricci, e Ricercari in partitura a quattro, utili per sonatori* (Venise, 1635).

Lorsque se développa la *sonate de chambre,* c'est le *violon* qui devint l'instrument de prédilection des compositeurs italiens. Le violon était issu de la viole par toutes sortes de transformations graduelles, dont les plus importantes eurent lieu de 1480 à 1530 environ. Les célèbres familles de luthiers **Amati, Guarneri,** et **Stradivari** devaient l'amener au XVIIe siècle et dès le commencement du XVIIIe à sa perfection définitive. Les compositeurs italiens de sonates eurent, dès le début, une préférence pour la *sonate à trois,* c'est-à-

dire la sonate à deux violons et basse continue. Ils
traitèrent la partie de violon comme celle d'un chanteur virtuose ; l'influence de la musique récitative et
de l'air d'opéra se fit profondément sentir sur cette
nouvelle forme d'art : elle fut surtout brillante, ornée,
mélodique et n'atteignit que très rarement à la profondeur. Les Allemands devaient plus tard se servir
de ce nouveau moyen d'expression si varié pour traduire des pensées autrement émouvantes.

Biagio Marini (1595-1660) est l'auteur des premières
sonates pour violon seul (op. 1 *Affetti musicali*, 1617).
Vitali (? 1644-1692) publie de 1668 jusqu'à sa mort
toutes sortes de sonates à deux, trois, quatre, cinq, six
instruments, et c'est le véritable fondateur du style de
la musique de chambre italienne. Torelli (? — 1708)
écrit pour la première fois des *concerti grossi* (1709)
pour deux violons concertants accompagnés par
deux autres violons, un alto et la basse. Arcangelo
Corelli (1653-1713) est le mieux doué de tous ces
violonistes-compositeurs ; il a fait paraître quarante-
huit sonates à trois (1683-1694), douze sonates à deux
(1700), douze *concerti grossi* pour deux violons et
violoncelle concertants (*concertino obbligato*) accompagnés par deux violons, l'alto et la basse (*concerto
grosso*). Vivaldi (? — 1743) composa des concertos
pour un ou plusieurs violons qui furent transcrits pour
orgue, ou pour un ou plusieurs pianos, par J.-S. Bach.
Geminiani (1680-1762) et Francesco Maria Veracini
(1685-1750) firent connaître le violon en Angleterre
et y mirent cet instrument en honneur. Tartini (1692-
1770) ne fut pas seulement un grand théoricien de la
musique (c'est lui qui découvrit les *sons résultants*),
mais aussi un virtuose admirable et un gracieux auteur

de sonates : son *Trille du diable* est resté fameux.
Locatelli (1693-1764) a contribué au développement de
la technique du violon, surtout par le jeu en « doubles
cordes ».

D'autre part, **Domenico Scarlatti** (1685-1757), fils du
célèbre Alessandro Scarlatti, fondateur de l'école napolitaine d'opéra, écrivait pour le clavecin des œuvres
d'une inspiration délicate, d'une allure aisée, naturelle,
d'une variété inépuisable, qui sont une date dans l'histoire de la musique instrumentale. L'art de Scarlatti
opère d'une façon merveilleuse la fusion de toutes
sortes d'éléments divers, de la sonate d'église et de la
sonate de chambre tout d'abord ; il emprunte aussi
bien des procédés d'ornementation à la technique si
légère des Français ; il oriente enfin la sonate vers de
nouvelles destinées et prépare déjà la grande transformation qu'elle subira au temps de Ph. Emmanuel Bach
et de Haydn. Il incline vers une conception plus large,
plus souple et plus libre du développement ; il y a plus
d'air dans sa musique, quoique très solidement écrite ;
la polyphonie ne l'étouffe pas ; à tout moment une
mélodie domine le travail contrapuntique ; et puis, à
l'imitation de l'aria en trois parties de l'opéra, il construit souvent ses sonates sur un nouveau plan ; au lieu
de la symétrie binaire qui veut qu'un seul thème soit
développé d'abord dans un mouvement harmonique de
la tonique à la dominante, puis une seconde fois dans
le mouvement inverse, il introduit parfois dans ses
œuvres la symétrie ternaire : la reprise du premier
thème est alors séparée de sa première présentation par
l'exposé d'un thème différent ou tout au moins d'une
déformation du premier thème. A ce point de vue,
Scarlatti est un précurseur qui devance de beaucoup

J.-S. Bach et Hændel, ses contemporains. Mais, s'il va plus loin qu'eux dans l'invention des formes de la musique instrumentale, il n'a certainement pas su leur donner un contenu aussi riche, et il nous reste à montrer maintenant comment les Allemands ont su féconder l'admirable technique qu'ils avaient apprise des Italiens.

LECTURES RECOMMANDÉES.

Ouvrages de critique et d'histoire : MICHEL BRENET, Notes sur l'histoire du luth en France (Fischbacher). — LAVOIX, *Histoire de l'instrumentation* (épuisé).

Textes musicaux : *Estampies et danses royales*, les plus anciens textes de musique instrumentale au moyen âge, publiés et commentés par M. Pierre Aubry. — *Cent motets du* XIII*e siècle*, publiés par M. Pierre Aubry, pièces instrumentales à la fin du 2e volume (Geuthner). — *Les Maîtres musiciens de la Renaissance française*, édités par M. Henry Expert, 23e livraison contenant des *Danceries* de différents auteurs (Leduc). — *Les Clavecinistes français*, transcriptions par M. Diemer (Durand). — *Les maîtres du clavecin* depuis l'école anglaise du XVIe siècle (Litolff). — *Collection de musique de chambre ancienne* (Augener, à Londres). — FR. COUPERIN, D. SCARLATTI, CORELLI, LOCATELLI, *Œuvres choisies* dans la nouvelle édition française de musique classique publiée sous la direction de M. Vincent d'Indy (Senart et Roudanez). — *Collegium musicum*, choix d'œuvres de musique de chambre ancienne publiées par Hugo Riemann (Breitkopf). — *Le Concert historique d'orgue*, choix de morceaux d'ANDREA GABRIELI, MERULO, BYRD, TITELOUZE, SCHEIDT, FRESCOBALDI, MUFFAT, FROBERGER, BUXTEHUDE, PACHELBEL, DANDRIEU, CLÉRAMBAULT, J.-S. BACH, BOELY, MENDELSSOHN, LEMMENS, publiés par M. Alexandre Guilmant (Durand). — FRESCOBALDI, *Quatre hymnes*, publiées par M. Alexandre Guilmant (Durand). — *Archives des maîtres de l'orgue*, collection d'œuvres de TITELOUZE, A. RAISON, F. ROBERDAY, MARCHAND, CLÉRAMBAULT, DU MAGE, DAQUIN, GIGAULT, N. DE GRIGNY, F. COUPERIN, BOYVIN, DANDRIEU, SCHERER, LEBÈGUE, publiées par M. Alexandre Guilmant avec portraits d'auteurs et notices biographiques de M. André Pirro (Durand).

CHAPITRE II

LES ORIGINES DE LA MUSIQUE ALLEMANDE.
J.-S. BACH ET HÆNDEL.

En Allemagne, comme ailleurs, la musique se développa d'abord à l'église. Mais ici il faut signaler la
répugnance que, dès l'origine, les Germains manifestèrent pour le latin. Ils préféraient les chants en langue
vulgaire. Si l'on excepte le *Gloria tibi domine* et le
Kyrie, il fut difficile de leur imposer l'usage de
paroles qui leur semblaient si étranges, si éloignées
de leur langage; mais ils plaçaient le *Kyrie* à tout
propos dans les offices, d'où vint l'expression « chanter
des *Kyrielles* ».

Au XIIIe siècle, les Allemands eurent leurs trouvères,
les *Minnesænger* (chanteurs d'amour), des nobles qui
se livraient sans étude à leur libre inspiration et dont
les tournois artistiques sont restés fameux.

Au XIVe siècle, cet art de la chanson devint bourgeois
entre les mains des *Meistersinger* (maîtres chanteurs),
qui formaient des corporations très importantes et très
fermées où les règles de la composition furent établies
avec le souci étroit de ne rien laisser au hasard, ni
à la liberté du génie; les « maîtres chanteurs » furent
surtout des ouvriers habiles et appliqués.

La *Réforme* eut au XVIe siècle une influence considérable sur l'orientation de la musique allemande;
elle donna naissance à un art religieux d'un caractère
tout particulier. D'abord la coutume de faire chanter
la foule des fidèles dans l'église favorisa la formation

d'un style monodique, accompagné d'abord par des harmonies vocales, plus tard par les accords de l'orgue, d'un caractère très large et très simple, le style du *Choral*. Le grand réformateur **Martin Luther** (1483-1546) était, même en dehors de l'église, grand amateur de musique : « La musique, disait-il, est le meilleur soutien des affligés ; elle rafraîchit l'âme et lui rend le bonheur. La jeunesse doit être instruite de cet art divin qui rend les hommes meilleurs ; et je ne considère point comme un bon instituteur celui qui ne sait pas chanter. » Il composa, ou fit composer par son ami **Johann Walther** (1496-1570) des chants en langue vulgaire qui parurent en recueil, en 1524, sous le titre de *Geystlich Gesangk-Buchleyn*. Le choral est une forme d'art essentiellement populaire qui servira de point de départ à toutes les inspirations des grands maîtres de l'art religieux allemand. Mais ces maîtres ne se borneront pas à reproduire, à développer, à imiter les motifs de chorals. En vertu d'une des tendances fondamentales de l'esprit protestant, la tendance *individualiste* de réflexion intérieure et d'examen personnel, ils commenteront les textes religieux (littéraires ou musicaux), chacun de son point de vue propre, avec sa façon de sentir, avec son expérience de la vie, ses doutes, ses craintes ou ses espoirs. Ce ne sera plus l'*art impersonnel du catholicisme*, l'art de Palestrina par exemple, où l'individu ne se laisse pas deviner sinon pour se soumettre entièrement à l'autorité de l'Église et communier d'esprit et de cœur avec tous ses membres. L'art protestant sera en un sens moins mystique et plus humain.

Nous avons déjà vu (première partie, ch. IV) quels chefs-d'œuvre de musique religieuse avait produits, dès le début du XVIIᵉ siècle, **Heinrich Schütz**, le « père de la musique allemande ». A côté de lui, et comme précurseurs du grand Bach, il faut citer les fondateurs du *style d'orgue* en Allemagne. D'abord c'est le Hollandais **Jan-Pieters Sweelinck** (1562-1621), organiste de la « Vieille église » à Amsterdam, qui donna les premiers exemples du grand développement que pouvait prendre la *fugue d'orgue*, exemples qui ne furent imités et dépassés que bien plus tard par J.-S. Bach. Puis c'est le Danois **Dietrich Buxtehude**, né à Elseneur, en 1637, mort en 1707 à Lübeck, où il occupait depuis 1668 le poste important d'organiste à l'église Sainte-Marie. En 1673, il eut l'idée d'organiser des *Abendmusiken*, c'est-à-dire des concerts qui avaient lieu l'après-midi, les cinq derniers dimanches avant Noël ; il y jouait de la musique d'église de sa composition, et bientôt on y accourut de tous côtés. J.-S. Bach se rendit à pied d'Arnstadt à Lübeck pour entendre Buxtehude et lui demander des conseils. Le génie de Buxtehude, qui a composé d'admirables cantates, se manifeste surtout dans ses fantaisies sur des chorals et dans ses compositions libres pour l'orgue. Enfin **Johann Pachelbel** (1653-1706), de Nuremberg, a donné plus de liberté, plus de souplesse à l'écriture de la musique d'orgue ; ses toccatas, ses chaconnes, ses chorals variés sont tout proches de la manière de Bach, et ils en ont parfois la profonde inspiration. Citons encore **Froberger** (de Vienne), élève de Frescobaldi, dont nous avons conservé les *Diverse ingegnosissime e rarissime partite di toccate, canzoni, ricercari, capricci*, etc. (1693 et 1696) ; et **Kerl** (1628-1693), maître de chapelle de la cour à Munich.

D'autre part **Johann Kuhnau** (1660-1722), qui précéda

immédiatement J.-S. Bach comme organiste et *cantor* de Saint-Thomas de Leipzig, écrivait des *sonates de chambre* en plusieurs parties pour le *clavecin*, comme celles que les Italiens avaient jusque-là composées pour le violon, et dans un style narratif et descriptif qui servira de modèle à J.-S. Bach, au moins dans ses cantates. C'est ainsi que, dans les *Musikalische Vorstellungen einiger biblischen Historien in sechs Sonaten auf dem Klavier zu spielen* (1700) (Descriptions musicales de quelques histoires bibliques en six sonates à jouer au clavier), il nous conte le *Combat de Goliath contre David*, et la *Guérison de Saül par David grâce à la musique*. Les sujets religieux avaient encore ici les préférences du compositeur et du public.

La musique tout à fait profane, la musique d'*opéra*, trouva difficilement sa place dans l'Allemagne du xviie siècle. En 1627, **Heinrich Schütz** avait composé une *Dafné* sur le poème de *Rinuccini ;* nous n'avons pas conservé cette partition. Du reste ce premier essai fut sans lendemain. L'Allemagne, ravagée par la guerre de Trente Ans, n'a guère le loisir d'organiser ses plaisirs. On peut signaler cependant en 1644 un *Freudenspiel* en cinq actes : *Das Geistliche Waldgedicht oder Seelewig* de *Sigmund Gottlieb Staden*, sur un poème de Harsdörffer, où l'on sent déjà, dit M. Romain Rolland, « le panthéisme moral qui est l'âme du *Freischütz* et du *Venusberg* ». En 1658, **Cavalli** fait représenter à Munich son *Alessandro*, et, à son exemple, bien des Italiens cherchent fortune auprès des princes allemands : l'un des plus célèbres fut **Steffani** (? 1650-1730). Né à Castelfranco, près Venise, il entra dans les ordres et devint abbé en 1681, ce qui ne l'empêcha pas d'écrire pour le théâtre. Ses grands succès à Munich d'abord, puis à Hanovre, lui valurent le poste de maître de chapelle et directeur de l'opéra du prince électeur de Hanovre ; en 1610, il abandonna la musique pour la diplomatie où il réussit brillamment, et il laissa ses fonctions à Hændel, dont il n'avait pas peu contribué à former le style surtout au point de vue de la facilité et de l'élégance. Steffani a écrit aussi de nombreux « duos de chambre ». En 1678, s'ouvrait enfin à Hambourg un théâtre public d'opéra, le premier d'Allemagne, pour lequel travaillèrent surtout **Johann Wolfgang Francken** et **Rheinhard Keiser** (1674-1739), tous deux très fortement influencés par Alessandro Scarlatti et son école, bien doués pour l'invention mélodique, mais sans profondeur, habiles et grandiloquents, fastueux et vides. Hændel dut aussi les prendre parfois pour modèles : sa limpidité de style du moins ressemble à la leur. Citons encore **Telemann** (1681-1767), contemporain du grand Bach, et, de son vivant, beaucoup plus célèbre que lui en Allemagne, auteur de quarante opéras et d'une infinité d'ouvrages dans tous les genres, un *mélodiste* précurseur des classiques.

Jusqu'au début du xviiie siècle, ni dans le domaine de la musique religieuse, ni dans celui de l'opéra, nous ne rencontrons en Allemagne une de ces grandes figures d'artistes dont le nom traverse les siècles et reste indéfiniment populaire, quand même ses œuvres sont oubliées ou peu connues : ainsi Palestrina en Italie. Et c'est seulement avec **J.-S. Bach** et **Hændel** que, pour nous, l'Allemagne se place au premier rang parmi les nations musiciennes de l'Europe. Mais leurs contemporains d'Italie doutaient encore qu'un

« tedesco » pût être autre chose qu'un barbare : et le préjugé dura au moins jusqu'à Mozart

J.-S. Bach porta à sa perfection l'art religieux pour lequel ses prédécesseurs avaient déjà montré de si belles aptitudes. Hændel fut surtout aux yeux de ses contemporains un des premiers auteurs d'opéras de son temps.

Il y a des époques marquées pour les moissons de chefs-d'œuvre. Songeons qu'exactement au même moment Rameau vivait en France· et, avec une moindre importance, Domenico Scarlatti en Italie.

*
* *

La famille Bach a produit des musiciens pendant près de deux cents ans. *Veit Bach*, boulanger thuringien qui était allé s'établir à Presbourg à la fin du xvie siècle, était déjà musicien. « Il mettait son plus grand plaisir, nous dit Jean-Sébastien, à se servir d'une petite cithare, qu'il emportait au moulin pour jouer, tandis que la meule était en mouvement. Admirable concert ! Mais il apprit ainsi à garder ferme la mesure. Et tel a été le commencement de la musique dans la famille. » On croit que Veit Bach revint dans son pays, près d'Arnstadt, vers 1597, pour éviter la persécution et sauvegarder sa foi luthérienne. Tous ses descendants jusqu'à Jean-Sébastien prirent la profession de musicien. Jean-Christophe (1642-1703), oncle de Jean-Sébastien, organiste à Eisenach à partir de 1665, fut le plus remarquable de tous avant Jean-Sébastien. Les Bach avaient tous les ans de grandes réunions de famille, où ils se trouvaient parfois jusqu'à cent vingt ; et, dans ces fêtes joyeuses, la musique avait tout naturellement sa part : les exécutants ne manquaient pas et le chœur était tout formé. Il y avait même des archives ans lesquelles on conservait pieusement les compositions les plus fameuses des membres de la famille.

Jean-Sébastien Bach naquit à Eisenach, le 31 mars 1685. Son père, Jean-Ambroise, commença son éducation musicale et lui apprit le violon. Mais, à dix ans, Jean-Sébastien était orphelin de père et de mère. Il fut alors élevé par son frère Jean-Christophe et fit ses études au lycée d'Ohrdruff. Il continuait de s'adonner à la musique avec passion. On raconte que son frère Jean-Christophe, ayant refusé de lui prêter un livre de pièces de clavecin de Froberger, Kerl et Pachelbel, il parvint à s'en emparer et à le copier secrètement pendant la nuit, à la clarté de la lune. J.-S. Bach recopiera toute sa vie les œuvres des maîtres; c'est ainsi qu'il entrera dans un commerce intime avec eux, et que, pour s'être incliné respectueusement devant leur savoir, il s'élèvera au-dessus d'eux. En 1700, Jean-Sébastien quitte son frère et se fait recevoir enfant de chœur à l'École Saint-Michel de Lunebourg. Il accomplit alors de grands progrès en musique : il a sous la main une bibliothèque bien garnie et un excellent orgue. Pendant ses vacances, il va entendre à Hambourg l'organiste *Reinken*, qui faisait beaucoup parler de lui; il se rend à la cour de Celle où l'on jouait de la musique française, notamment du *Couperin*.

En 1703, J.-S. Bach quitte le gymnase de Lunebourg et entre comme violoniste dans la chapelle du prince Jean-Ernest de Veimar. Au bout de quatre mois, il se retire et il est engagé à Arnstadt pour y tenir l'orgue; malgré sa jeunesse, il s'était fait accepter dès la première audition. Il reçoit un traitement de 275 francs par an, assez important pour l'époque :

il a du temps pour composer, et en effet il écrit alors ses premiers ouvrages. En 1705, il obtient un congé pour alle. entendre *Buxtehude* à Lübeck. Mais il reste absent quatre mois au lieu d'un ! On le réprimande : la situation reste tendue, et il cherche à partir. En 1707, il obtient la place d'organiste de Saint-Blaise à Mülhausen, en Thuringe. C'est là qu'en 1708 il publie son premier ouvrage important, la *Cantate pour l'élection municipale*. Le voilà déjà plus connu.

En 1708, il prend les fonctions d'organiste à la cour de Weimar, et il joue en même temps du violon dans l'orchestre. Il reste là neuf ans ; il y étudie des maîtres italiens, en particulier *Vivaldi ;* il compose quelques-uns de ses plus beaux morceaux d'orgue. En 1714, il est nommé *Konzertmeister*, c'est-à-dire premier violon solo. Il fait des tournées de virtuose à Leipzig et à Dresde. C'est à Dresde que l'organiste français *Marchand* devait un jour se mesurer, dans une sorte de tournoi musical, avec J.-S. Bach ; on raconte qu'au dernier moment il préféra quitter subrepticement la ville plutôt que de s'exposer à un échec humiliant.

En 1717, J.-S. Bach se voit refuser la place de maître de chapelle qui était devenue vacante à Weimar. Mais on lui offre la même fonction à la cour de Kœthen et il l'accepte. Le prince d'Anhalt-Kœthen était calviniste. Il n'était donc plus question de musique d'église et c'est alors que J.-S. Bach compose la plupart de ses œuvres de musique de chambre : le premier livre du *Clavecin bien tempéré* notamment est de 1722 (le second ne fut écrit qu'en 1740). Au bout de quelques années, J.-S. Bach éprouve le besoin de retrouver un orgue, des chœurs, une église où la musique fût tolérée, et il abandonne sa situation pourtant brillante de Kœthen.

En 1723, il est nommé *Cantor* à l'école Saint-Thomas de Leipzig, pour succéder à Johann Kuhnau ; c'est là qu'il écrivit ses grandes cantates et qu'il devait terminer ses jours. A Leipzig, J.-S. Bach était très bien payé ; il recevait 700 thalers par an et avait quelques autres avantages accessoires. Mais la charge était lourde ; d'abord il dépendait de tout le monde : du recteur de l'école, du conseil de la ville, du consistoire ; et puis il avait la tâche très pénible d'instruire des élèves fort indisciplinés, turbulents et grossiers. Il devait assurer le service dans quatre églises à la fois et devait se contenter de ressources fort restreintes pour les exécutions qu'il dirigeait ; il ne réunit probablement jamais un chœur de plus de seize chanteurs et un orchestre de plus de dix-huit ou vingt instrumentistes : mais le nombre des exécutants était souvent bien inférieur, et leur inhabilité mettait la patience du pauvre J.-S. Bach à une rude épreuve. A Leipzig, Bach eut bien des difficultés, bien des ennuis. Il était heureux cependant ; il vivait à l'aise, de cette vie de famille qu'il aimait tant, recevant les artistes de passage dans la ville, menant une existence de bon patriarche. Ses trois dernières années furent attristées par une pénible infirmité : il perdit la vue progressivement.

Sa renommée d'organiste s'était répandue dans toute l'Allemagne. On raconte qu'un jour il fit le voyage de Berlin. Frédéric II, ayant appris son arrivée, interrompit immédiatement un concert, où il tenait la partie de flûte, en s'écriant : « Messieurs, le vieux Bach est là : *der alte Bach ist da* », le fit chercher en habit de voyage et lui demanda d'improviser, sur tous les instruments du palais, — notamment une fugue à six parties que le vieux Bach traita de façon à émerveiller ses auditeurs. Ses ennemis mêmes reconnaissaient sa supériorité incontestable de virtuose ; l'un d'eux, *Scheibe*, écrit à son sujet : « C'est le plus éminent des joueurs d'instruments. C'est un artiste extraordinaire sur le clavecin et sur l'orgue, et il n'a rencontré qu'un seul musicien qui pût rivaliser avec lui. J'ai, à différentes reprises, entendu jouer ce grand homme. On s'émerveille de son habileté et l'on conçoit à peine qu'il lui soit possible de croiser si singulièrement et si rapidement ses doigts et ses pieds, de les écarter et d'atteindre les intervalles les plus vastes, sans y mêler un seul ton faux, et sans déplacer le corps malgré cette agitation violente. »

Autant le virtuose était admiré, autant le compositeur était discuté. La même Scheibe reproche à la musique de J.-S. Bach de manquer d'agrément et de naturel, d'être compliquée, boursouflée, obscure. C'est que de plus en plus la musique italienne d'opéra se répandait en Allemagne, et son charme facile faisait dédaigner des joies artistiques plus sévères. Quand l'*Art de la fugue* de J.-S. Bach fut publié par son fils Emmanuel, on lui en acheta en tout 30 exemplaires, et, de dépit, il vendit au poids les planches de gravure. La mort du vieux maître (1750) passa inaperçue, et son nom fut presque oublié pendant cinquante ans. Un jour (1789), Mozart, passant à Leipzig, assistait à une cérémonie religieuse de l'école Saint-Thomas, où l'on jouait du Bach. Il fut surpris, ravi, et s'écria : « Voilà enfin que j'entends du nouveau, et que j'apprends quelque chose ! » La parole de Mozart attira l'attention sur les œuvres du cantor. Plus tard Mendelssohn, Schumann firent une véritable campagne pour imposer à l'admiration de leurs contemporains les cantates de Bach ; jusque-là on ne connaissait guère de lui que son *Clavecin bien tempéré*. Enfin, en 1850, se forma la *Bachgesellschaft* (Société Bach), qui se donna pour objet d'honorer la mémoire du grand homme, principalement par une édition monumentale de ses œuvres complètes.

J.-S. Bach était un bon bourgeois allemand, un homme de famille, d'intérieur. Il avait épousé à Mulhausen Marie-Barbara Bach, qu'il eut la douleur de perdre à Kœthen en 1720. En 1721, il se remaria avec une jeune fille douée d'un charmant soprano, Anna-Magdalena Wülken ; c'est pour elle qu'il écrivit les deux charmants albums (*Clavier-Büchlein vor Anna Magdalena Bachin*) qui contiennent des *lieders* et les *suites françaises*. De ces deux mariages, il eut vingt enfants, neuf filles et onze garçons dont quelques-uns furent des compositeurs de talent (1).

J.-S. Bach était profondément religieux, et ce ne fut pas seulement par métier qu'il composa tant de cantates pour l'église ; il enveloppait dans une même pensée sa foi religieuse et son culte de la musique.

Simple, modeste, il ne soupçonnait pas la grandeur de son génie. Humble dans ses admirations, il passait son temps à étudier les œuvres de ses prédécesseurs et de ses contemporains ; il fut désolé d'avoir manqué une occasion de voir Hændel, dont il appréciait tant le génie. Il ne composait pas pour la postérité,

---

(1) *Wilhelm-Friedemann* (1710-1784), l'aîné, le mieux doué de tous, mena une vie désordonnée, et finit d'une façon lamentable, laissant d'ailleurs quelques ouvrages remarquables. *Carl-Philipp-Emmanuel* (1714-1788), le second, fût un des inventeurs de la sonate classique. *Johann-Christian* (1735-1782), le cadet, acquit une grande renommée en Italie, puis en Angleterre, comme auteur d'opéras.

ni même pour l'Allemagne de son temps. Son ambition ne dépassait pas les limites de sa ville ou même de son église. Chaque semaine il travaillait pour le dimanche suivant, préparant une œuvre nouvelle, ou revisant une œuvre ancienne ; l'œuvre exécutée, il la remettait dans ses cartons, sans songer à la publier, ne la conservant même que pour son propre usage. Jamais chefs-d'œuvre ne furent plus naïvement conçus et réalisés.

La *musique instrumentale* de J.-S. Bach comprend sa *musique d'orgue*, sa *musique de clavecin*, ses *sonates* et *concerts* pour divers instruments.

Dans la *musique d'orgue*, il faut mettre au premier plan les *Chorals variés* et les *Fugues*. Sur l'ample et lente mélodie du choral, Bach invente toutes sortes de variations qui ne sont pas de pur ornement, mais qui servent d'interprétation, de commentaire aux pensées pieuses que le choral fait naître dans l'âme du fidèle : c'est un style à la fois descriptif et psychologique. Ainsi sur le choral : « Ah ! que la vie de l'homme est fugitive et vaine ! » Bach écrit une musique qui évoque l'illusion de formes fluides et insaisissables, se mouvant dans une atmosphère de rêve, et qui en même temps nous remplit d'un sentiment de tristesse poignante. Il illustre matériellement et moralement son texte et arrive souvent à des effets d'une rare puissance. Ces chorals variés sont de grandioses poèmes religieux.

D'autre part, J.-S. Bach donna un extraordinaire développement à la *fugue d'orgue*.

Originairement le mot *fugue* désignait ce que nous appelons le *canon*, et *canon* signifiait la règle selon laquelle les différentes parties entrent en jeu, se poursuivent et se fuient. Le *canon*, tel que nous l'entendons, est la forme la plus simple et la plus rigoureuse de l'imitation : il consiste à superposer les différents fragments d'une mélodie, en la faisant attaquer par deux, trois, quatre, cinq voix, l'une après l'autre, à des intervalles de temps réguliers et fixés d'avance. La *fugue* n'est qu'un canon plus développé et moins rigoureux. Une partie expose d'abord le *sujet*, puis une seconde partie le reprend à la quinte (et cette reprise s'appelle *réponse*), pendant que la première partie accompagne la deuxième à l'aide d'un contre-point ou *contre-sujet ;* puis c'est au tour de la troisième partie de reprendre le sujet, cette fois dans le ton primitif, et ainsi de suite jusqu'à ce que toutes les parties soient entrées en jeu. La fugue est *réelle* si la réponse reproduit exactement le sujet dans la tonalité de la dominante ; elle est *tonale* si la réponse déforme le sujet pour orienter la modulation. Une fois toutes les entrées terminées, l'*exposition* est finie ; elle peut recommencer plusieurs fois si l'on fait varier l'ordre des entrées, et il y a même *contre-exposition* si l'on produit la réponse avant le sujet. Des *divertissements* peuvent séparer toutes ces expositions. Puis vient le *développement*, qui, à travers diverses modulations, nous conduit à la dominante du ton principal, et alors on s'achemine vers la péroraison en usant d'ordinaire du *stretto* (ou retour en ordre serré de tous les éléments de la fugue), de la *pédale* (ou développement conduit sur une tenue persistante de basse) et enfin de la *cadence*. Dans le détail, la fugue comporte une infinité de variétés. Elle est généralement précédée d'un prélude en style libre.

La fugue est l'effort pour construire une œuvre

musicale avec le moins d'éléments possibles, pour atteindre le maximum de complexité et de diversité avec le minimum de composants. L'écueil de ce genre de composition est le pédantisme et la vaine habileté du technicien sans inspiration. Mais le génie de Bach trouvait comme un nouvel aiguillon dans le maniement de ces difficultés d'écriture, et quelques-unes de ses fugues comptent parmi les plus expressives et les plus profondes de ses œuvres. C'est qu'il n'a jamais sacrifié une beauté musicale à la correction scolastique ; il se moquait au besoin des règles et recommandait surtout à ses élèves de « chanter » à tout prix.

La *musique de clavecin* de Bach est remarquable à bien des égards, et personne n'ignore les mérites si divers du *Clavecin bien tempéré* : on y trouve des pages charmantes, des pages dramatiques, des pages grandioses. Nous insisterons seulement sur deux inventions importantes qu'introduisit J.-S. Bach dans le *jeu du clavecin*. D'abord il perfectionna le *doigté* en généralisant l'emploi du pouce et de l'auriculaire et en préconisant la position recourbée des doigts. Jusqu'à lui on ne se servait que de trois doigts, qu'on tenait allongés et mous. Voici par exemple comme on doigtait une gamme ascendante d'ut majeur :

	Do.	Ré.	Mi.	Fa.	Sol.	La.	Si.	Do.
Main droite :....	3	4	3	4	3	4	3	4
Main gauche :...	2	3	2	3	2	3	2	3

et l'on trouve cette remarque dans un vieux traité : « Mais que faites-vous du pouce ? Vous ne pouvez l'étendre en l'air ; en conséquence, il le faut appuyer sur le bois du clavier ; là il est en sûreté, il ne pend pas paresseusement, et sert du moins à supporter la main. »

En outre, J.-S. Bach appliqua au clavecin le *jeu lié* de l'orgue et inventa le *doigté de substitution*.

D'autre part, il voulut écrire dans toutes les tonalités, et il dut chercher une façon d'accorder le clavecin qui conservât à peu près les mêmes rapports entre les degrés de la gamme dans tous les tons ; ainsi aucune gamme ne fut plus rigoureusement juste, mais la fausseté d'aucune ne fut appréciable; ce système d'accord est ce qu'on appelle le *tempérament égal*, et voilà comment s'explique le titre de *Clavecin bien tempéré* donné par Bach à deux de ses recueils de préludes et fugues dans tous les tons majeurs et mineurs.

Les *Sonates* de J.-S. Bach pour *violon et clavecin* diffèrent profondément des sonates italiennes; dans celles-ci le violon joue un solo accompagné par une basse chiffrée qui se réalise de préférence au clavecin, mais tout aussi bien à l'orgue, et qui n'a d'autre caractère que celui d'un accompagnement. Dans les *Sonates* de Bach, le violon n'a pas la partie principale : il concerte avec le clavecin. La partie de clavecin n'est pas une basse chiffrée ; tout y est réalisé de la main du compositeur; de plus elle n'est évidemment pas écrite pour être exécutée sur un autre instrument. Le style de ces sonates n'est pas le style récitatif, le style d'opéra à la mode italienne, ni non plus le style galant des Anglais et des Français issu de l'air de danse, c'est le style sévère, le style polyphonique. Elles sont écrites en général à trois parties en imitations : le violon joue l'une des parties, chacune des mains du piano l'une des deux autres. C'est là une disposition tout à fait particulière à Bach et dont il a usé de la façon la plus heureuse.

Dans ses *Sonates pour violon seul*, J.-S. Bach a eu le souci de tirer d'un seul instrument tous les effets, même polyphoniques, dont la conception devait sembler au premier abord le plus paradoxale, et il atteint son but, sans avoir jamais pu être imité depuis.

Dans ses *Concertos*, il paraît au contraire avoir cherché à épuiser toutes les combinaisons possibles des ressources instrumentales alors existantes. Il écrit pour deux, trois, quatre clavecins concertants avec accompagnement de quatuor d'orchestre ; pour violon, flûte, hautbois, trompette ou pour violon et deux flûtes avec le même accompagnement ; pour trois violons, trois altos, trois violoncelles et basse, etc. Jamais à son gré, le problème de la composition n'était assez complexe ; jamais le nombre des parties qu'il avait à manier ne lui semblait assez considérable, même lorsque, comme dans la *Passion selon Saint Mathieu*, il disposait de trois chœurs, de deux orchestres et de deux orgues.

C'est dans ses *Cantates* que J.-S. Bach nous fait le mieux admirer la variété de son génie, son prodigieux « métier » et la richesse de sa sensibilité. Outre ses cantates profanes, J.-S. Bach avait écrit environ deux cent cinquante cantates religieuses ; il y en avait cinq collections, dont chacune répondait aux exigences du culte pour toutes les fêtes de l'année. Nous en avons conservé cent quatre-vingt-dix. Elles se composent des éléments suivants : le *choral* en est la base ; souvent il ouvre et il clôt la cantate ; il fournit des motifs de développement dans les grands *chœurs ;* il anime de son esprit l'œuvre entière. Des *récits*, quelquefois des *dialogues* ou des *chœurs*, exposent soit l'histoire religieuse, soit la pensée pieuse qui est le sujet de la cantate. Des *airs*, des *duos*, des *trios* en donnent ensuite le commentaire lyrique et sentimental. C'est dans ses chorals, ses chœurs et ses récits que J.-S. Bach est peut-être le plus grand, le plus profond et aussi le plus égal à lui-même. Ses airs, construits en trois parties, avec reprise, à la façon italienne, sont quelquefois admirables, quelquefois aussi sans chaleur, sans vie et surtout sans accent religieux ; il semble que J.-S. Bach ait songé, en les écrivant, à plaire par l'emploi des procédés à la mode ; leur caractère profane, mondain, leur joli papotage devient dans certains cas tout à fait choquant, quand il n'est pas simplement fade et ennuyeux. J.-S. Bach a été sans doute gêné par cette coupe si monotone de l'air italien; il lui fallait plus de liberté. Ce défaut est particulièrement sensible dans ses ouvrages les plus considérables, l'*Oratorio de Noël*, la *Passion selon Saint Jean*, et la *Passion selon Saint Mathieu ;* c'est la marque du temps sur des ouvrages qui n'en restent pas moins parmi les plus étonnants qu'on ait jamais composés.

Il faut rappeler ici que, quoique protestant, J.-S. Bach a écrit quatre *Messes brèves* et surtout une *Messe en si mineur* qui est un de ses chefs-d'œuvre. Elle était destinée à la chapelle de l'Électeur de Saxe, auquel il dédia en 1733 le *Kyrie* et le *Credo*.

J.-S. Bach, comme Kuhnau, comme Rameau, comme presque tous ses prédécesseurs et ses contemporains, donne une grande place dans son art à l'*imitation de la nature physique*, ou à la transcription musicale des images matérielles contenues dans le texte poétique ou suggérées par lui. De savants musicologues, M. *Schweitzer,* M. *Pirro,* se sont ingéniés à donner, à ce point de vue, une sorte de dictionnaire du langage musical de Bach. Ils ont en effet remarqué que, pour désigner les mêmes choses ou les mêmes phénomènes, Bach employait presque toujours des expressions analogues, sinon identiques.

Mais on a peut-être trop insisté sur cette observation : on a voulu que toute la grandeur de Bach consiste dans cette minutieuse marqueterie musicale, dans l'invention de ces signes si nettement définis, dans l'habileté de cette traduction mot-à-mot qui ne laisse rien échapper du sens de l'original et même de ses sous-entendus. C'est aller beaucoup trop loin. Bach possède un incomparable « métier » ; ses moyens d'expression, ses procédés de facture sont innombrables, et il en manie l'extraordinaire diversité avec une souplesse sans égale. Mais le métier n'est pas le génie. D'autres avant lui, en même temps que lui, ont été d'extraordinaires ouvriers, et l'on ne sait même plus leurs noms, ou du moins leurs œuvres sont oubliées. Que m'importe que tel morceau soit une exacte et complète traduction d'une pensée ou d'un texte, si tout d'abord il n'est pas beau ni émouvant ! Ce n'est pas l'exactitude pure et simple de ce tableau musical qui fera sa beauté ni qui pourra m'émouvoir. Et si J.-S. Bach est resté l'un des colosses de la musique, soyons certain qu'il le doit avant tout, non à sa science descriptive, mais à son sens délicat des formes harmonieuses et à l'intensité de sa vie intérieure. Ceux mêmes qui ne saisissent rien de la « signification » de sa musique n'en sont ni moins charmés ni moins touchés en se laissant aller aux impressions de leur oreille et de leur cœur.

Ce qu'il vaudrait mieux dire, c'est que Bach est, en

un sens, un *primitif* : il en a la naïveté d'inspiration, il en a le goût pour l'enluminure, pour le détail pittoresque infiniment petit, comme aussi pour la complication de l'ensemble. A tout prendre, ce sont plutôt là des défauts, des défauts qui nous enchantent parfois, mais qui rompent bien souvent la continuité de l'œuvre ou nous font perdre de vue son unité.

J.-S. Bach est une sorte de monstre : il allie en lui les tendances opposées de plusieurs siècles qu'il résume ou qu'il annonce. Il tient au moyen âge et à la Renaissance par sa polyphonie et son goût de la description, au XVIIᵉ siècle italien par ses récits dramatiques et la forme de ses airs, au XVIIᵉ siècle français par son élégance et sa recherche de l'ornement, et il prépare déjà l'art chargé, un peu lourd, mais si profond et si puissant, d'un Beethoven vieillissant ou d'un Richard Wagner.

La vie de Hændel offre un contraste frappant avec celle de J.-S. Bach. Autant Bach fut modeste, sans ambition, content de peu, homme de foyer sans attaches mondaines, autant Hændel au contraire recherche le succès, la gloire, les relations brillantes et la fortune.

Georg-Friedrich Hændel naquit à Halle, en Saxe, le 23 février 1685, quelques semaines avant J.-S. Bach Son père était barbier. Mais il avait fini par obtenir le titre de chambellan et de chirurgien du prince de Saxe et de l'électeur de Brandebourg. Georg-Friedrich montra de très bonne heure des aptitudes remarquables pour la musique. Mais son père lutta tant qu'il put contre cette vocation si manifeste ; il destinait le jeune Hændel à la jurisprudence et lui fit commencer ses études de droit. Il mourut d'ailleurs en 1697, et Georg-Friedrich, par respect pour la volonté paternelle, continua quelque temps encore ses études juridiques, tout en s'adonnant de plus en plus passioné- ment à la musique. En 1730, il se rendit à Hambourg, qui était alors une des villes d'Allemagne où l'on faisait le plus de musique et qui, depuis 1678, possédait un Opéra permanent. Il y entendit les ouvrages de *Keiser* et reçut les conseils de Mattheson. *Johann Mattheson* (1681-1764) était un musicien très érudit ; il fut ténor, compositeur, chef d'orchestre, et surtout il écrivit une foule d'ouvrages de théorie, d'histoire et de critique musicale, par le moyen desquels il exerça une très heureuse influence sur son époque, et qui restent pour la postérité une source inépuisable de renseignements. Malheureusement la liaison de Hændel avec Mattheson dura peu et finit par un duel dans lequel Hændel faillit être tué. Hændel écrivit pour l'Opéra de Hambourg quatre opéras allemands, avec intermèdes italiens : *Almira* (1705), le seul qui nous soit resté ; *Nero* (1705), dans lequel Mattheson chanta pour la dernière fois au théâtre ; *Dafne* (1708) et *Florindo* (1708). Mais, avant même la représentation de ces deux derniers ouvrages, Hændel avait quitté Hambourg, et, sur l'invitation du prince Giovanni Gaston de Médicis, s'était rendu en Italie, où il demeura trois ans. Il y donna deux opéras, *Rodrigo* à Florence et *Agrippina* à Venise, et deux oratorios, *La Resurrezione* et *Il trionfo del tempo e del disinganno*, représentés tous deux à Rome. Il fit la connaissance de *Lotti*, des deux *Scarlatti*, de l'abbé *Steffani* avec lequel il quitta l'Italie et revint à Hanovre, où l'abbé lui fit remettre les fonctions qu'il exerçait auprès du Prince électeur. Mais Hændel demanda aussitôt un congé et se rendit en Angleterre (décembre 1710).

Depuis la mort de *Purcell*, les Anglais n'avaient plus d'opéra national, et c'était l'opéra italien qui avait toute la vogue. Le *Rinaldo* (1711), improvisé en quinze jours par Hændel, en grande partie à l'aide d'emprunts à ses précédents opéras, eut un succès immense. La vente de la partition rapporta 1.500 livres à l'éditeur et pas un sou à Hændel. « Mon cher Monsieur, lui dit Hændel, la prochaine fois, c'est vous qui composerez l'opéra, et moi je le vendrai. » Hændel est obligé de repartir pour Hanovre, où il négligeait un peu trop ses fonctions officielles ; mais il revient à Londres dès 1712 : cette fois il est moins heureux. *Il pastor Fido* et *Teseo* sont accueillis froidement ; en revanche le *Te Deum* qu'il écrivit à l'occasion de la paix d'Utrecht (1713), eut un retentissement considérable ; dès lors on le regarda en Angleterre comme un second Purcell, et la reine Anne lui accorda une rente de deux cents livres sterling. Le Prince électeur du Hanovre était moins satisfait de ses services, et, quand il succéda en 1714 à la reine Anne sur le trône d'Angleterre, il commença par lui tenir rigueur de sa conduite passée. La jolie musique de plein air, intitulée *Water music*, que Hændel avait écrite en l'honneur du roi, le réconcilia avec lui. En 1716, George Ier se rendit à Hanovre, dans son ancien électorat, et il emmena Hændel. C'est pendant son séjour à Hanovre que Hændel mit en musique la *Passion* de Brookes. De retour à

Londres, il fut pendant trois ans l'hôte du duc de Chandos, et c'est dans son château de Cannons qu'il écrivit deux *Chandos Te Deum*, douze *Chandos Anthems*, sa cantate *Acis et Galathée* et son premier oratorio sur des paroles anglaises : *Esther*.

A partir de 1719, la fondation de la *Royal Academy of music*, subventionnée par le roi, et pour laquelle Hændel fut chargé de recruter les plus célèbres artistes de l'Europe, donne une orientation nouvelle à la vie du jeune maître. Il se consacre dès lors au théâtre, et il donne successivement *Radamisto* (1720), *Muzio Scevola* (1721) *Floridante* (1721) *Ottone* (1723), *Flavio* (1723), *Giulio Cesare* (1724), *Tamerlano* (1724), *Rodelinda* (1724), *Scipione* (1726), *Alessandro* (1726), *Admeto* (1727), *Riccardo I* (1727), *Siroe* (1728) *Tolomeo* 1728). Tous ces opéras furent joués avec succès non seulement à Londres, mais aussi sur les principales scènes d'Europe, quelques-uns même à Paris. Hændel, malgré la protection du roi et de la cour, avait à lutter contre un rival, aimé du public et patronné par le duc de Marlborough, *Giovanni Battista Bononcini* (1672-1762?), qui, après de grands succès à Vienne, avait été engagé à Londres en 1716 au nouveau *King's Theatre*. Hændel finit par avoir l'avantage sur son rival et, en 1728, Bononcini quitta Londres. Mais cette même année l'*Academy of music* dut se dissoudre, tellement ses affaires allaient mal.

Une nouvelle société se forme et ouvre les portes du théâtre en septembre 1729. Hændel écrit alors pour cette seconde Académie : *Lotario* (1729), *Partenope* (1730), *Poro* (1731), *Ezio*, *Sosarme* (1732), *Orlando* (1733). Mais, encore une fois, la société qui dirigeait l'entreprise est obligée de se dissoudre. Alors Hændel se met impresario ; il loue le « Covent Garden » et dirige lui-même un théâtre pour lequel il écrit : *Arianna* (1734), *Ariodante* (1734), *Alcina* (1735), *Atalanta* (1736), *Arminio* (1737), *Giustino* (1737), *Bérenice* (1737). Malgré tous ses efforts, toute son énergie, toute son habileté, il aboutit à la ruine. Cette fois il avait à lutter contre la concurrence de *Porpora* d'abord, puis de *Hasse* (1699-1783), un des compositeurs les plus féconds de l'école de Hambourg, qui d'ailleurs n'évitèrent pas plus que lui le désastre de leur entreprise. Cependant Hændel ne s'occupait pas que de son théâtre ; il avait fait exécuter, en diverses solennités, des œuvres anciennes : *Acis et Galathée*, *Esther*, le *Te Deum* d'Utrecht, et de nouveaux oratorios, *Deborah*, *Athalie*, la *Fête d'Alexandre*. Épuisé par ce surmenage, il eut une attaque et dut tout abandonner. Une cure à Aix-la-Chapelle eut vite fait de rétablir cette nature si robuste. Hændel revint à Londres et, dès la fin de 1737, fit représenter *Faramondo* et *Serse*. Pour juger de l'activité extraordinaire de cet homme, il faut savoir encore que c'est pendant les années où il travaillait pour le théâtre qu'il composa presque toute sa musique instrumentale : *douze sonates* pour violon et basse, *treize sonates* pour deux violons et basse, *six concerti grossi*, *vingt concertos d'orgue*, etc., etc.

L'année 1740 marque le début d'une nouvelle phase dans la vie de Hændel. Il abandonne définitivement l'opéra, et il se consacre presque exclusivement à la composition de ses oratorios, *Saül* (1739), *Israël* (1739), *L'allegro, il penseroso ed il moderato* (1740), *le Messie* (1741), *Samson* (1742), *Semelé* (1743), *Héraklès*

) (1744), *Belsazar* (1744), *l'Occasionnal oratorio* pour fêter la victoire de Culloden (1746), *Judas Macchabée* (1746), *Joseph* (1746), *Josué* (1747), *Alexandre Balus* (1747), *Salomon* (1748), *Suzanne* (1748), *Théodora* (1749), *Jephtha* (1751), qui sont de beaucoup ses ouvrages les plus célèbres. On a tort de les englober sous la désignation générale d'oratorios, car quelques-uns d'entre eux n'ont aucun caractère religieux, notamment cette sorte d' « épopée drama- tique » qui a pour titre *Héraklès*, que Hændel lui- même qualifie de « musical drama », et dans lequel M. Romain Rolland n'hésite pas à voir « un des som- mets de l'art du xviiie siècle ».

Dans ses dernières années, la vue de Hændel s'était considérablement affaiblie : il n'en continue pas moins jusqu'au dernier moment de composer et de tenir la partie d'orgue dans l'exécution de ses œuvres. Il mourut le 14 avril 1759. On lui fit de pompeuses funérailles, et ses restes furent déposés à l'abbaye de Westminster. Les Anglais l'avaient adopté et le con- sidéraient, le considèrent encore aujourd'hui, comme un génie « national ». Si Allemand que fût Hændel, et si profondément qu'il ait subi d'autre part l'influence des Italiens, on ne peut nier qu'à bien des égards Hændel ne soit devenu Anglais. D'abord cer- tainement il a imité Purcell ; et puis il s'est adapté à son public et a dû chercher à en satisfaire le goût pour la clarté, pour la correction, pour le sérieux et pour une certaine magnificence majestueuse.

Mais ce ne sont là que les caractères extérieurs de son œuvre. La musique de Hændel reflète avant tout son âme. C'était un homme impétueux, aux colères terribles, violemment passionné, mais d'une volonté indomptable. Et ses compositions nous révèlent bien en effet de grands mouvements de passion toujours endigués, toujours canalisés par une volonté maîtresse d'elle-même ; l'art est toujours impeccable, la forme rigoureusement correcte, la proportion bien observée, même dans les plus grands élans et quand l'émotion est près de déborder. C'est une œuvre triomphante de force, de santé, d'équilibre. Si Hœndel a l'éclat, le charme, la pureté sereine des Italiens, il n'a pas leur langueur, leur mollesse, et ils ne peuvent atteindre à sa puissance ni même en approcher. Il a un caractère essentiellement dominateur qui ne se retrouvera par la suite que chez Gluck, chez Beethoven, qui d'ailleurs, tous deux, ont reconnu la parenté de leur génie avec le sien. Peut-être certaines pages de ses opéras montrent-elles mieux encore la richesse de sa nature que les plus fameux passages de ses oratorios, et l'on se demande quels chefs-d'œuvre un tel homme n'aurait pas écrits pour le théâtre s'il n'avait pas été asservi par la mode à la formule desséchante de l'école napolitaine.

Hœndel et *J.-S. Bach* sont exactement contemporains ; cette circonstance fait que l'on ne cite guère l'un des deux noms sans l'autre, qu'on est tenté de rechercher toute sorte d'analogies entre les deux maîtres et de confondre les raisons très diverses qu'on a de les admirer l'un et l'autre. En réalité l'art de J.-S. Bach et celui de Hœndel s'opposent par la plupart de leurs caractères.

Gœthe disait en entendant jouer par Mendelssohn une ouverture de Bach : « Je crois voir un cortège de grands personnages, vêtus d'habits de gala, descendre un magnifique escalier. » Le mot a été souvent cité. Il n'y en a pas qui donne une idée plus fausse de ce que voulut être et de ce que fut vraiment le vieux cantor de Leipzig. La musique de J.-S. Bach n'est pas pompeuse, théâtrale, ce n'est pas une musique de cour, une musique de gala ; quand par hasard il a voulu rechercher des effets de ce genre, Bach s'est montré gêné, et il est évident qu'il contraignait sa nature : sa musique est essentiellement intérieure ; il ne songe pas à la foule pour laquelle il compose ; il se replie sur lui-même et nous livre sa méditation, ou il épanche les douces confidences d'un cœur tendre ; dans les moments les plus grandioses et les plus éloquents de ses *Passions*, il reste intime. Ajoutons que son art très raffiné s'adresse plutôt aux connaisseurs.

Hændel écrit pour le monde, pour la cour, pour le théâtre ; sa musique est naturellement brillante ; il a le don des sonorités claires et des rythmes forts, qui produisent sur une foule une impression physique, la soulèvent et l'entraînent. La largeur et la simplicité du dessin rendent ses œuvres lumineuses : il est populaire.

L'art de Bach est un perpétuel tour de force : il veut tout dire à la fois et le dire d'un seul mot; la richesse de ses conceptions déborde sans cesse ses moyens d'exécution, d'autant plus qu'il s'enferme comme à plaisir dans les formes les plus étroites et les plus rigides. Si grand que soit cet art, il appartient au passé.

Hændel sacrifie tout ce qui nuirait à la clarté ou à l'harmonie de l'ensemble : il choisit ce qu'il dira, il est sobre, il est concis ; s'il use des complications polyphoniques, il évite de s'y embarrasser, il cherche à les assouplir, et souvent il les rejette pour revenir au plein air de la monodie accompagnée ; il annonce déjà un autre âge ; il est presque un classique.

LECTURES RECOMMANDÉES

Ouvrages de critique et d'histoire : ANDRÉ PIRRO, *J.-S. Bach*, dans la collection des « Maîtres de la musique » (Alcan). — ALBERT SCHWEITZER, *J.-S. Bach, le musicien-poète* (Fischbacher). — ANDRÉ PIRRO, *L'orgue de J.-S. Bach* (Fischbacher); *L'Esthétique de J.-S. Bach* (Fischbacher). — FORKEL, *Vie, talents et travaux de J.-S. Bach*, traduction et notes de Félix Grenier (Fischbacher). — WILLIAM CART, *Étude sur J.-S. Bach* (Fischbacher). — ROMAIN ROLLAND, *Hændel*, collection des « Maîtres de la musique » (Alcan).

Textes musicaux : BUXTEHUDE, *Œuvres* (Breitkopf). — KUHNAU, *La maladie d'Hiskias, Sonate biblique* pour clavecin, nouvelle édition de musique classique publiée sous la direction de M. Vincent d'Indy (Senart et Roudanez). — J.-S. BACH, *Œuvres* (Breitkopf). — HÆNDEL, *Œuvres*, édition populaire (Novello, à Londres). — *Ecole classique de l'orgue*, collection de morceaux de SWEELINCK BUXTEHUDE, PACHELBEL, HÆNDEL, etc., publiés par M. Alexandre Guilmant (Durand).

CHAPITRE III

Comme avec *Gluck*, en France, succédant à *Lulli* et à *Rameau*, avec *Haydn* et *Mozart*, en Allemagne, venant après *Bach* et *Hændel*, c'est un autre âge qui commence. En quelques années tout se transforme; ce n'est plus le même art; plus lumineux, plus clair, plus simple et plus parfait, il mérite véritablement d'être appelé l'**art classique**.

La musique classique n'est pas à proprement parler allemande, mais autrichienne, viennoise. La situation de la capitale de l'Autriche entre l'Allemagne et l'Italie, dont elle subissait également les influences, la destinait à jouer ce grand rôle dans la vie musicale de la fin du XVIIIe siècle. C'était en effet de la fusion de deux arts, l'art plus sérieux, plus profond, mais un peu raide, un peu scolastique, de l'Allemagne du Nord, et l'art plus frivole, plus superficiel, mais plus souple et plus spontané de l'Italie, que devaient sortir les formes et les inspirations nouvelles. La sonate ou la symphonie d'un Haydn ou d'un Mozart seront les derniers effets, ceux-ci fort heureux, de l'envahissement de tous les domaines musicaux par l'esprit de l'opéra italien; le style sévère de la polyphonie instrumentale s'en trouve soudain rajeuni, allégé.

Haydn et Mozart sont contemporains. Si Haydn est né avant Mozart, il est mort bien après lui. Ces deux grands musiciens se connurent et s'aimèrent. Haydn disait au père de Mozart : « Je vous le déclare à la face de Dieu, je vous le jure sur mon honneur, votre fils est à mes yeux le plus grand compositeur qui ait jamais existé. » Mozart, dédiant des quatuors à Haydn, disait : « C'est une dette que j'ai acquittée, car c'est lui seul qui m'a révélé l'art de les écrire. » Il n'estimait pas seulement son maître ; il avait une profonde affection pour celui qu'il appelait son cher « papa ». Il pleurait, quand il le vit partir déjà vieux, pour l'Angleterre, dans la crainte de ne plus le revoir : c'était en effet la séparation suprême, mais ni l'un ni l'autre n'avaient alors la pensée que ce fût Haydn qui, de retour à Vienne, n'y retrouverait plus son jeune ami.

*
* *

Franz-Josef Haydn est né dans la nuit du 31 mars au 1ᵉʳ avril 1732, à Rohrau, petit village de la Basse-Autriche, près de la frontière hongroise. Son père, qui était charron et sacristain, avait une voix de ténor, et il aimait à chanter en s'accompagnant de la harpe. Sa mère, qui avait été cuisinière, mêlait sa voix aux concerts improvisés par son mari. Le petit Franz-Josef eut pour premier maître Johann Mathias Frankh, instituteur et maître de chapelle à l'école catholique de Rohrau, qui lui apprit à chanter et à jouer un peu de violon et de clavecin. A huit ans, il entra dans la maîtrise de Saint-Étienne, à Vienne, et c'est là qu'il fit toute son éducation musicale, surtout par la pratique d'un art dont personne ne lui enseigna jamais méthodiquement les principes. En 1749, à dix-sept ans, il dut tout naturellement abandonner ses fonctions d'enfant de chœur.

Le voilà donc sans ressources sur le pavé de Vienne.

Il mène joyeusement pendant quelque temps la vie de musicien ambulant, jouant du violon dans les rues, dans les cours et dans les tavernes. A ses moments de loisir, il composait, ou il étudiait les traités des maîtres, le *Gradus ad Parnassum* de *Fux* (1715), et les ouvrages de *Mattheson ;* ou bien il lisait les nouvelles sonates de *Carl Philipp Emmanuel Bach*. Le hasard d'un voisinage le fit entrer en relation avec le célèbre librettiste *Métastase*, et par lui avec le musicien *Porpora* (1685-1767) dont il se fit pendant quelque temps le valet pour en recevoir quelques conseils. Enfin le jeune Haydn eut la chance de rencontrer un gentilhomme, Carl-Josef von Fürnberg, auquel il plut, qui l'engagea comme violoniste-compositeur et l'emmena dans sa résidence de Weinzierl. De là, il passa vers 1759 au service de Maximilien von Morzin, chambellan de l'impératrice, qui habitait l'été sa terre de Lukarec, en Bohême : Haydn avait à conduire un petit orchestre de douze à quinze musiciens pour lequel il écrivit des divertissements et des symphonies. Deux ans plus tard, Haydn entrait dans la maison du prince Antoine Esterhazy, à laquelle il devait rester attaché pour le reste de ses jours. En même temps il épousait la deuxième fille du perruquier Johann Peter Keller ; c'était l'aînée qu'il aimait, et qu'il avait demandée à son père ; mais celui-ci lui ayant fait savoir qu'elle était déjà fiancée, le bon Haydn se résigna à épouser la cadette, qu'il n'aimait pas, pour faire plaisir à ce brave perruquier qui l'avait tiré d'affaire bien souvent quand il était dans la misère. Anne-Maria Keller, de trois ans plus âgée que lui, fantasque et orgueilleuse, le fit enrager toute sa vie, mais elle ne réussit pas à lui faire perdre sa joyeuse et bonne humeur

Dès lors, l'existence de Haydn s'écoule, calme et monotone, chez les Esterhazy. On y faisait une consommation effroyable de musique, et c'est à peine si l'incomparable fécondité du nouveau maître de chapelle y suffisait. Tous les matins, il composait ; l'après-midi, il faisait répéter ses musiciens ; le soir, suivant les ordres du prince, il dirigeait un ou plusieurs concerts avant, pendant, ou après le dîner. Il avait à sa disposition : cinq violons, un violoncelle, une contrebasse, une flûte, deux hautbois, deux bassons, deux cors, un organiste, deux soprani, un contralto, deux ténors et une basse. Lorsque mourut en 1532 le prince Paul-Antoine, ce fut son frère Nicolas qui hérita du titre et du majorat. Le prince Nicolas qui s'intéressait à la musique, non seulement comme amateur mais comme exécutant (il jouait du baryton, ou *viola di bordone* ou *viola bastarda*, sorte de viole de gambe montée comme la viole d'amour avec cordes sympathiques), exigea de Haydn un travail beaucoup plus considérable : il mettait en revanche à sa disposition des ressources plus importantes.

Haydn, sur la fin de sa vie, se déclarait très satisfait des longues années passées au service des Esterhazy : « Mon prince, disait-il, était toujours content de mes ouvrages ; non seulement j'avais l'encouragement d'une constante approbation, mais, me trouvant à la tête d'un orchestre entièrement soumis à mes ordres, je pouvais faire des expériences, éprouver des effets ; séparé du reste du monde, je n'avais à me tourmenter de rien, et j'étais forcé d'être original. » Avec son heureux caractère, Haydn eût été satisfait de toutes les situations ; la sienne aurait paru bien pénible à d'autres hommes, à un Beethoven par exemple ; il n'avait en effet aucune indépendance ; la volonté du prince était souveraine maîtresse, il fallait composer autant que le maître le voulait et dans le style qui lui plaisait ; autrement, on était rappelé à l'ordre, et quelquefois assez durement. Pour les exécutions, tout l'orchestre, y compris le chef, portait la livrée, et c'était avec les domestiques que les musiciens étaient logés. Haydn, loin de se révolter contre cet état de servitude, était fier d' « appartenir » à un grand seigneur aussi réputé pour son bon goût et sa magnificence. Ne nous en étonnons pas : ce fut la condition de presque tous les musiciens jusqu'à la fin du XVIIIe siècle. Gluck et Beethoven commencèrent à secouer le joug.

Au château d'Eisenstadt, chez les Esterhazy, Haydn était très isolé. Sa réputation se répandit pourtant assez vite. Dès 1764 on l'édite à Paris, en 1765 à Amsterdam, en 1769 à Vienne. A partir de 1780 surtout, sa musique est demandée de tous côtés par les directeurs de concerts et les éditeurs : en 1784 il écrit six grandes symphonies pour le *Concert de la Loge Olympique* à Paris.

La mort du prince Nicolas Esterhazy, en 1790, permet à Haydn de s'occuper davantage de sa gloire et de sa fortune. Le prince Paul-Antoine, héritier du majorat, n'était pas musicien : il congédia Haydn en augmentant de 400 gulden la pension viagère de 1.000 gulden que lui avait laissée le prince Nicolas. Haydn continuait à rester attaché nominalement comme maître de chapelle à la maison princière, mais il n'avait plus aucune obligation effective à remplir et pouvait user à sa guise de sa liberté.

Un impresario de Londres offrit à Haydn de brillantes conditions pour qu'il vînt diriger lui-même ses œuvres en Angleterre. L'Angleterre était alors « une île pleine de chansons » où, en l'absence de musiciens nationaux, étaient appelés et fêtés tous les grands artistes de l'étranger. Haydn y reçut l'accueil qu'il méritait. Il en revint en juin 1792, épuisé par l'effort continu qu'il avait dû fournir pour satisfaire à toutes les exigences du public, et surtout à celles de son impresario, qui réclamait sans cesse de nouvelles compositions.

Haydn, très heureux de retrouver sa patrie, sa tranquillité et ses amis, acheta une maisonnette et un petit jardin dans un faubourg de Vienne et s'y reposa pendant un an et demi. Il repartit pour Londres au début de 1794 ; cette fois il était définitivement adopté par la cour et par le public anglais ; on insista beaucoup pour qu'il se fixât en Angleterre ; il refusa et revint à Vienne dans l'été de 1795. Il continua de composer et de faire exécuter ses œuvres, notamment *la Création* (1796) et *les Saisons* (1802). Il vivait entouré du respect de tous : cependant peu à peu ses forces l'abandonnaient, il dut renoncer à tout travail. Il mourut le 31 mai 1809, trois semaines après l'entrée des Français à Vienne, et sous le coup de la grande émotion qu'il en avait ressentie.

Haydn était un brave homme, confiant et crédule, d'une piété tranquille et régulière, qui vécut une vie sans trouble ; il avait du cœur, mais il ignorait la passion ; il trouva sans la chercher, très simplement et très joyeusement, la solution de ce problème du bonheur qui pour tant d'autres est une énigme indéchiffrable.

Au roi d'Angleterre, Georges III, qui lui disait un jour : « Docteur Haydn, vous avez beaucoup composé », il répondit modestement : « Oui, sire, un peu plus qu'il n'eût été sage. » L'impression qu'on a tout d'abord en présence d'une œuvre aussi considérable est en effet que bien des parties en ont été trop hâtivement conçues, et devaient nécessairement retomber très vite dans l'oubli. C'est ainsi que nous trouvons dans le catalogue de ses ouvrages toute une série d'*opéras* et de *messes* dont il n'y a peut-être pas une seule page à retenir.

Aucun compositeur n'a été sans doute aussi mal doué pour le théâtre que Haydn ; il semble n'avoir possédé à aucun degré le sens dramatique ; les poèmes qu'il mit en musique n'éveillent en lui aucun mouvement du cœur et, sagement, il tâche d'imiter *Scarlatti* ou *Porpora*, et se souvient surtout de ses propres sonates et de ses symphonies. Du reste, il n'avait pas une opinion outrecuidante de son mérite à cet égard, et à un correspondant qui le priait de composer un opéra pour Prague, où l'on venait de représenter *Don Juan*, il répondit : « Je courrais trop de risques, car il serait difficile à n'importe qui de se placer à côté du grand Mozart. »

Haydn était un homme croyant et pieux : sa musique religieuse est pourtant la plus vide et la plus déplorablement profane qui soit. Il faut d'abord en accuser la mode, qui voulait alors que la messe en musique ne fût qu'un concert d'airs d'opéras avec vocalises, ports de voix, ornements et cadences. Mais Haydn lui-même n'est-il pas ici un peu coupable ? Sans doute Haydn était un sincère catholique : mais sa piété était faite surtout de correctes habitudes ; la réflexion ou le sentiment n'y avaient pas grande part, sinon cette joie qu'il éprouvait à concevoir un univers harmonieusement organisé sous la conduite d'un Dieu infiniment bon, menant à bien toutes choses : sa religion n'était qu'une forme de son optimisme naturel, et qu'une conséquence de sa santé physique. Elle ne s'exprima qu'en plates jubilations, où rien du mystère de la vie et de la mort ne fut jamais évoqué. Une œuvre mérite pourtant d'être citée ici : ce sont *les Sept Paroles du Christ.* Ces « sept sonates avec une introduction et, à la fin, un *terremoto* », furent composées en 1785 pour *l'orchestre seul ;* chaque morceau en était successivement amené par un court récitatif de basse déclamant les « paroles » du Christ. Elles furent ensuite arrangées par Haydn pour chœur accompagné ; il en donna aussi une réduction pour quatuor à cordes. C'est la forme originale seule qui compte. Cette fois Haydn est à l'aise dans le cadre de la symphonie ; le souci d'écrire pour les voix ne le fait pas retomber à tout instant dans la maladroite imitation des Italiens ; il compose une série d'adagios d'une expression un peu trop générale, d'un sentiment qui n'est pas très pénétrant, mais d'une tenue parfaite, d'un développement solide et d'une grande allure.

Haydn n'a écrit avec bonheur pour les voix que ses deux oratorios, *la Création* et *les Saisons.* Le poème de *la Création,* d'après *le Paradis perdu* de Milton, était destiné primitivement à Hændel ; il fut traduit en allemand par Gerhard van Swieten et offert à Haydn. Haydn qui avait toujours eu le goût de la description musicale, saisit avec empressement cette occasion de passer en revue tous les aspects et tous les êtres de la nature dans une série de petits tableaux. L'œuvre est ingénieuse et naïve, fraîche et robuste. Toujours l'émotion manque. La lumière, les vents, les mers, les fleuves, les animaux sont présentés chacun à leur tour d'une façon assez pittoresque ; mais quand arrivent enfin l'homme et la femme, Adam et Ève, le pauvre Haydn, devant abandonner la peinture de la nature matérielle pour nous faire sentir la dignité de la nature morale, se trouve bien embarrassé, reste court, et tombe dans les formules.

Les Saisons ont tout à fait le même caractère que *la Création :* c'est encore un hymne à la nature et au Créateur divisé en courts tableaux ; Haydn aimait les champs, les bois, les bêtes et la vie campagnarde ; il les aimait d'une affection très simple, d'une affection d'enfant, et c'est ce qui fait le charme de ces deux ouvrages.

Mais la grandeur de Haydn n'est pas là. S'il occupe une place si importante dans l'histoire de la musique, c'est qu'il a joué un rôle considérable dans la formation de la **sonate classique** et de la **symphonie.**

Entendons-nous : il n'en est pas, comme on l'a cru longtemps, le créateur. Bien avant lui, du vivant même de J.-S. Bach et de Hændel, d'autres avaient préparé le terrain, frayé des voies inconnues, obtenu le succès immédiat auprès de leurs contemporains. Haydn a transmis à la postérité les inventions de ses prédécesseurs ; par ses chefs-d'œuvre il a fondé une tradition durable. Il a organisé les conquêtes d'une foule de chercheurs, illustres de leurs temps, oubliés aujourd'hui, dont il convient de citer ici les noms.

Ce sont **Carl Philipp Emmanuel Bach** (1714-1788),

le second fils de Jean-Sébastien, qui écrivit des sonates de clavecin en trois parties et en style galant dont Haydn lui-même avoue s'être inspiré ; **Giovanni Battista Sammartini**, qui, de 1730 à 1770 environ, composa à Milan toutes sortes de symphonies et de quatuors pour instruments à cordes ; **Franz Xaver Richter** (1709-?), né en Moravie, dont, en 1744, des symphonies furent publiées à Paris, et qui se fixa en 1748 à Mannheim, puis en 1769 à Strasbourg ; **Johann Stamitz** (1717-1757 ou 58), né en Bohême, qui se fixa à Mannheim dès 1745 et se fit entendre à Paris en 1754, où il fit graver en 1755 *six sonates à trois parties concertantes qui sont faites pour exécuter ou à trois ou avec toute l'orchestre* (sic) ; et à côté de lui, toute *l'école de Mannheim : Tæschi, Filtz, Holzbauer, Cannabich*, etc. ; dans d'autres villes d'Allemagne *Graupner* (?-1760), *Joh. Fr. Fasch,* (1688-1759), *Chr. Forster* (1693-1745), les frères *Graun* (1701-1759), *Joh. Gottlob* (1698-1771), *Leopold Mozart* (1719-1787) ; à Vienne même, *J. C. Reuter, G. M. Monn* (1717-1750), *Matthæus Schlöger* (1722-1766), *G. C. Wagenseil* (1715-1777), *J. Starzer* (1727-1787). Vers 1745 la symphonie était un genre assez répandu en Allemagne pour que *Scheibe* en fît mention dans son *Kritischer Musicus* comme d'une composition en trois morceaux, dont le premier était divisé en deux parties, la seconde partie reproduisant la première en la modifiant et en la mêlant « d'inventions inattendues ».

Les caractères de la sonate et de la symphonie classiques ne se précisèrent que peu à peu ; Haydn lui-même ne détermina que progressivement la forme à laquelle il devait s'arrêter et qu'il devait léguer à ses successeurs ; l'influence de Mozart vers 1780 ne fut pas sans effet sur lui (l'influence fut d'ailleurs réciproque et les deux grands musiciens en profitèrent autant l'un que l'autre). Tout d'abord le premier morceau de la sonate ou de la symphonie n'a qu'*un thème*, puis l'habitude se prend d'opposer deux présentations du thème dans *deux tonalités* différentes ; et l'on en vient timidement, puis de plus en plus délibérément, à exposer un *deuxième thème* après le premier ; enfin, au début de la seconde reprise, on ménage un espace de plus en plus considérable pour un *divertissement* où les deux thèmes servent de matière à un travail polyphonique.

Une fois que le plan de la sonate classique s'est définitivement établi, nous pouvons résumer ainsi ses traits essentiels :

1° La sonate classique est construite selon une symétrie *ternaire*, et non plus *binaire*, comme dans l'âge précédent. Elle se compose essentiellement de trois mouvements dans cet ordre : *vif, lent, vif*.

Le **premier mouvement**, l'*allegro* initial, est lui-même divisé en *trois* parties : — A) L'*exposé des deux thèmes*, dont le second généralement présenté à la dominante ou au ton relatif du ton principal, afin que la conclusion de cette première partie soit justement dans cette nouvelle tonalité. — B) Le *divertissement* ou recherche de toutes sortes de combinaisons polyphoniques entre les deux thèmes (c'est la partie « savante » de la sonate). — C) La *réexposition* des deux thèmes, le second apparaissant cette fois dans le même ton que le premier, puisqu'il faut terminer dans le ton principal.

Le **second mouvement** (*andante, adagio, larghetto*), est écrit dans la forme *lied* ou dans la forme *varia-*

tions. Si c'est un lied, il se compose encore de trois parties : c'est une phrase mélodique entre les deux reprises de laquelle apparaît un intermède, généralement dans une autre tonalité ou dans un autre caractère. Quant aux variations, inutile de les définir.

Le troisième mouvement (*allegro*, *presto* ou *final*) est construit comme le premier, à deux thèmes et en trois parties ; ou bien alors c'est un *rondo*, c'est-à-dire un refrain dont les répétitions sont séparées les unes des autres par des couplets toujours différents les uns des autres.

Ajoutons qu'on intercale souvent entre le deuxième et dernier mouvement un *menuet* ou, plus tard, un *scherzo*.

2° Sous l'influence du style de l'opéra, la sonate classique devient surtout *monodique ;* presque partout on distingue la mélodie, la partie chantante, et l'accompagnement ; ce n'est que par endroits, par exemple dans le divertissement du premier morceau, qu'apparaît la polyphonie, et qu'alors toutes les parties prennent une égale importance et sont sur le même plan. Il y a là mélange de la sonate de chambre et de la sonate d'église ; le compositeur n'en a que plus de liberté ; les impressions de l'auditeur n'en sont que plus variées. En dehors même de la mélodie et de la polyphonie, on recherchera bientôt des effets purement *harmoniques*, des effets de *tenues* ou des effets purement *rythmiques*, des effets de *timbres* aussi, et des effets de *silence :* — ce ne sera plus du tout la sonate ancienne, celle de Bach, qui va toujours droit devant elle, ne s'arrête plus une fois qu'elle est partie, et emporte dans un même mouvement tous les instruments à la fois jusqu'à la dernière mesure. L'air pénètre, et le jour, et la lumière, au sein de la forêt touffue.

3° Le *développement* devient, dans la sonate classique, un art beaucoup plus subtil qu'auparavant. Jusque-là, développer un thème, c'était le présenter, identique à lui-même, ou tout au moins entier (car parfois on l'accélérait, on le ralentissait, on le retournait de différentes manières), en le combinant avec des contrepoints, et en le transposant. Maintenant le thème sera déformé de mille façons, jusqu'à devenir méconnaissable ; on en modifiera complètement le rythme, on le divisera en tronçons qu'on resoudera dans un autre ordre, ou qu'on utilisera séparément ; l'*analyse* du thème sera le point de départ de toutes les nouvelles synthèses. Parfois même des idées étrangères sont introduites pour la simple analogie qui les rattache, fût-ce par un lien bien léger, aux idées principales. Ainsi l'*unité thématique* deviendra beaucoup plus difficile à percevoir, et souvent même elle fera place à une *unité de sentiment*. En revanche, l'*unité tonale* restera toujours très marquée. La sonate pourra être définie *un ordre de modulations*. D'une façon générale, le mouvement ira de la tonique à la dominante ou au ton relatif pour revenir à la tonique, mais avec de plus en plus de fantaisie dans les écarts que se permettra le compositeur autour de cette route si unie : il s'éloignera à l'infini pour nous faire désirer davantage le retour et pour en augmenter la surprise.

La *sonate ancienne* était écrite pour un solo, un duo ou un trio de *virtuoses*, accompagnés ou non par l'orchestre ; en tout cas, l'orchestre n'avait jamais que le rôle secondaire d'accompagnateur. Ce fut une nouveauté d'écrire des *sonates pour l'orchestre* ou *symphonies* ; c'en fut une également d'écrire des sonates pour deux violons, alto et violoncelle, des *quatuors*.

A l'imitation des *sonates à trois* des Italiens, les symphonies furent d'abord des *trios d'orchestre*. Puis l'on en vint à employer un plus grand nombre de parties indépendantes. Peu à peu l'usage se perdit de la *basse chiffrée* et du *clavecin d'accompagnement* qui dirigeait l'orchestre. Les *instruments à vent* furent employés à part des instruments à cordes, et non plus seulement pour les doubler, ou pour un solo exceptionnel. La musique ne fut plus conçue abstraction faite de sa réalisation instrumentale : les effets de *timbres* furent étudiés et recherchés pour eux-mêmes.

Dans la symphonie et dans le quatuor il n'y a plus un virtuose en vue ; son rôle du moins s'efface de plus en plus ; l'orchestre ou le quatuor ne sont plus qu'un grand instrument aux voix multiples dont le compositeur utilise toutes les ressources dans un intérêt de plus en plus purement musical. Le *quatuor à cordes* notamment deviendra par la suite la forme la plus sévère de la musique instrumentale, il empruntera son écriture polyphonique au quatuor vocal du XVIe siècle, dont il reprendra le rôle en l'agrandissant.

C'est dans la *symphonie* et le *quatuor* que Haydn a donné les preuves les plus éclatantes de son génie. Ses *sonates* pour piano, et pour piano et violon, ainsi que ses trios, n'ont pas grand intérêt : l'écriture en est négligée, le développement très pauvre, ce sont des amusettes sans importance. Ses premières compositions pour l'orchestre et pour le quatuor à cordes sont également très faibles ; ce sont des improvisations d'un caractère presque enfantin. Mais les symphonies et les quatuors de sa maturité témoignent d'une aptitude merveilleuse à l'art du *développement*, d'un sens très délicat de la proportion et de la symétrie ; aucun grand musicien peut-être ne fut plus purement architecte ; et ses mélodies elles-mêmes sont « construites » avec un soin ingénieux ; ce sont de jolies phrases bien faites, et qui, si nous en jugeons par le manuscrit de *l'hymne autrichien*, coûtaient beaucoup de peine au compositeur ; il travaillait ses thèmes comme ses développements, et les plus naturels, et les plus coulants avaient sans doute été bâtis méthodiquement pièce à pièce ; il est vrai que Haydn avait le travail très facile et que tous ces calculs, que nous supposons dans la disposition de ses matériaux, devaient être chez lui tout à fait spontanés et presque inconscients : c'est en quoi il avait du génie.

Malheureusement, cet art de construction, Haydn ne le met pas au service d'un cœur tendre ou d'une âme tragique. Sa musique n'est que pour l'oreille qu'elle charme, pour l'esprit qu'elle satisfait ; il n'a rien à nous dire qui nous émeuve. C'est bien de la *musique pure*, dont tout l'intérêt réside dans son développement sonore et non dans les pensées et les sentiments qu'elle pourrait faire naître. Cependant Haydn trouve quelquefois l'occasion de donner à sa musique une signification ; mais alors ce sont toujours les objets extérieurs qu'il traduit musicalement et non les états psychologiques ; il fait volontiers du *paysage musical ;* il imite, dans ses symphonies ou ses quatuors, le chant du rossignol, ou celui du coucou, il peint le lever de l'aurore ; mais encore n'est-ce qu'une indication rapide dans l'exposé d'un thème dont le développement symétrique a bien vite fait oublier la valeur représentative.

Enfin, dans cet art « bonhomme » du « papa » Haydn, il y a quelque chose d'essentiellement bourgeois et de presque prosaïque. On lui a fort heureusement appliqué ces paroles de Heine à propos de Monsigny : « Nous y trouvons la grâce la plus sereine, une douceur ingénue, une fraîcheur semblable au parfum des bois, un naturel vrai,... et même de la poésie ; oui, elle n'est pas absente ; mais c'est une poésie sans le frisson de l'infini, sans charme mystérieux, sans amertume, sans ironie, sans « morbidesse », je dirais presque une poésie jouissant d'une bonne santé. »

*
* *

Haydn est, avant tout, un symphoniste. Le génie universel de Mozart est attiré davantage par l'opéra : « Mon désir le plus vif, le plus ardent, disait-il, est de composer pour le théâtre : cette pensée me tourmente sans cesse. Dès que je mets le pied dans une salle de spectacle, sitôt que j'entends parler d'opéras, je ne me contiens plus. »

Wolfgang Amadeus Mozart (en réalité Johannes Chrysostomus Wolfgang Theophilus Mozart) est né le 27 janvier 1756 à Salzbourg.

Son père *Léopold Mozart*, d'abord compositeur de la cour, puis sous-maître de chapelle du prince-évêque de Salzbourg, était un musicien de valeur. Il avait eu d'abord quatre enfants qui étaient tous morts ; en 1751 naquit Maria-Anna (familièrement *Nannerl*) qui fut de très bonne heure une remarquable pianiste ; son frère Wolfgang et elle furent unis toute leur vie par une affection profonde ; elle mourut en 1829. Après Maria-Anna, Léopold Mozart eut encore deux enfants qui ne vécurent pas ; et enfin, le 27 janvier 1756, Wolfgang Amadeus.

On sait que Mozart fut un enfant prodige. A trois ans il cherchait les tierces sur le piano ; à quatre ans, avant même de savoir ses notes, il essayait de composer un concerto. Son père et sa mère se dévouèrent entièrement à son éducation musicale, ainsi qu'à celle de sa sœur. Léopold Mozart eut même le mérite de renoncer complètement à la composition à partir du jour où son fils produisit à son tour. Dès 1762 (Nannerl avait onze ans, et Wolfgang six) le père entreprend une tournée avec ses deux enfants par Munich et Vienne. L'année suivante on poussa jusqu'à Paris. Le petit Wolfgang émerveillait ses auditeurs par son habileté de claveciniste et d'organiste. C'est à Paris que parurent ses premières œuvres gravées : quatre sonates pour violon, dont deux dédiées à la princesse Victoire de France. Puis on part pour l'Angleterre : *Jean-Chrétien Bach* (le fils cadet de Jean-Sébastien) admire l'imperturbable virtuosité du bambin qui joue des concertos, déchiffre, transpose, improvise, compose de petites symphonies. Wolfgang a l'occasion d'entendre à Londres de la musique de Hændel et divers opéras. Enfin on revient au pays, par la Hollande, Paris et la Suisse. A La Haye Wolfgang et sa sœur sont gravement malades, en danger de mort, pendant des mois. En novembre 1766 les deux enfants et le père sont tout de même de retour à Salzbourg. Mozart, qui avait alors dix ans, écrit son premier oratorio. Puis c'est un voyage à Vienne, où les deux enfants sont atteints de la petite vérole. Wolfgang compose, sur la demande de l'empereur, son premier opéra : la *Finta semplice*, qui ne fut d'ailleurs représentée qu'en 1769, et à Salzbourg. Mais en 1768, dans un cercle privé, on jouait un petit opéra-comique de lui (un *Singspiel*) : *Bastien et Bastienne*, et le 7 décembre 1768, à douze ans, il dirigeait lui-même une grande exécution de sa *Messe solennelle*. Il est bientôt après nommé *concertmeister* de l'archevêque de Salzbourg.

Puis viennent les triomphes d'Italie : partout le jeune maëstro soulève l'enthousiasme. A Rome, le pape le fait chevalier de l'Éperon d'or. C'est là que se place l'anecdote du *Miserere* d'Allegri, chanté tous les ans pendant la semaine sainte, à la chapelle Sixtine, et dont la copie était interdite : Mozart l'aurait noté de mémoire après une audition. A Naples, le public croit que Mozart doit son talent aux vertus d'un anneau magique qu'il porte au doigt; on le force à l'enlever, et comme l'exécution du petit virtuose n'en est pas moins brillante. on lui fait une ovation. A Milan, Mozart (il avait alors quatorze ans) fait représenter un opéra, *Mitridate, re di Ponto* (Noël 1770), qui est donné vingt fois de suite avec le plus grand succès. Puis il revient à Salzbourg écrire l'oratorio : *la Betulia liberata*. Il retourne à Milan pour faire jouer *Ascanio in Alba*. Pour fêter la nomination du nouvel archevêque de Salzbourg il compose *Il sogno di Scipione* (1772), et à la fin de la même année on représente à Milan son *Lucio Silla*. En 1773, Mozart quitte définitivement l'Italie : à dix-huit ans, il avait déjà composé plus de deux cents ouvrages : aucun n'était encore plus qu'une promesse.

En 1775, Mozart écrit pour Munich *La finta Giardiniera*, et bientôt après, pour Salzbourg, *Il re pastore*. Son père veut l'emmener dans une nouvelle tournée. Mais l'évêque de Salzbourg refuse au père et au fils le congé qu'ils sollicitaient. Mozart est obligé de donner sa démission et de partir avec sa mère. Il passe à Munich ; à Augsbourg, il a une amourette des plus innocentes avec une de ses cousines. Il essaye les nouveaux pianos de *Stein*, qui admire son talent : « Ce qui l'étonne surtout, écrit Mozart, c'est la rigueur inflexible de ma mesure. Il ne s'explique pas ma manière de comprendre le *tempo rubato,* où la liberté de la main droite n'altère en rien la précision rythmique de la main gauche. » A Mannheim il s'éprend de la cantatrice Aloysia Weber, âgée de quinze ans, qu'il veut épouser. Son père s'y oppose dans une lettre pleine de bon sens, et débordante d'affection : « Hélas ! mon enfant, où sont-ils ces beaux jours, où le soir, avant de t'endormir, tu montais sur mes genoux pour me chanter ta petite chansonnette ? Tu m'embrassais alors sur le bout du nez, en disant que lorsque je serais vieux, tu voulais me garder près de toi, précieusement serré dans une boîte, avec un globe par-dessus pour me préserver de la poussière... Il dépend de toi de décider si tu veux traverser le monde comme le premier venu des musiciens, ou si tu veux atteindre les limites de ton art et devenir un de ces hommes illustres dont la postérité étudie les œuvres et écrit l'histoire. Un mariage précipité te jetterait dans la misère... » Mozart se soumet et continue son voyage. Il arrive à Paris où il fait entendre avec succès un ballet, *les*

Petits riens, et la *Symphonie parisienne* (1778) écrite pour le *Concert spirituel*. Il étudie la musique française, surtout *Gluck* et *Grétry* dont il admire « la vérité de diction et l'expression dramatique ». Puis c'est une épreuve terrible pour le jeune Mozart, si attaché aux siens, si impressionnable : sa mère meurt à Paris le 3 juillet 1778. Il retourne précipitamment à Salzbourg. Sur son chemin il rencontre Aloysia Weber qui lui fait un accueil glacial. Il reprend sa place de concertmeister auprès de l'archevêque de Salzbourg, et il est bientôt nommé organiste de la cour.

En 1781, le prince de Bavière lui commande un opéra : il écrit *Idomeneo* qui marque la transition entre ses essais de jeunesse et ses prochains chefs-d'œuvre. Bientôt après il est obligé de rompre avec l'archevêque de Salzbourg, dont les exigences devenaient insupportables, et il se fixe à Vienne. Ce n'est qu'en 1789 qu'il devait y trouver une situation fixe, comme compositeur de la chambre impériale. Il eut du moins tout de suite l'occasion de faire exécuter des œuvres importantes. L'empereur Joseph IV, qui se piquait d'être bon musicien (il jouait du clavecin et du violoncelle, il avait une voix de baryton), lui commanda un « Singspiel », c'est-à-dire un opéra-comique allemand. Mozart écrivit *die Entführung aus dem Serail* (*L'Enlèvement au sérail*) (1781), que l'empereur condamna par ce jugement sommaire : « Beaucoup trop beau pour nos oreilles, et beaucoup trop de notes » ; et dès lors il ne s'intéressa plus au jeune musicien, trop « savant » pour son goût.

La même année Mozart épouse Konstanze Weber, la sœur d'Aloysia, excellente chanteuse et musicienne, mais déplorable ménagère : à partir de ce moment la lutte de Mozart contre la misère ne cessa pas un instant, et jamais jusqu'à sa mort il ne trouva le moyen de sortir de ses embarras. Ses contemporains, après avoir tant admiré ses prouesses d'enfant prodige, méconnurent son génie dès qu'il fut parvenu à la maturité : ils lui préféraient une foule d'autres artistes sans talent, et le brave Haydn s'en indignait : « Je suis tout en colère, écrivait-il en 1787, que cet unique Mozart ne soit pas encore attaché à une cour impériale ou royale ! Pardonnez-moi si je sors ainsi de mes gonds ; c'est que j'aime trop l'homme ! » La seule consolation de Mozart fut son affection profonde pour Konstanze, qu'il aima jusqu'à la fin de sa vie comme au premier jour. Il donnait des leçons de clavecin et de composition pour gagner quelque argent. Il composait des œuvres de musique de chambre. Il prenait part à des réunions où Ditters von Dittersdorf tenait la partie de premier violon, Haydn celle de deuxième violon, lui-même celle d'alto, et Wanhal celle de violoncelle. Enfin en 1785 il put travailler de nouveau pour le théâtre : il composa en six semaines *le Nozze di Figaro* (*les Noces de Figaro*), dont une cabale étouffa le succès à Vienne, mais qui souleva l'enthousiasme à Prague. On lui commanda un nouvel opéra pour Prague : ce fut *Don Juan* (1787), qui réussit d'abord devant son premier public, mais fut ensuite accueilli très froidement à Vienne. A l'amertume de ce nouvel échec auprès des Viennois s'ajoutait un grand chagrin : Mozart venait de perdre son père.

En 1789 la charge de compositeur de la Chambre impériale laissée vacante par la mort de Gluck lui est confiée, mais les appointements sont réduits par

Joseph II de 2.000 à 800 florins. « C'est trop, dit Mozart, pour ce que je fais, et c'est trop peu pour ce que je pourrais faire. » Il entreprend une tournée en Allemagne, brillante mais non fructueuse. Frédéric-Guillaume II veut le retenir auprès de lui avec 3.000 thalers de traitement : c'était la première bonne chance qui s'offrait à lui ; il la refuse par amour pour sa patrie autrichienne, et il se contente d'écrire pour le roi de Prusse *Cosi fan tutte* (1790).

La même année, Joseph II meurt. Léopold II, qui lui succède, n'aimait pas la musique. La misère du pauvre Mozart allait croissant tous les jours. Sa femme tombe malade. Haydn part pour Londres : « O mon cher papa, dit Mozart en l'embrassant, ce baiser sera le dernier, nous ne nous reverrons plus jamais. » Toutes les tristesses assombrissent la dernière année du malheureux artiste. Cependant, à l'occasion du couronnement de Léopold II, il écrit pour Prague la *Clemenza di Tito* (*La Clémence de Titus*, 6 septembre 1791) et, sur la demande de Schikaneder, directeur du théâtre forain *auf der Wieden*, il compose une féerie, *die Zauberflöte* (*la Flûte enchantée*, 30 septembre 1791), qui eut plus de deux cents représentations.

Cette fois la popularité lui vient. Il reçoit des offres de toutes parts. Mais il est trop tard. Il meurt épuisé le 5 décembre 1791, sans avoir pu achever son *Requiem*.

L'enterrement de Mozart est une histoire navrante. Sa femme, toujours malade, était obligée de garder le lit. Il faisait un temps affreux. Quelques amis voulurent accompagner son corps, mais n'allèrent pas jusqu'au bout du chemin. Il fut jeté dans la fosse commune. Quelques jours après, Konstanze Mozart cherchait en vain la tombe de celui qui l'avait tant aimée.

Ainsi s'envola cette âme si douce, cette âme d'enfant affectueux et confiant, cette âme de tendresse et de joie. Il faut, pour connaître Mozart, lire les lettres délicieuses qu'il écrivait à tous les siens et dont par bonheur nous avons conservé un si important recueil. Elles sont l'image de son esprit fantaisiste, de son cœur si bon et si pur, de son caractère si gai. Elles annoncent l'esprit, la grâce, le charme, la sensibilité délicate de sa musique ; peut-être aurait-on plus de peine à y découvrir que Mozart devait être capable de cette grandeur dramatique dont son *Don Juan* nous a laissé le modèle impérissable.

Mozart a écrit plus de sept cents ouvrages, et il a excellé, dans tous les genres. Ses *symphonies*, ses *sonates*, ses *quatuors*, ont toute la solidité et l'ingéniosité des œuvres de Haydn, et elles offrent en plus l'attrait d'une expression autrement variée, richement psychologique, et d'une facilité, d'un bonheur dans l'invention qui font de Mozart le premier improvisateur de tous les temps. L'inspiration ne se présentait pas chez lui après une recherche passionnée, après une lutte de l'intelligence et de la volonté contre la nature ; elle ne se manifestait pas par un état de surexcitation et de violence ; il semblait, au contraire, que ce fût sa condition normale, son état d'équilibre ; et la source tranquille était vraiment intarissable. Sans doute le jet en fut inégal, et les sept cents ouvrages de Mozart ne sont pas sept cents chefs-d'œuvre. Le déchet est même considérable. Mais le nombre de fois où Mozart atteint la perfection n'en dépasse pas moins tout ce qu'ont pu donner les autres compositeurs dans le même espace de temps ou même pendant la durée d'une vie très longue. Mozart est le miracle de l'histoire de la musique.

Au point de vue de l'évolution des formes musicales, Mozart est un grand innovateur. Il n'a pas craint de dérouter son public. La lecture des critiques du temps est très curieuse à cet égard. La *Symphonie en sol mineur*, par exemple, parut très avancée, très hardie. Plus tard, quand on connut la *Symphonie héroïque* de Beethoven, on la compara à la symphonie en sol de Mozart et on la jugea « encore plus difficile ». *L'Enlèvement au sérail* « excita l'étonnement par la nouveauté des harmonies et l'originalité jusqu'alors inconnue de l'instrumentation ». La *Sonate en fa* pour piano, les six *Quatuors* dédiés à Haydn et les trois *Quatuors* dédiés au roi de Prusse, apportaient les premiers exemples d'un art nouveau, à la fois polyphonique et monodique, savant et fantaisiste, vivant et construit, qui, en se développant, deviendra celui de Beethoven, de Wagner et de César Franck.

Mais il faut surtout remarquer l'importance de Mozart comme fondateur de l'*opéra allemand*. Jusqu'à lui le théâtre musical en Allemagne n'avait su que copier servilement les Italiens. Il faut faire exception pour le compositeur *Hiller* (1728-1804), qui créa à Leipzig l'équivalent de l'*opéra buffa* italien et de l'*opéra-comique* français, le « *Singspiel* » auquel il donna un caractère allemand déjà nettement marqué : dans les pièces qu'il écrivit de 1765 à 1777 (la première en date est *der Teufel ist los*, 1765), il fait chanter des *lieders* populaires aux bourgeois, aux valets, aux paysans, réservant les *airs* pour les seigneurs ; l'emploi de ces lieders accuse une tendance franchement nationaliste. *Reichardt* (1752-1814) suivit l'exemple donné par Hiller. Enfin Mozart, donnant tout de suite au nouveau genre un caractère plus élevé, écrivit *l'Enlèvement au sérail* et *la Flûte enchantée*. (Rappelons-nous les *lieders* de *Papageno*, — et même ceux de *Figaro* et de *Guglielmo* dans les opéras, pourtant italiens, *le Nozze di Figaro* et *Cosi fan tutte*.)

Dans son théâtre Mozart est encore allemand par l'importance qu'il donne à la *symphonie ;* il ne songe pas seulement à la *mélodie* comme les Italiens, ou à la *déclamation*, comme Gluck et les Français, il veut avant tout faire œuvre de musicien, et que la poésie « soit la fille obéissante de la musique » ; mais il trouve le moyen de tout concilier, de ne sacrifier ni la mélodie, ni la déclamation. Sa conception est une synthèse d'un équilibre parfait.

Et puis il abandonne les sujets antiques et la tragédie. En effet, ou bien il prend ses personnages dans la réalité qui lui est familière (*Figaro*), ou bien il nous transporte dans le domaine du *fantastique* (*Don Juan, la Flûte*), et c'est alors qu'il ouvre la porte au romantisme et qu'il annonce directement *Weber* ou *Richard Wagner*.

Avec Haydn et Mozart, l'âge classique, en même temps qu'il commence, est à peu près terminé ; Beethoven, en effet, n'est à proprement parler classique que dans ses premières œuvres, et plus il se développe, plus il compose librement, plus aussi son génie subordonne l'idéal de pureté, de sobriété, de sérénité, qui avait été celui de ses maîtres et de ses modèles, aux impérieuses exigences de sa nature impétueuse, qui veut, avant tout, s'exprimer tout entière.

LECTURES RECOMMANDÉES.

Ouvrages de critique et d'histoire : Michel Brenet, *Histoire de la symphonie à orchestre depuis les origines jusqu'à Beethoven* (Gauthier-Villars). — Henri Michel, *La Sonate pour clavier avant Beethoven* (Fischbacher). — Michel Brenet, *Haydn* collection des « Maîtres de la musique » (Alcan). — Victor Wilder, *Mozart* (Charpentier). — Teodor de Wyzewa, *Vie de Mozart* (Fischbacher). — Gustave Bertrand, *Les Nationalités musicales* (Didier). — Romain Rolland, *Musiciens d'autrefois*, un article sur *Mozart* (Hachette). — Mozart, *Lettres*, traduites par H. de Curzon (Fischbacher). — Camille Bellaigue, *Mozart*, collection « Les Musiciens célèbres » (Laurens).

Textes musicaux : *Collegium musicum*, collection d'œuvres de musique ancienne instrumentale publiée par Hugo Riemann (Breitkopf). — Ph.-Em. Bach, *Sonate en mi* ♭, nouvelle édition classique publiée sous la direction de Vincent d'Indy (Senart et Roudanez). — Pour Haydn et Mozart, consulter l'édition Breit·kopf ou l'édition Peters

CHAPITRE IV

BEETHOVEN

Woltuen, wo man kann,
Freiheit über alles lieben,
Warheit nie, auch sogar am
Throne nicht verleugnen.

« Faire tout le bien qu'on peut, aimer la liberté par-dessus tout ; et, quand ce serait pour un trône, ne jamais trahir la vérité ! » Beethoven s'est ainsi défini lui-même sur une feuille d'album (1792).

Il était petit et trapu, avait le teint rouge brique, le front puissant et bosselé, les cheveux noirs, épais, en broussailles, des yeux bleus gris, profonds, qui paraissaient noirs, un nez court carré, en « mufle de lion », de terribles mâchoires, le menton de travers. Le sourire était bon, le rire grimaçant, l'humeur mélancolique. Un de ses contemporains parle « de ses doux yeux et de leur douleur poignante ». Dans l'improvisation il se transfigurait. « Les muscles de la face saillaient, les veines se gonflaient, la bouche tremblait. » Une figure de Shakespeare, a-t-on dit, le roi Lear !

Ludwig van Beethoven est né le 16 décembre 1770, à Bonn, près de Cologne. Son grand-père était né à Anvers, et s'était établi vers la vingtième année à Bonn, où il était devenu maître de chapelle du prince-électeur. Son père était ténor de la chapelle ; c'était un ivrogne et un imbécile ; il voulut exploiter stupidement le talent précoce de son fils, et le tuait de travail ; un autre que le petit Beethoven eût à jamais été dégoûté de la musique. La famille était très misérable, et son existence très triste. A onze ans, Ludwig jouait à l'orchestre du théâtre ; à treize ans, il était organiste et publiait trois sonates. En 1787, il part pour Vienne, où il voit Mozart. Mais la mort de sa mère, qui lui cause un chagrin profond, le rappelle presque aussitôt à Bonn, où il vient prendre la direction de la famille abandonnée. C'est une lourde charge. Il est obligé de lutter contre le gaspillage du père. Il trouve un peu de consolation et de soutien auprès de la famille de Breuning. Éléonore (Lorchen) de Breuning, qui avait deux ans de moins que lui, était son élève. Il éprouva pour elle un sentiment tendre qui se transforma en une amitié durable quand elle eut épousé plus tard le bon docteur Wegeler. Déjà aussi Beethoven trouvait dans les impressions de la campagne un adoucissement à sa tristesse. Il n'oubliera jamais les allées ombragées et fleuries de Bonn, et le grand fleuve majestueux, « unser Vater Rhein ».

En 1792, Beethoven, chassé par la Révolution française, se fixe définitivement à Vienne, dont la renommée musicale l'attirait. Il y a pour maîtres *Haydn*, *Albrechtsberger* et *Salieri*. En 1796, il note sur son carnet : « Courage ! malgré toutes les défaillances du corps, mon génie triomphera..... Vingt-cinq ans! les voici venus! je les ai!... Il faut que cette année même l'homme se révèle tout entier! » A cette époque il avait déjà écrit, outre une foule d'essais insignifiants, *trois trios*, piano, violon et violoncelle, op. 1 (dont le beau trio en *ut mineur* que Haydn lui avait donné le conseil de ne pas publier !); *trois sonates* pour piano, op. 2 ; *un quintette* à cordes, op. 4 ; *deux sonates* pour piano et violoncelle, op. 5, et il composait la *grande sonate* pour piano, op. 7, dont le largo est si poignant. Mais il ne se révéla au grand public qu'au concert du 2 avril 1800 dont nous avons conservé le programme : 1° *Symphonie* de *Mozart*. — 2° Air de la *Création* de *Haydn*. — 3° *Grand Concerto* pour piano-forte de *Beethoven*. — 4° *Septuor* de *Beethoven*. — 5° Duetto de la *Création* de *Haydn*. — 6° Improvisation par *Beethoven* sur l'*Hymne à l'Empereur* de *Haydn*. — 7° *Symphonie* n° 1 de *Beethoven*. — Le succès fut considérable.

Cet ensemble d'œuvres que Beethoven faisait entendre pour la première fois donne une idée de ce qu'on a appelé sa **première manière.**

On a beaucoup critiqué la conception des **trois manières** de Beethoven, présentée, mais d'une façon inexacte et trop absolue, par W. de Lenz en 1855. Il est bien certain en effet que Beethoven n'a pas brusquement changé deux fois de style à époques fixes. Le développement de son génie fut continu, et même dès les premières œuvres on prévoit les dernières, à certains accents, à certains rythmes, à certaines tournures mélodiques : Beethoven est toujours Beethoven. Cependant il est manifeste aussi que nul musicien n'a davantage évolué, ne s'est plus constamment renouvelé. Par suite il est bien permis, sans établir des divisions tranchées dans la suite de ses ouvrages, de marquer les étapes principales du développement de son génie; pour qui n'est-il pas évident que le style du *Septuor* diffère profondément de celui de la *Symphonie héroïque*, et que la *Messe en ré* ou le *Quinzième quatuor* sont encore d'un autre ordre ? Ce n'est pas une raison parce qu'il n'y a pas de limite précise entre la Bretagne et la Normandie pour cesser de distinguer les deux provinces.

Si donc nous prenons comme type de la première manière de Beethoven sa *Symphonie en ut majeur* ou le *Septuor*, ou bien les *six premiers quatuors à cordes*, op. 18, composés en 1799-1800, nous pouvons la caractériser de la façon suivante : Beethoven respecte encore la tradition de Haydn et de Mozart ; il n'ose pas s'en affranchir. Il écrit une musique surtout mondaine, brillante ; il a le désir de plaire, ou plutôt il se laisse entraîner par la conception alors courante de son art comme d'un art de pur agrément. Dans certaines œuvres de cette époque, comme la *Sonate pathétique*, il subit aussi, d'une autre manière, l'influence de son temps : il est « sensible », à la façon de J.-J. Rousseau, avec un peu d'affectation : il cultive le « genre sublime ». C'est alors que son style ressemble le plus à celui d'un certain **Friedrich Wilhelm Rust** (1739-1796), auquel, récemment, on a voulu, avec un peu d'exagération, faire jouer le rôle de précurseur de Beethoven. Le début de la *sonate pathétique* (dont le titre est lui-même une date) manque de naturel et de simplicité, recherche l'effet, a une allure romantique qui ne paraît pas tout à fait sincère. Mais à côté de cela, dans certaines compositions de la même période, surtout dans ses sonates pour piano seul (op. 10, n° 1 et n° 3), on trouve déjà le grand Beethoven, sérieux, profond, dédaigneux de la mode, n'écrivant que pour lui-même et se livrant tout entier.

En 1800, après son premier grand succès, l'avenir le plus heureux semblait s'ouvrir devant Beethoven. Mais depuis trois ou quatre ans déjà une terrible angoisse le torturait sans cesse : Beethoven s'apercevait qu'il devenait sourd. D'abord il n'en dit rien à personne. En 1801, il n'y tient plus, il écrit à ses deux amis, le Dr Wegeler et le pasteur Amenda : il est profondément malheureux, il maudit son existence : « Je veux, ajoute-t-il, braver mon destin ; mais il y a des moments de ma vie où je suis la plus misérable créature de Dieu. » On comprend alors la tristesse poignante de certains adagios des premières sonates pour piano.

Beethoven éprouvait aussi d'autres souffrances cruelles. Wegeler dit qu'il ne connut jamais Beethoven sans une passion au cœur, et ses passions furent toutes malheureuses. Il passait par des alternatives d'espoir et d'enthousiasme, de déception et de révolte qui furent sans doute les sources de ses plus belles inspirations. En 1801, Beethoven aimait Giulietta Guicciardi. Il lui dédia la sonate dite du *Clair de lune*, op. 27 (1802). Il écrivait à Wegeler : « Je vis d'une façon plus douce, et je me mêle davantage aux hommes ; ce changement, le charme d'une chère fille l'a accompli ; elle m'aime et je l'aime. Ce sont les premiers moments heureux que j'ai depuis deux ans. » Mais cet amour le fit bientôt souffrir. Il fut humilié d'abord par le sentiment de la différence de situation sociale qui le séparait de celle qu'il aimait. Et puis Giulietta, coquette, enfantine, égoïste, ne comprit rien à la grande âme de Beethoven. En 1803 elle épousa le comte de Gallenberg. Ce fut un moment de désespoir tel qu'on n'en retrouve aucun autre dans la vie de Beethoven. Il songe à se donner la mort : il écrit le fameux testament d'Heiligenstadt, où il crie sa souffrance aux hommes, à la nature, à Dieu. Et pourtant il se relève. Sa puissante nature ne pouvait abandonner la lutte. Il écrit à Wegeler : « Ma jeunesse, oui, je le sens, ne fait que commencer. Chaque jour me rapproche du but que j'entrevois sans pouvoir le définir... Je veux saisir le destin à la gueule. Il ne réussira pas à me courber tout à fait. » Ces alternatives de désespoir et de confiance ont leur écho dans les sonates pour piano, op. 27, n° 1 et n° 2 *(quasi una fantasia)*, op. 28 (pastorale), op. 31, n° 1, n° 2, n° 3. C'est au piano qu'il confie volontiers ses plus intimes confidences. C'est à ce moment aussi qu'il écrit la *Sonate en ut mineur* et la *Sonate à Kreutzer* pour violon et piano, et les *lieders religieux*. C'est surtout dans la *Seconde symphonie* (1803) qu'on s'aperçoit qu'il est sorti décidément vainqueur de la crise et que sa volonté de vie et de joie est toute-puissante.

Cette *Seconde symphonie* nous paraît encore très proche de celles de Mozart et de Haydn. Nous ne voyons pas en quoi elle est déjà très beethovénienne. La lecture des critiques du temps nous le fait mieux comprendre. Un journaliste de Leipzig trouve « l'ensemble trop long », blâme « l'emploi exagéré de tous les instruments à vent », juge le final « des plus bizarres, sauvage et dur ». Mais, ajoute-t-il, « tout cela est tellement emporté par un puissant esprit de feu, qui souffle dans cette œuvre colossale, par la richesse d'idées nouvelles, par leur arrangement absolument original, que l'on peut prédire à cette œuvre qu'elle restera et sera toujours entendue avec un nouveau plaisir, quand mille choses aujourd'hui à la mode seront depuis ongtemps enterrées ».

Dans toutes les œuvres de cette époque on rencontre des rythmes de marche et de combat : par exemple dans l'allegro et le final de la *Deuxième symphonie*, dans l'allegro de la *Sonate en ut mi-*

neur pour violon et piano (deuxième thème). Cette musique guerrière était inspirée par les événements. La Révolution arrivait à Vienne. Beethoven, dit Schindler, un de ses confidents, « aimait les principes républicains... Il était partisan de la liberté illimitée et de l'indépendance nationale... Il voulait que tous concourussent au gouvernement de l'État.... Il voulait pour la France le suffrage universel, et il espérait que Bonaparte l'établirait, et établirait ainsi les bases du bonheur du genre humain ». Ces idées l'occupaient à tel point qu'il écrivit une symphonie nouvelle : *Bonaparte* (1802-1804). Elle était terminée lorsqu'il apprit le couronnement de Napoléon. « Ce n'est donc qu'un homme ordinaire ! » s'écria-t-il. Il déchira la dédicace, et écrivit ce nouveau titre : *Sinfonia eroica composta per festeggiare il sovvenire di un grand uomo* (Symphonie héroïque pour fêter le souvenir d'un grand homme). Le final primitif, sorte de chant de triomphe en l'honneur du fondateur de la liberté, fut remplacé par une fantaisie à variations où apparaît un thème du ballet de Prométhée (Dieu de la liberté), et devait servir plus tard de conclusion à la symphonie en *ut mineur*.

En composant cette *Troisième symphonie*, Beethoven rompt complètement, cette fois, avec la tradition de Haydn et de Mozart : d'abord par le ton de son œuvre, tout à fait en harmonie avec les sentiments de l'époque révolutionnaire, et aussi par les procédés de développement et la construction générale. Le public fut dérouté. « Vraiment, dit un critique, cette œuvre nouvelle de Beethoven renferme des idées grandes et hardies, comme on doit en attendre du génie puissant du compositeur, et une grande force d'expression,

Mais cette symphonie gagnerait infiniment (elle dure une heure entière) si Beethoven voulait se résoudre à y faire quelques coupures et à y apporter dans son ensemble plus de lumière, plus de clarté, et d'unité... Ainsi il y a une marche funèbre en *ut mineur* à la place de l'andante qui se poursuit en forme de fugue ; mais cette fugue se perd à travers l'ordre observé dans une confusion véritable ; et même après plusieurs auditions, elle échappe à l'attention la plus soutenue, de sorte que cela choque le connaisseur non prévenu. »

C'est avec la *Symphonie héroïque* que la **deuxième manière** de Beethoven se précise définitivement. Le public, maintenant, a peine à le suivre. Les artistes eux-mêmes hésitent. Le violoniste Schuppanzigh, en déchiffrant le *septième quatuor* (en *fa*) s'arrête au bout de quelques mesures, et éclate de rire, croyant à une mystification. C'est qu'en effet Beethoven invente des *architectures nouvelles*, souvent déconcertantes, soit par leurs *proportions colossales*, soit par les *contrastes violents*, les *oppositions heurtées*, les brusqueries qu'elles renferment. Il ne sait plus être mondain ; sérieux ou gai, il est toujours *sincère* et *profond*. Son *romantisme* s'accuse, mais en prenant racine dans le fond de son cœur, en devenant un caractère naturel de son génie, et non plus seulement une imitation d'une tendance à la mode. Cependant le souci de traduire ses émotions dans toute leur intensité, dans toute leur violence ou leur désordre, ne va pas encore jusqu'à lui faire perdre le souci des *proportions*, de l'*équilibre ;* il ne sacrifie pas la *forme extérieure.*

Aussitôt après les premières exécutions de la *Symphonie héroïque*, Beethoven se met à la composition de *Fidelio*. Le 1ᵉʳ ventôse de l'an VI on avait représenté à Paris un mélodrame de Bouilly, *Léonore ou l'Amour conjugal*, mis en musique par *Gaveaux*. *Paër* eut l'idée de composer pour les Viennois un opéra sur le même poème. Beethoven assista à l'une des représentations : il était assis à côté de l'auteur, et ne cessait de s'émerveiller. Paër était ravi, quand tout à coup son voisin s'écria : « Ah ! mon cher ami, il faut absolument que je mette votre opéra en musique ! » Le livret l'avait enthousiasmé surtout à cause de sa moralité : le vertueux Beethoven, qui reprochait à Mozart d'avoir écrit un *Don Juan*, était tout heureux d'avoir à célébrer l'*amour matrimonial*. Voici en effet le sujet de la pièce : Florestan est injustement détenu dans un cachot où il va mourir de faim. Sa femme Léonore se déguise en homme et se fait agréer comme serviteur du geôlier. Elle arrive à sauver son mari et à faire condamner le gouverneur de la prison, Pizzaro, coupable des crimes dont il avait accusé Florestan. Malheureusement cette histoire émouvante était fort gauchement présentée, dans un style déplorable, sans talent et sans goût. *Fidelio* fut représenté le 20 novembre 1805 devant un parterre d'officiers français (Napoléon était entré à Vienne le 15 novembre). L'opéra de Beethoven fut accueilli froidement : il est vrai que ni les circonstances ni le public n'étaient favorables ; la presse fut très mauvaise et l'on interrompit les représentations après la troisième soirée. Le 29 mars 1806, *Fidelio* reparut abrégé de trois actes en deux, et précédé d'une nouvelle ouverture (n° 3), qui est certainement la plus belle de toutes. Ce fut une seconde chute. Cependant la presse était meilleure et condamnait surtout le livret. En 1814, *Fidelio*, complètement remanié, comme paroles et comme musique, devait enfin obtenir un succès enthousiaste et durable.

L'échec de *Fidelio* avait affecté Beethoven. Pendant le printemps de 1806 il fit un séjour près de Troppau, chez ses amis de Brunswick, et reprit courage. A ce moment il composait la *Symphonie en ut mineur*. Brusquement il s'interrompt, et, d'un jet, sans ses esquisses habituelles, il écrit la *Quatrième symphonie*, débordante de joie, de tendresse et d'espoir.

C'est que le bonheur lui était apparu de nouveau. En mai 1806 il s'était fiancé avec Thérèse de Brunswick. « Un dimanche soir, au clair de lune, racontait Thérèse elle-même longtemps après, Beethoven s'assit au piano. D'abord il promena sa main à plat sur le clavier. François (son frère) et moi, nous connaissions cela. C'était ainsi qu'il préludait toujours. Puis il frappa quelques accords sur les notes basses ; et, lentement, avec une solennité mystérieuse, il joua un chant de J.-S. Bach : « Si tu veux me donner ton « cœur, que ce soit d'abord en secret ; et notre pensée « commune, que nul ne la puisse deviner. » Ma mère et le curé s'étaient endormis ; mon frère regardait devant lui gravement ; et moi, que son chant et son regard pénétraient, je sentis la vie en sa plénitude. » La *Symphonie en si bémol* reflète cette heure de tranquille tendresse et de joie confiante. Il s'y montre conciliant : il revient à la tradition, il veut plaire, être aimable. C'est bien l'idée que nous donne de lui le portrait, d'une élégance recherchée, que peignit Mæhler à cette époque. C'est le moment le plus heureux de sa vie, c'est aussi la période pendant laquelle il écrivit quelques-unes de ses œuvres les plus parfaites. L'*Appassionata* (1807) est dédiée au frère de Thérèse, et à

Thérèse elle-même la *Sonate* op. 78 (1809). La *Symphonie en ut mineur* et la *Symphonie pastorale* sont de 1808. « Mes idées se pressent vers toi, mon immortelle bien-aimée (*meine unsterbliche Geliebte*), parfois joyeuses, puis après tristes, interrogeant le destin, lui demandant s'il nous exaucera, » écrivait Beethoven à Thérèse. Pourquoi cette union rêvée par les deux amants ne se réalisa-t-elle pas? On ne le saura sans doute jamais. Jusqu'à leur dernier jour ils restèrent fidèles l'un à l'autre : « En pensant à elle, disait Beethoven en 1816, mon cœur bat aussi fort que le jour où je la vis pour la première fois » ; et cette même année 1816, il écrivait le beau cycle de mélodies *à la bien-aimée lointaine* (*an die ferne Geliebte*), op. 98.

La *Symphonie en ut mineur* est celle qu'on joue le plus souvent en France, c'est la plus populaire, et à certains égards la plus caractéristique de toutes les symphonies de Beethoven : elle fait connaître quelques-uns des traits les plus frappants de son génie. Dès le début paraît le fameux thème du *destin qui frappe à la porte*, selon la propre expression de Beethoven, sur lequel est construit un premier mouvement qui est un exemple parfait d'un développement régulier du genre sonate, concis et fort. Puis vient l'andante alternativement mélancolique et guerrier, ensuite le scherzo fantastique, avec son trio qui est une danse de géants, et sa merveilleuse liaison au final ; le final éclate enfin comme un colossal chant de triomphe. La *Symphonie en ut mineur* fut jouée en même temps que la *Pastorale*, qu'un *Concerto* et que la *Fantaisie avec chœurs*, le 22 décembre 1808. C'est au milieu de la *Fantaisie* que Beethoven, assis au piano, interrompit en plein concert l'exécution, qu'il jugeait insuffisante, et la fit recommencer : « Noch einmal ! » s'écria-t-il, sans plus de façon. La *Symphonie en ut mineur* eut du succès ; mais on fit à Beethoven les critiques auxquelles il était déjà habitué. De même, plus tard, quand on la joua au Concert du Conservatoire à Paris, le final fut jugé trop long, le début du premier allegro pas assez classique, l'andante monotone.

Dans ses symphonies, Beethoven se raconte lui-même ; il nous dit son enthousiasme pour Bonaparte et la Révolution, ou bien son bonheur d'être aimé, ou sa victoire sur le destin. Il devait nécessairement consacrer une symphonie à la *nature*, qu'il aimait tant ; ce fut la *Sixième*, la *Symphonie pastorale* ; c'est alors qu'on peut juger toute la distance qui sépare l'art d'un Rameau ou d'un Haydn de celui dont Beethoven donne le premier exemple : là où la plupart des musiciens du XVIIIe siècle n'auraient su que composer des morceaux descriptifs, traduire de leur mieux par des analogies sonores les phénomènes extérieurs, Beethoven rentre en lui-même, et ce sont ses impressions en présence de la nature qu'il nous fait connaître bien plus qu'il ne cherche à imiter la nature elle-même. Il est vrai que Beethoven semblait affirmer le contraire, quand, se promenant avec un ami dans les environs d'Heiligenstadt, il lui disait : « C'est ici que j'ai écrit la scène au bord du ruisseau et là-haut *les loriots, les cailles, les rossignols, les coucous l'ont composée avec moi.* » On citera aussi la danse des paysans dans le scherzo, prise sur le vif, avec ses basses tombant à faux, ou bien l'orage qui eut tant de succès lors des premières exécutions à Paris, et l'on pourra soutenir que la *Symphonie pastorale* est avant tout de la musique pittoresque. Mais il faut bien avouer que le coucou, la caille, le rossignol ne jouent qu'un rôle ·secondaire dans l'ensemble de l'œuvre, ou pour mieux dire que, si le bruit du ruisseau et le chant des oiseaux fournissent des éléments à la symphonie, ces éléments ne sont pas présentés comme intéressants par eux-mêmes, mais ils servent seulement de matière à un merveilleux travail polyphonique, et de cortège aux plus admirables et aux plus expressives mélodies qui se soient jamais épanchées du cœur d'un musicien. C'est pourquoi Beethoven inscrivait sur la partie du premier violon cette note si importante : *Mehr Ausdruck der Empfindung als Malerei* (Plutôt expression du sentiment que peinture). C'est là le point de départ d'une orientation nouvelle dans l'interprétation musicale de la nature. C'est depuis Beethoven qu'on a su faire du paysage en musique un « état d'âme ».

En mai 1810, Beethoven renonce définitivement à tout espoir d'union avec Thérèse de Brunswick. Le voilà de nouveau seul. Mais cette fois il a la gloire et la confiance dans son génie invincible : « Aucun empereur, aucun roi, n'avait une telle conscience de sa force, » dit Bettina Brentano, la célèbre amie de Gœthe. Il la connut en effet à cette époque. « Lorsque je le vis pour la première fois, écrit Bettina, l'univers tout entier disparut pour moi. Beethoven me fit oublier le monde, et toi-même, ô Gœthe... Je ne crois pas me tromper en assurant que cet homme est de bien loin en avance sur la civilisation moderne. » C'est lors de cette première rencontre que Beethoven chante devant Bettina son admirable lied *Trocknet nicht*. Gœthe voulut connaître Beethoven. Ils se virent en effet en 1812 aux bains de Tœplitz, en Bohême, au milieu d'une société très brillante de princes, de littérateurs, d'artistes. Ils ne se comprirent pas.

C'est à Tœplitz que Beethoven écrivit la septième et la huitième symphonie. La *Septième symphonie* est, comme a dit Wagner, le poème de la *Danse*. Beethoven se montre là tout à fait « déboutonné » (*ausgeknöpft*). Dans l'Allemagne du Nord on disait que c'était l'œuvre d'un ivrogne. Weber la jugeait très sévèrement. Dans cette gaîté sauvage de Beethoven, on retrouve ses ancêtres flamands. « Je suis, a-t-il dit, je suis le Bacchus qui broie le délicieux nectar pour l'humanité. C'est moi qui donne aux hommes la divine frénésie de l'esprit. » Le premier et le dernier morceau de la septième symphonie étonnèrent longtemps le public. Mais l'*allegretto* obtint tout de suite un succès considérable. A Paris, on le joua au milieu de la symphonie en *ré*, à la place du *larghetto*.

La *Huitième symphonie* est celle de l'*humour* et de la *fantaisie*. Le géant joue avec innocence à des jeux d'enfant, et de temps en temps il nous rappelle par quelque cri ou quelque geste ses passions et sa force. Beethoven s'amuse à construire l'*allegretto* sur le tic-tac régulier du métronome de Maëlzel, et, là, tout n'est que sourire; mais dans le final au milieu d'une ronde endiablée revient périodiquement ce fameux *ut ♯*, la note d'effroi (*Schreckensnote*), qui ressemble à un mouvement subit de colère du Dieu ou de la force inconnue devant qui tout l'univers tremble. Longtemps la huitième symphonie fut considérée comme une amusette sans importance : on l'appelait « la petite symphonie ». Wagner a contribué plus que personne à lui restituer son véritable rang à côté de la symphonie-sœur, la septième.

L'année 1814 marque le point culminant de la gloire de Beethoven. Au Congrès de Vienne, il reçoit les hommages des princes de toute l'Europe ; il se fait traiter en souverain ; il est le musicien officiel.

Mais voici maintenant tous les soucis et toutes les misères : la *misère matérielle* d'abord. Pendant les dernières années de sa vie, Beethoven souffrit sans cesse du manque d'argent. Depuis longtemps il avait essayé de se faire une situation sûre : en 1808, il avait même songé à quitter Vienne pour accepter les propositions de Jérôme Bonaparte, roi de Westphalie. Ses amis le retinrent, et en particulier trois des plus riches seigneurs d'Autriche : l'archiduc Rodolphe, son élève, le prince Lobkowitz, et le prince Kinsky, qui s'engagèrent à lui payer une pension de 4.000 florins s'il consentait à rester à Vienne. Malheureusement cette pension ne devait pas lui être exactement payée. Le prince Kinsky meurt en 1812, et Beethoven est obligé d'entamer avec la succession un procès qu'il gagne en 1814 mais pendant la durée duquel il ne touche rien des 1.800 florins qui représentaient la contribution personnelle de Kinsky. Lobkowitz, toujours irrégulier dans ses paiements, meurt en 1816, et cette part de la pension (700 florins) est désormais perdue pour Beethoven. En 1818, il écrit : « Je suis presque réduit à la mendicité, et je suis forcé d'avoir l'air de ne pas manquer du nécessaire. » Il dit encore : « La sonate op. 106 a été écrite dans des circonstances pressantes. C'est une dure chose de travailler pour se procurer du pain. » Spohr raconte que souvent il ne pouvait sortir parce qu'il n'avait plus que des souliers troués. Ses œuvres ne lui rapportaient rien. La *Messe en ré* trouva sept souscripteurs. Il recevait 300 ou 400 ducats pour une sonate. Le prince Galitzin lui commandait trois quatuors et ne les lui payait pas. Et Beethoven perdait son temps et ses forces à régler minutieusement ses dépenses et à se disputer avec sa cuisinière.

D'autre part, Beethoven se trouvait dans un état de grande *misère morale*. Il avait perdu ses anciens amis : il en avait fait de nouveaux, mais pour lesquels il avait moins d'affection. En 1816 il écrit : « Je n'ai point d'amis et je suis seul au monde. » Le public commence à se détacher de lui. Vienne est envahie de nouveau par l'italianisme. On nous rapporte ce jugement qui courait alors dans les salons : « Mozart et Beethoven sont de vieux pédants ; la bêtise de l'époque précédente les goûtait ; c'est seulement depuis Rossini qu'on sait ce que c'est que la mélodie. *Fidelio* est une ordure ; on ne comprend pas qu'on se donne la peine d'aller s'y ennuyer. » La surdité de Beethoven était devenue complète ; il ne pouvait plus s'entretenir avec ses semblables que par écrit. Nous avons conservé ses *cahiers de conversation*, dont le plus ancien est de 1816 et qui forment un manuscrit de plus de onze mille pages (Bibliothèque royale de Berlin). Lors de la reprise de *Fidelio* en 1822, Beethoven voulut diriger la répétition générale. « Dès le *duetto* du premier acte, nous dit Schindler, il fut évident qu'il n'entendait rien de ce qui se passait sur la scène. Il retardait considérablement le mouvement, et tandis que l'orchestre suivait son bâton, les chanteurs pressaient pour leur compte. Il s'ensuivit une confusion générale. Le chef d'orchestre ordinaire, Umlauf, proposa un instant de repos, sans en donner la raison ;

et, après quelques paroles échangées avec les chanteurs, on recommença. Le même désordre se produisit de nouveau. Il fallut faire une seconde pause. L'impossibilité de continuer sous la direction de Beethoven était évidente ; mais comment le lui faire comprendre ? Personne n'avait le cœur de lui dire : « Retire-toi, pauvre malheureux ; tu ne peux pas « diriger. » Beethoven inquiet, agité, se tournait à droite et à gauche, s'efforçait de lire dans l'expression des différentes physionomies, et de comprendre d'où venait l'obstacle : de tous côtés, le silence. Tout à coup il m'appela d'une façon impérieuse. Quand je fus près de lui, il me présenta son carnet et me fit signe d'écrire. Je traçai ces mots : « Je vous supplie « de ne pas continuer ; je vous expliquerai à la maison « pourquoi. » D'un bond, il sauta dans le parterre en criant : « Sortons vite ! » Il courut d'un trait jusque chez lui ; il entra et se laissa tomber inerte sur un divan, se couvrant le visage avec les deux mains. Il avait été frappé au cœur, et jusqu'au jour de sa mort il vécut sous l'impression de cette terrible scène. » La nature était son refuge : « Personne sur terre ne peut aimer la campagne autant que moi, disait-il, j'aime un arbre plus qu'un homme. »

De graves *soucis de famille* achevaient de tourmenter Beethoven. Le 14 novembre 1815, son frère Gaspard-Charles-Antoine était mort à quarante et un ans, laissant un fils de huit ans. La veuve était une personne très peu recommandable. Beethoven entreprit de lui disputer le petit Charles, qu'il voulait adopter. Il entama contre elle une série de procès dans lesquels il finit par avoir l'avantage, mais en 1820 seulement. Ce neveu, pour lequel il comptait se dévouer désormais, était une âme médiocre ; il ne sut que causer sans cesse des chagrins à son oncle. Il disait lui-même : « Je suis devenu plus mauvais parce que mon oncle voulait que je fusse meilleur. » Dans l'été de 1826, après mille sottises, il se tire un coup de pistolet : il n'en meurt pas ; mais Beethoven, lui, faillit en mourir. Schindler nous dit qu'il devint tout d'un coup comme un vieillard de soixante-dix ans, brisé, sans force, sans volonté. Il devait succomber quelques mois après.

Du reste, depuis 1816, sa santé était devenue très mauvaise. Pendant l'hiver de 1816-1817, il eut une bronchite qui le retint longtemps au lit. Il en conserva un catarrhe chronique. En 1821, il eut la jaunisse, en 1825 une grave entérite qui ne se guérit jamais complètement.

Au milieu de ses tracas, de ses soucis, de ses chagrins, on comprend que Beethoven ne composât que fort peu ; ses ennemis le prétendaient usé. Il eut en effet une période de profond découragement. Mais, peu à peu, par un sublime effort, il reprend sa tâche d'artiste dans un nouvel esprit, sous une nouvelle inspiration. Ce n'est plus l'orgueilleux Beethoven sentant la toute-puissance de son génie, allant à la conquête de l'univers, fier d'imposer sa pensée musicale à tous et de se faire respecter des grands de la terre comme des plus humbles. C'est un Beethoven définitivement éloigné du monde, retiré en lui-même, ne cherchant plus aucune espèce de succès, cultivant son art sans se soucier d'aucune approbation étrangère, décidément enseveli dans sa souffrance et sa misère, mais résigné, souriant, d'une mélancolie sans révolte, et parfois s'élevant jusqu'à la joie la plus sereine par un prodigieux effort de volonté.

Tout ce renouveau s'annonce vers 1812, aussitôt après la septième et la huitième symphonie avec la *Sonate piano et violon* op. 96. Quel contraste avec les deux symphonies si éclatantes de sonorité, si allègres, si triomphales! De 1812 à 1815 il ne compose qu'une œuvre importante, la *Sonate pour piano* op. 90 (1814), œuvre charmante, très courte, par laquelle il semble revenir à sa précédente manière. Elle est dédiée au comte Lichnowsky, qui, malgré l'opposition de sa famille, avait épousé une actrice. Beethoven intitulait le premier morceau : *Kampf zwischen Kopf und Herz* (Combat entre la tête et le cœur), et le second : *Conversation mit der Geliebten* (Conversation avec la bien-aimée). Comme dans l'*Appassionata*, comme dans les *Adieux*, l'*Absence et le Retour*, dans la plupart des œuvres de Beethoven, une idée poétique, une situation, un sentiment sont le point de départ de l'inspiration ; la musique est de moins en moins un art purement formel ; elle prend une signification de plus en plus profondément humaine. A côté de cela, Beethoven arrangeait des *lieder écossais et irlandais* pour un éditeur de Londres, et il écrivait pour les cérémonies officielles quelques morceaux de circonstance, la *Bataille de Vittoria*, le *Glorieux moment*, etc., qui comptent parmi ses productions les plus médiocres. Evidemment un travail intérieur se faisait en lui qui préparait la superbe éclosion de chefs-d'œuvre dont le style imprévu, l'accent tout nouveau constituèrent sa **troisième manière**.

A ce moment, Beethoven trouve qu' « il a encore trop peu fait pour l'art ». Il méprise ses toutes premières productions (son *Septuor*, son *Quintette* pour piano et instruments à vent), et il veut s'élever bien au-dessus des œuvres de sa maturité. On lui fait des offres tentantes pour l'amener à composer des ouvrages dans son ancienne manière : il les repousse avec indignation. « Voici l'automne de ma vie, dit-il, je veux être semblable à ces arbres féconds qu'il suffit de secouer pour en faire pleuvoir des fruits mûrs et savoureux. » De plus en plus il veut être *simple et sincère*, et, en un sens, *populaire*, si l'on entend par là qu'il veut écrire des œuvres qui, si compliquées, si difficiles d'accès qu'elles puissent paraître, n'expriment rien que les sentiments les plus naïfs et les plus profonds ; il bannit toute recherche, tout raffinement, tout dilettantisme. Le souci de l'architecture passe pour lui au second plan ; « il se délivre, comme dit Wagner, du *péché originel de la forme extérieure* ». Il rejette ce souci étroit de « l'ordonnance régulière et architectonique des rythmes », qui affaiblit « l'esprit intérieur de la musique », de telle sorte que « c'est cette symétrie extérieure seule qui nous saisit, et que nous réduisons nécessairement nos exigences à l'égard de la musique même, en la ramenant uniquement à cette symétrie ». Dès lors Beethoven voudra que tout soit inspiration, mélodie. « La mélodie, dit encore Wagner, a été émancipée par Beethoven de l'influence de la mode et du goût changeant et élevée à un type éternel et purement humain. En tout temps la musique de Beethoven sera comprise, tandis que le plus souvent la musique de ses prédécesseurs ne nous est accessible qu'à l'aide de considérations tirées de l'histoire de l'art. » Il renonce aux formules consacrées, notamment en ce qui concerne la *carrure* et la *cadence*, pour suivre en toute liberté les mouvements de son cœur. Ce mépris des symétries rend évidemment sa musique plus difficile à suivre ; dans la ligne mélodique, on ne trouve pas toujours les alternances, les retours attendus ; le développement n'est pas jalonné par des points de repère frappants. Dans de telles compositions, il y a, sans aucun doute, des symétries, mais plus compliquées, des points de repère, mais moins sensibles ; il y a l'harmonie de la nature, au lieu d'un ordre artificiel. Cet art, qui laissait si peu de place à l'intelligence, qui en faisait une si grande, par contre, au sentiment et à l'instinct, cessait d'être classique pour devenir essentiellement *romantique*. Cependant remarquons bien que le romantisme de Beethoven restera toujours le *romantisme d'un classique*. c'est-à-dire que, quelque liberté qu'il prenne avec les règles, avec les formes consacrées, avec les traditions, il porte en lui le sens ou l'habitude du rythme, de l'équilibre, de l'ordre, il a acquis un « métier » dont il ne saurait se défaire et qui le soutiendra dans ses plus audacieuses tentatives.

De 1815 à 1826, Beethoven a écrit les œuvres peut-être les plus prodigieuses qu'ait jamais conçues le génie humain. Ce sont :

1815.	Deux Sonates pour violoncelle, op. 102.	
1815-16.	Sonate pour piano, op. 101	
1818.	Sonate pour piano, op. 106	
1820.	Sonate pour piano, op. 109	Les cinq dernières sonates pour piano.
1821.	Sonate pour piano, op. 110	
1822.	Sonate pour piano, op. 111	
1822.	Messe en ré, op. 123.	
1823-24.	IXe Symphonie, op. 125.	
1824.	XIIe quatuor, op. 127	
1825.	XVe quatuor, op. 132 Grande fugue, op. 133	
1825-26.	XIIIe quatuor, op. 130	Les six derniers quatuors.
1826.	XIVe quatuor, op. 131 XVIe quatuor, op. 135	

Les deux *Sonates pour violoncelle et piano* op. 102 sont des œuvres rudes, pleines de violence, tournant souvent court. Il faut signaler le magnifique adagio de la seconde, et son final fugué, nouveauté qui va se présenter souvent dans les dernières sonates de piano.

Dans les cinq dernières *sonates pour piano*, Beethoven varie sans cesse les formes de sa composition. Tantôt il introduit une marche à la place du scherzo, tantôt il supprime une des parties constitutives de la sonate, ou il renverse l'ordre habituel des mouvements. Parfois apparaît une fugue libre à laquelle il donne toujours un intérêt dramatique ou de sentiment, et qu'il emploie comme contraste à la méditation, comme marque de décision, comme symbole de l'organisation de la vie et de l'action. Enfin il crée une nouvelle sorte de développement qu'on a appelé la *grande variation* et qui convient admirablement à son dessein de rejeter toute entrave, d'écrire en liberté. La variation classique consistait à broder autour d'un thème toutes sortes d'ornements sous la parure desquels il était toujours facile de reconnaître le motif initial. Dans la grande variation au contraire, le thème subit tellement de transformations qu'il en devient presque méconnaissable : tantôt la ligne mélodique est conservée, mais le rythme profondément modifié, tantôt un fragment de la mélodie sert de point de départ à une inspiration nouvelle ; quelquefois un seul élément rythmique du thème, ou encore sa trame harmonique sans son tissu mélodique, rattache par un lien subtil le motif initial aux improvisations sans cesse renaissantes dont il est l'occasion

Au point de vue de l'expression, Beethoven va, dans ses dernières sonates pour piano, des rêveries les plus

abandonnées aux affirmations les plus volontaires.
Il nous donne encore une fois dans ses œuvres l'image
de sa vie : il nous dit tour à tour sa détresse et son
espoir, il nous montre à nu sa grande âme, toujours
prête à se laisser aller aux sombres pensées et se
reprenant toujours.

De sa *Messe en ré*, Beethoven a dit lui-même que
c'était « son œuvre la plus accomplie ». C'est, en tout
cas, l'une des plus colossales et des plus hardies. En
1818, son élève l'archiduc Rodolphe avait été nommé
au siège archiépiscopal d'Olmütz. Il devait en prendre
officiellement possession le 9 mars 1820 : Beethoven
voulut écrire une messe pour cette cérémonie solennelle, mais en 1820 le tiers de l'œuvre à peine était
mis en partition, tellement les proportions qu'elle
prenait peu à peu dépassaient les prévisions de l'auteur.
Elle ne fut terminée que dans l'été de 1822 et ne fut
envoyée au cardinal-archevêque que le 19 mars 1823.
Dans cette messe, comme dans ses autres ouvrages,
Beethoven a mis tout son cœur. Ce n'est pas qu'il fût
positivement pieux. Catholique, mais non pratiquant,
il avait toujours pris beaucoup de libertés à l'égard des
dogmes de l'Église. Mais il était naturellement religieux. Tout d'abord il avait voulu écrire une œuvre
de caractère nettement liturgique. Dans son journal
de 1818, il note : « Pour écrire de vraie musique d'église,
parcourir les vieux chorals d'église,... chercher aussi
quelque part comment sont les versets, dans les tra-
ductions les plus exactes, avec la prosodie complète
des vieux psaumes et chants de la chrétienté catholique. » Mais il renonça bientôt à suivre la tradition.
Comme il le disait en 1824 à l'organiste Freudenberg
(de Breslau) : « La pure musique d'église devrait être

exécutée seulement par les voix, sauf un *Gloria* ou un texte qui lui ressemble. C'est pourquoi je préfère Palestrina : mais *c'est une absurdité de l'imiter sans posséder son esprit ni ses conceptions religieuses.* » Encore une fois il veut être avant tout sincère, et c'est sa pensée personnelle qu'il veut exprimer. Il en résulte que sa messe a un caractère plus humain que mystique. Ce sont les émotions de l'homme en présence de l'idée religieuse, et surtout ses émotions, à lui Beethoven, qu'il cherche à traduire musicalement ; et de tels accents manquent du caractère anonyme et surnaturel qu'ils doivent avoir pour représenter la parole de Dieu ou la voix de l'Église. C'est une messe de concert.

Jamais aucun travail n'avait absorbé Beethoven comme la composition de la *Messe en ré :* « Dès le début, dit Schindler, tout son être parut se transformer, ce que ses vieux amis surtout remarquèrent ; et je dois avouer que ni avant, ni après cette époque, je ne l'ai vu dans un pareil état de détachement absolu des choses de la terre. » Certaines pages, son *Credo* par exemple, lui coûtèrent une peine inouïe. Il trépignait, hurlait dans le feu de l'invention : on le trouvait chez lui suant sang et eau, livide, décomposé. La *Messe en ré* fut publiée en 1827 par souscription, au prix de 50 ducats. Sept souscripteurs seulement répondirent à l'appel de Beethoven, parmi lesquels l'empereur de Russie, le roi de Prusse et le roi de France. La cour d'Autriche, Cherubini, Gœthe feignirent d'ignorer la requête du vieux maître.

On a dit de la *Symphonie avec chœurs* de Beethoven qu'elle est « l'œuvre de toute sa vie ». Il ébauche le thème du final dès 1795 dans un lied intitulé *Seufzer cines Ungeliebten und Gegenliebe;* il le reprend et le développe en 1808 dans sa *Fantaisie pour piano, chœur et orchestre ;* il en donne en 1810 une nouvelle version dans le lied *Mit einem gemalten Band.* D'autre part, l'idée de mettre en musique l'*Hymne à la joie* de Schiller le préoccupe de bonne heure ; on trouve plusieurs essais sur des thèmes différents dans ses *Cahiers d'esquisses* de 1798, de 1811, de 1814, de 1822. Enfin dès 1816 Beethoven projetait d'écrire pour la Philharmonie de Londres deux symphonies de dimensions inusitées et d'un caractère tout nouveau. En octobre ou novembre 1823, la *Neuvième symphonie* était à peu près terminée, sauf le final. Il pensa un instant à un final purement instrumental, qui devint le dernier mouvement du *Quinzième quatuor* op. 132. Il ne se décida qu'après bien des tâtonnements à introduire l'*Hymne à la joie* de Schiller et les voix humaines à la fin de sa symphonie.

En février 1824, l'œuvre était complètement achevée. Beethoven s'adressa à la société viennoise des « Amis de la musique » pour obtenir son appui financier dans l'organisation d'un grand concert, où il désirait faire entendre des fragments de la *Messe en ré* et la *Symphonie avec chœurs.* Il reçut une réponse négative. Alors il proposa la première audition de ses œuvres nouvelles à la cour de Prusse. Mais un groupe de riches amateurs lui fit parvenir une adresse en le priant « d'épargner cette honte à la capitale et de ne pas permettre que les nouveaux chefs-d'œuvre sortent du lieu de leur naissance avant d'être appréciés par les nombreux admirateurs de l'art national », et ils lui assuraient leur concours financier. Beethoven fut profondément touché. Le concert eut lieu le 7 mai 1824 : ce fut un long triomphe. Le public marquait à tout moment son enthousiasme, et la séance se termina par une ovation délirante.

Ainsi Beethoven avait enfin magnifiquement réalisé ce projet de toute sa vie : célébrer la Joie, la Joie conquise sur la Douleur, la Joie qui affranchit l'homme et le rapproche de Dieu. « Au moment où le thème de la Joie va paraître pour la première fois, dit M. Romain Rolland, l'orchestre s'arrête brusquement ; il se fait un soudain silence ; ce qui donne à l'entrée du chant un caractère mystérieux et divin. Et cela est vrai : ce thème est proprement un dieu. La Joie descend du ciel, enveloppée d'un calme surnaturel : de son souffle léger, elle caresse les souffrances ; et la première impression qu'elle fait est si tendre, quand elle se glisse dans le cœur convalescent, qu'ainsi que cet ami de Beethoven « on a envie de pleurer, en voyant ses « doux yeux ». Lorsque le thème passe ensuite dans les voix, c'est à la basse qu'il se présente d'abord, avec un caractère sérieux et un peu oppressé. Mais peu à peu la Joie s'empare de l'être. C'est une conquête, une guerre contre la douleur. Et voici les rythmes de marche, les armées en mouvement, le chant ardent et haletant du ténor, toutes ces pages frémissantes, où l'on croit entendre le souffle de Beethoven lui-même, le rythme de sa respiration et ses cris inspirés, tandis qu'il parcourait les champs, en composant son œuvre, transporté d'une fureur démoniaque, comme un vieux roi Lear au milieu de l'orage. A la joie guerrière succède l'extase religieuse ; puis une orgie sacrée, un délire d'amour. Toute une humanité frémissante tend les bras au ciel, pousse des clameurs puissantes, s'élance vers la Joie et l'étreint sur son cœur. »

Le prinze Galitzin avait commandé à Beethoven trois *quatuors ;* Beethoven se mit à l'ouvrage, et l'inspiration lui vint si abondante, si variée, si riche, qu'il eut bientôt la matière de six œuvres nouvelles. Depuis quatorze ans (1810), Beethoven avait cessé d'écrire pour quatre instruments à cordes. Ses *derniers quatuors* restèrent longtemps une énigme pour le public et même pour les artistes. De plus en plus on en admire aujourd'hui la grandeur sereine ou la vie passionnée sous l'enveloppe austère d'une merveilleuse polyphonie. Rappelons le tendre *adagio* à 12/8 du XIIe *Quatuor*, écrit d'abord pour une sonate à quatre mains, qui ne fut jamais achevée ; la poignante cavatine du XIIIe dont Beethoven lui-même disait : « Jamais une mélodie sortie de ma plume ne m'a fait un tel effet et causé une si profonde émotion » ; la fugue du début du XIVe; le XVe (avec son chant de reconnaissance à la Divinité par un convalescent), au sujet duquel Beethoven écrivait à son éditeur : « Le quatuor que je vous envoie vous prouvera que je ne veux pas me venger de vos procédés et que je vous donne au contraire ce que je pourrais offrir de meilleur à mon meilleur ami. Je puis vous assurer, sur mon honneur d'artiste, que c'est une des œuvres les plus dignes de mon nom. Si je ne vous dis pas la stricte vérité, tenez-moi pour le dernier des hommes » ; enfin l'andante du XVIe *Quatuor*, le « chant de paix », le « doux chant de repos », qui, selon Nohl, serait la dernière pensée musicale du Maître.

Huit jours avant sa mort, Beethoven écrivait à son ami Moschelès, à Londres : « Toute une symphonie esquissée est dans mon pupitre, ainsi qu'une ouverture, et aussi autre chose. » Nous avons conservé quelques courtes esquisses de cette *Dixième symphonie* qui devait commencer par « des chants religieux dans les anciens modes » et se terminer par « une fête de Bacchus ». D'autre part, Beethoven projetait d'écrire de la musique pour la *Mélusine* de Grillparzer, pour le *Faust* de Gœthe, une ouverture sur le nom de *Bach*, un oratorio biblique, *Saül et David*, sans doute à la manière de Hændel, qu'il admirait beaucoup.

Mais les forces l'abandonnaient. Il rêvait de partir pour le sud de la France : *Südliches Frankreich dahin! dahin!* — « Partir d'ici!... une symphonie, puis partir, partir, partir... L'été travailler pour le voyage... Parcourir l'Italie, la Sicile, avec quelque autre artiste ! » Le 1ᵉʳ décembre 1826, en revenant de Gneixendorf en voiture découverte, il prit froid : une congestion pulmonaire se déclara; elle fut enrayée en six jours; mais survinrent alors des troubles digestifs et de la circulation, et une hydropisie : ce fut une débâcle de tout l'organisme. Le tempérament athlétique de Beethoven résista trois mois. Le 26 mars 1827, il succombait enfin un jour d'orage, pendant une tempête de neige, au milieu des éclats du tonnerre. Son neveu n'était pas auprès de lui : ce fut un étranger, un musicien, Anselm Hüttenbrenner, qui lui ferma les yeux.

Telle fut cette destinée tragique.

Le drame de la vie de Beethoven est passé tout entier dans son œuvre. Nous retrouvons chez la plupart des grands musiciens du xɪxᵉ siècle cette disposition à chercher en eux-mêmes, dans leur histoire personnelle, dans leurs rêves, leurs désirs, leurs craintes, leurs joies et leurs souffrances, la principale matière ou l'objet le plus important de leur art

LECTURES RECOMMANDÉES.

Ouvrages de critique et d'histoire : ROMAIN ROLLAND, *Vie de Beethoven* (Hachette). — RICHARD WAGNER, *Beethoven*, traduction francaise (Fischbacher). — JEAN CHANTAVOINE, *Beethoven*, un volume de la collection des « Maîtres de la musique » (Alcan). — VICTOR WILDER, *Beethoven* (Charpentier). — PRODHOMME, *Les Symphonies de Beethoven* (Delagrave). — H. DE CURZON, *Les lieder et airs détachés de Beethoven* (Fischbacher). — RAYMOND BOUYER, *Le Secret de Beethoven* (Fischbacher). — W. DE LENZ, *Beethoven et ses trois styles* (Fischbacher).

Textes musicaux : BEETHOVEN, *Œuvres*, éditions Breitkopf et Peters. — Un choix de *lieder* a été publié avec traduction française de Jacques d'Offoël (Fromont).

CHAPITRE V

LE LIED, LA MUSIQUE DE CHAMBRE ET LA MUSIQUE SYMPHONIQUE EN ALLEMAGNE AU XIXᵉ SIÈCLE.

A l'époque où Beethoven écrivait ses dernières *Sonates*, la *Messe en ré*, la *Neuvième symphonie* et les derniers *Quatuors*, un autre musicien de génie, Franz Schubert, choisissant la forme si humble du *lied*, produisait dans ce genre, jusque-là dédaigné, de tels chefs-d'œuvre qu'il lui donnait tout d'un coup une importance égale à celle de la symphonie ou de l'opéra.

Le *lied* est essentiellement allemand. Le mot lui-même n'a pas d'équivalent exact en français. Le *lied* est une *chanson*, mais, bien qu'il existe des chansons tristes et des chansons graves, le mot chanson évoque plutôt dans notre esprit l'idée d'une pièce légère ou gaie, il exclut presque l'idée de profondeur. Au contraire le *lied* est aussi souvent, plus souvent peut-être, triste, grave, profond et émouvant, qu'il n'est joyeux ou amusant. Traduire *lied* par *romance*, ce serait encore mal comprendre la variété d'un genre très étendu : la romance est uniquement sentimentale, le lied se prête à toutes les expressions. *Gounod, Massenet* intitulent leurs courtes pièces vocales : *Mélodies*, mais ils semblent indiquer par là que, dans leur pensée, tout l'intérêt de telles œuvres réside dans la ligne mélodique, ou dans la composition musicale, et nullement dans la poésie. Au contraire, ce qui fait l'originalité du *lied* allemand, c'est l'étroite liaison du poème et du chant : ici les paroles ne sont pas qu'un prétexte à musique ; elles doivent occuper l'attention de l'auditeur au même titre que la mélodie, et celle-ci n'a d'autre rôle que de faire ressortir davantage toute la valeur expressive du poème. Aussi, tandis que pour tel de nos musiciens français, toute poésie est bonne à mettre en musique, si médiocre, si pauvre, si creuse soit-elle, nous voyons qu'un Schubert ou un Schumann choisissent les chefs-d'œuvre des plus grands poètes de leur pays pour les commenter musicalement.

Le *lied* est un genre d'origine populaire et long-temps il resta exclusivement populaire. Il commença de prendre rang parmi les genres artistiques vers la fin du XVIII° siècle, grâce à *Hiller* (1728-1804), l'inventeur du *Singspiel*, grâce à *Reichardt* (1752-1814), à *Zelter* (1758-1832), l'ami de Gœthe, fondateur du *Liedertafel*, société chorale d'hommes, pour laquelle il composa un nombre d'œuvres considérable. Mozart intercala des *lieder* dans la *Flûte enchantée* et dans *Cosi fan tutte;* Gluck en publia un recueil en 1770, et Beethoven en écrivit un grand nombre dont plusieurs admirables. Mais c'est seulement avec Schubert que le *lied* prend tout son développement, toute son ampleur, qu'il se prête à toute la variété des sujets poétiques, qu'il devient un poème musical où la fusion des deux arts s'opère d'une façon définitive et parfaite.

**

Franz Schubert est né à Lichtenthal près de Vienne, le 31 janvier 1797, et il est mort à Vienne le 19 novembre 1828, dans sa trente-deuxième année. Son père était maître d'école à Lichtenthal. Il eut dix-neuf enfants, dont neuf moururent en bas âge. Ayant remarqué les dispositions musicales de son petit Franz, il lui donna de bonne heure des leçons de violon, puis, comme il avait remarqué sa jolie voix de soprano, le fit entrer à la chapelle de la cour. Franz fit en même temps ses études au séminaire et prit des leçons de basse chiffrée avec *Salieri*. En 1813, à seize ans, sa voix vint à muer, et il quitta la chapelle en renonçant à une bourse qu'on lui offrit pour lui permettre de continuer à travailler la composition : il avait peu de goût pour les exercices de technique, et d'ailleurs son merveilleux instinct lui permettait de deviner, sans les avoir jamais approfondis, tous les secrets de son art. De 1813 à 1816, Franz demeura près de son père qu'il aidait dans sa tâche d'instituteur. Cependant il écrivait déjà quelques-uns de ses plus beaux *lieder :* *der Erlkönig* (*Le roi des Aulnes*), *Der Wanderer* (*Le voyageur*), *An Schwager Kronos* (*Au postillon Kronos*). En 1817, son ami Franz von Schober l'aide à mener une existence indépendante ; depuis lors il vit du faible produit de la vente de ses œuvres, et des secours que lui donnent ses amis ; il cherche en vain une situation ; jusqu'à la fin de ses jours il reste pauvre, comme Mozart.

Schubert a écrit 457 lieder, dont une centaine sur des poèmes de *Gœthe*, les autres sur des poèmes de *Schiller*, de *Heine*, de *Uhland*, de *Rückert*, etc. Rappelons quelques titres: *Gretchen am Spinnrad* (*Marguerite au rouet*), *Erster Verlust* (*Premier chagrin*), *Der König in Thule* (*Le roi de Thulé*), les chants du harpiste tirés de *Wilhelm Meister*, les chants de *Mignon, Du bist die Ruh* (*Tu es le repos*), *Der Tod und das Mädchen* (*La Mort et la jeune fille*), les deux cycles *Die schöne Müllerin* (*La belle meunière*) et *Die Winterreise* (*Le voyage d'hiver*); et enfin dans le *Schwanengesang* (*Chant du cygne*), recueil posthume, cette série de merveilles inspirées par les vers de Heine : *Liebesbostchaft* (*Message d'amour*), *Ständchen* (*Sérénade*), *Aufenthalt* (*Retraite*), *Der Atlas* (*l'Atlas*), *Ihr Bild* (*Son portrait*), *Die Stadt* (*La ville*), *Am Meer* (*Au bord de la mer*), *Der Doppelgänger* (*Le double*). A côté de ses lieder, Schubert a laissé *huit symphonies* dont une fort belle l'*Inachevée*, en *si mineur;* des *quatuors*, des *trios*, des *sonates* qui contiennent quelques pages remarquables; plusieurs *messes* et une foule d'*opéras* sans valeur.

Bien souvent Schubert nous fait penser à Beethoven. Il lui ressemble par la profondeur de l'émotion, par la puissance d'expression, par la grandeur tragique.

Il est plus poète que Beethoven. En présence d'un texte de Gœthe, il en saisit mieux toutes les nuances ; son âme plus mobile associe à une émotion centrale un plus grand nombre d'impressions variées. En cela il est bien mieux doué que Beethoven pour le lied.

D'autre part, tandis que les cahiers d'esquisses de Beethoven nous le montrent prenant et reprenant sans cesse l'œuvre ébauchée, revenant sur ses essais, les corrigeant, les modifiant, les sacrifiant quelquefois, n'obtenant rien qu'au prix d'un travail acharné, Schubert est par excellence l'improvisateur. Il ne travaille jamais ; son inspiration est intarissable et ignore les retouches : voilà encore un trait de son génie qui le prédestinait au lied. C'est en effet seulement dans des pièces courtes que l'improvisation a beau jeu. On n'improvise pas une symphonie ou un quatuor. Justement dans la musique de chambre et dans la musique symphonique Schubert révèle la faiblesse de son talent de constructeur ; visiblement il improvise encore, mais cette fois sa facilité a les pires inconvénients et trop souvent ses développements ne sont que de longs et ennuyeux délayages. C'est donc dans ses lieder que nous devons chercher Schubert et nous l'y trouverons tout entier.

Chez lui point d'évolution, comme chez Beethoven ; dès le premier jour, il a donné toute sa mesure ; et c'est encore une conséquence de la spontanéité de son génie. Beethoven a conquis de haute lutte la maîtrise dans son art, et il a voulu se renouveler sans cesse. Schubert était né avec tous les dons que réclame le lied ; il ne pouvait rien conquérir de plus ; et d'ailleurs il cultivait le genre musical dans lequel il est le moins nécessaire ou même le moins possible de se renouveler.

Schubert est romantique autant et plus que Beethoven ; le sentiment de la nature est chez lui plus développé ou du moins plus affiné ; en présence de la mer, du fleuve, de la montagne, il éprouve des impressions infiniment plus nuancées. Beethoven semble aimer la campagne d'un amour un peu général et indifférent aux circonstances particulières ; chaque paysage devait produire sur Schubert un effet différent, si nous en jugeons par la diversité des descriptions que nous rencontrons dans ses lieder : il n'est pas rare en effet qu'un accompagnement pittoresque leur donne un cadre, ou du moins comme une atmosphère matérielle. Du reste, chez Schubert comme chez Beethoven, la description ne prend jamais la première place ; elle se subordonne à l'expression ou même se fond avec elle.

Schubert a un sens du fantastique que ne possédait pas Beethoven. On peut sur ce point comparer le *Roi des Aulnes* de Schubert avec l'esquisse d'un lied que Beethoven avait tenté de composer sur le même poème. Beethoven comprend admirablement le drame, mais il laisse échapper toute la poésie des visions surnaturelles que Gœthe nous dépeint. Schubert est aussi dramatique que Beethoven ; il est même plus scénique, car le galop du cheval, le vent dans les arbres, la tempête, tout le décor et toute l'action sont merveilleusement traduits par sa musique; mais à tous ces moyens de nous émouvoir ajoutons encore un certain caractère mystérieux dans l'accent vocal et dans le coloris instrumental, qui nous aide à évoquer les apparences hallucinatoires et les cauchemars fiévreux d'un enfant malade, le monde des fées et des mauvais génies : voilà ce que tout l'art de Beethoven est impuissant à rendre.

Schubert est le maître du lied : jamais il ne fut encore dépassé, ni même égalé. Notons en outre qu'il inventa un genre absolument nouveau en transportant le lied dans le domaine de la musique instrumentale, et en écrivant pour le piano ces petites pièces qu'il intitula *Moments musicals* (*sic*) ; ce sont les premiers échantillons de ces *Lieder ohne worte* (*Romances sans paroles*), dont, sous ce titre ou sous d'autres, les *Schumann* les *Mendelssohn*, les *Brahms* ont adopté la forme, créant ainsi une foule de délicieux poèmes en miniature.

*
* *

Robert Schumann est né à Zwickau, en Saxe, en 1810. Il est mort près de Bonn, en 1856. Il était le fils d'un libraire, qui ne s'opposa pas à sa vocation musicale. Il perdit son père en 1826, et pour faire plaisir à sa mère, il se fit inscrire à l'Université de Leipzig comme étudiant en droit. En même temps il travaillait le piano sous la direction de Friedrich Wieck. A partir de 1830, à l'âge de vingt ans, il se consacre à la musique seule. Jusque-là, il ne songeait qu'à devenir un grand virtuose. Mais il lui arriva un accident qui le priva de l'usage d'un doigt ; il dut renoncer à la carrière de pianiste.

Il fit de la critique musicale : en 1834 il fonda la *Neue Zeitschrift für Musik*, dans laquelle il défendit les opinions des jeunes musiciens « avancés » contre la routine des esprits conservateurs et le mauvais goût des « Philistins ». Il eut le mérite de signaler plus tard à l'attention des connaisseurs le génie naissant de *Chopin* et la curieuse personnalité de *Brahms*.

D'autre part, Schumann se mettait à la composition, et il débutait par une série d'œuvres pour le piano (toutes ses compositions du n° 1 au n° 23). Cette musique fut jugée trop difficile et trop obscure par le grand public. Schumann n'eut de succès que dans un tout petit cercle d'amis.

Cependant il s'était épris de la fille de son ancien maître, Clara Wieck, et il voulait l'épouser ; mais il avait une situation encore trop incertaine, et il n'obtint sa main qu'en 1840, malgré l'opposition du père. Il venait de se faire recevoir docteur en philosophie à l'Université d'Iéna. L'amour de Schumann pour Clara Wieck lui inspira ses premiers *lieder* et l'amena ainsi à prendre conscience de ses remarquables aptitudes pour un genre dans lequel il devait écrire quelques-uns de ses plus merveilleux chefs-d'œuvre.

A partir de 1841, il aborde la *symphonie* et la *musique de chambre*, puis il écrit des poèmes symphoniques avec voix et orchestre comme le *Paradis et la Péri*, la *Vie d'une rose*, *Faust* ; de la musique de scène pour le *Manfred* de Byron, une *Messe* et même un opéra, *Genoveva*, représenté en 1848 à Leipzig avec peu de succès.

En 1843, il avait été nommé professeur au Conservatoire de Leipzig, mais il abandonna cette situation dès l'année suivante. En 1850, il obtint le poste de directeur de la musique de la ville de Dusseldorf. Mais les atteintes du mal auquel il devait succomber et dont les premiers symptômes s'étaient manifestés en 1833 et en 1845, devinrent beaucoup plus graves en 1852 : une maladie cérébrale se déclarait. Le 6 février 1854, il fut pris d'un accès de folie et alla se jeter dans le Rhin. On le sauva ; mais il fallut l'enfermer dans une maison de santé, où il finit misérablement ses jours.

Comme Schubert, Schumann était né pour le lied. Comme lui, il était poète. Comme lui, il avait cette spontanéité, cette rapidité d'inspiration qui convient aux œuvres où la construction n'est rien, où la justesse de touche et la richesse d'imagination sont tout. Il possédait une culture littéraire très développée que n'avait pas Schubert, qui l'aida souvent à pénétrer finement dans le détail ou les nuances de la pensée d'un Gœthe, d'un Schiller, d'un Heine. Son art est d'un homme plus raffiné, plus soucieux du fini, plus méticuleux que Schubert. Il n'en a pas non plus la puissance écrasante. Mais il est tout aussi pénétrant, et il arrive aux mêmes effets tragiques par d'autres moyens. Ce n'est pas la nature généreuse et la riche expansion de Schubert. Schumann est concentré, son style est net, précis, ses phrases courtes, resserrées. Son expression est tout « intérieure » (*innig*) : il laisse de côté la description de la nature ou du surnaturel, tout se transpose chez lui en pur sentiment : le décor, est absent. Jamais sa musique n'est théâtrale ; elle ne saurait être goûtée en dehors d'un cadre tout à fait intime. Et même aucun interprète rendra-t-il jamais l'impression profonde que donne la simple lecture de *Dichterliebe* (*Amour de poète*) ou de *Frauenliebe und Leben* (*Amour et vie de femme*)?

Schumann a inventé des procédés nouveaux de notation psychologique. Dans les lieder de Schubert le piano joue le plus souvent le rôle modeste d'accompagnateur, et il dit rarement autre chose que le chant, à moins qu'il ne développe le côté pittoresque du poème. Schumann divise son commentaire de la poésie qu'il met en musique entre le chant et le piano : la voix humaine et l'instrument dialoguent entre eux, et souvent la partie la plus importante n'est pas pour le chanteur ; il arrive même à Schumann, dans la conclusion de *Dichterliebe*, d'abandonner complètement la voix pendant une page entière, comme si elle devenait incapable d'exprimer toute l'émotion qui déborde de son cœur, et il se laisse aller à une méditation passionnée pour le piano seul, qui est peut-être le point culminant de l'œuvre ; à ce moment le drame intérieur ne peut plus s'exprimer par des mots ; la musique sans parole a seule l'éloquence nécessaire. D'autre part, dans ses *Liederkreise* (cycles de mélodies), *Dichterliebe*, *Frauenliebe und Leben*, Schumann enchaîne les uns aux autres une série de lieder qui forment un ensemble profondément unifié : ainsi se déroule, comme en une suite d'images ou plutôt d'impressions sentimentales, tout un drame de passion, toute une vie même, dans son reflet poétique.

A côté de ses lieder, les *œuvres pour piano* de Schumann ont une importance considérable : il introduit dans ce domaine la fantaisie, le caprice, qui n'y avaient jamais eu jusque-là une si large place, et son âme rêveuse y chante le charme du soir, ou les jeux innocents de l'enfance, ou bien la joie et la douleur d'aimer.

Dans sa *musique de chambre* et *sa musique symphonique* Schumann est tout à fait respectueux de la forme classique, mais le contenu thématique et sentimental en reste romantique, et il y a là une opposition un peu déconcertante. Ajoutons que sa façon de développer est souvent scolastique et sèche : la répétition des mêmes rythmes tourne parfois à l'obsession. Mais la qualité des idées fait vite oublier quelques faiblesses dans la mise en œuvre : les *trios* et les *quatuors*, le *quintette*, les *symphonies* renferment quelques-unes des plus belles pages que Schumann ait jamais écrites.

Ses ouvrages pour les voix et l'orchestre sont inégaux. Le *Faust* est une des plus profondes interprétations de la pensée de Gœthe.

.*.

Félix Mendelssohn, né à Hambourg en 1809, mort à Leipzig en 1847, nous donne l'exemple des inconvénients d'une trop grande facilité et d'une vie trop heureuse. Il était le petit-fils du philosophe Moses Mendelssohn, et le fils d'un riche banquier. Dès sa petite enfance, ses dispositions extraordinaires pour la musique se manifestèrent, ainsi que celles de sa sœur Fanny. A neuf ans, en 1818, il jouait en public pour la première fois. Dans la maison de son père il dirigeait un orchestre et faisait exécuter de petits opéras de sa composition. Plus tard il découvre J.-S. Bach, et s'enthousiasmant pour le vieux cantor, organise en 1829 un grand concert pour faire entendre la *Passion selon saint Mathieu.* Il eut le mérite de comprendre les anciens et de répandre la connaissance de leurs œuvres. En revanche il resta toujours insensible à l'art si pénétrant de son ami Schumann. En 1829, Mendelssohn fit un voyage en Angleterre qui lui valut immédiatement une célébrité universelle. Il avait tout ce qu'il fallait pour plaire aux Anglais, la clarté, l'ordre, l'élégance, la distinction, le sérieux. Il va dès lors de succès en succès. En 1835, il est nommé chef d'orchestre des concerts du Gewandhaus, à Leipzig. En 1843, il fonde un Conservatoire dans cette même ville. Il se marie en 1837 et meurt en 1847 quelques mois après sa sœur Fanny.

Mendelssohn a écrit des cantates ou oratorios, *Paulus* (1836), *Elias* (1847), cinq *Symphonies*, des *ouvertures*, de la musique de scène pour *Antigone*, *Athalie*, le *Songe d'une nuit d'été*, un nombre considérable de morceaux de *musique de chambre*, de *musique de piano* et de *lieder*. De son vivant il fut admiré à l'égal des plus grands maîtres. Il est de mode aujourd'hui de lui refuser toute valeur. Nous tâcherons d'observer la juste mesure et d'être équitable.

Mendelssohn a certainement de grands défauts : il « imite » avec une facilité déplorable : il fait du Bach ou du Hændel comme il veut, et même sans le vouloir. Il a un penchant funeste pour les expressions sentimentales superficielles; il abuse des formes mélodieuses ; il développe trop longuement. Mais il faut reconnaître la grâce, le charme, l'élégance de son écriture ; il est surtout remarquable dans les morceaux légers, dans les scherzos ; sa note originale est un certain romantisme pittoresque : dans les danses des elfes, il est de premier ordre. Ses qualités mêmes sont, il est vrai, un peu banales, quoique chez lui elles soient élevées au plus haut degré. Nous sommes vite fatigués de cette langueur ou de cette aimable fantaisie ; nous réclamons des émotions plus fortes, ou des jeux plus savants.

Contrairement à ce qui se passa pour Mendelssohn, l'intérêt qui s'attache aux œuvres et à la personne de Franz Liszt va sans cesse grandissant, et nous nous apercevons tous les jours un peu mieux de la place énorme que cet artiste occupe dans l'histoire de la musique au xixᵉ siècle.

Franz Liszt est né à Raiding, en Hongrie, le 22 octobre 1811, et mort à Bayreuth, le 31 janvier 1886. Il fut d'abord un admirable pianiste qui émerveilla successivement les Viennois et Beethoven lui-même, les Parisiens, les Anglais, enfin l'Europe entière. Mais la composition l'attirait. Il fit représenter en 1825 un acte, *Don Sancho*, à l'Opéra de Paris. Ce fut surtout quand il connut Berlioz que ses tendances artistiques se précisèrent; il s'enthousiasma pour la musique et pour les idées de l'auteur de l'*Épisode de la vie d'un artiste*, et il devint le partisan le plus acharné de la musique poétique et descriptive, de la musique à programme. En même temps il reprenait les idées déjà exposées par Fétis en 1832 et soutenait que la tonalité moderne devait se constituer par l'abolition de l'ancienne notion du ton, qui enfermait la mélodie et tous les développements dans des bornes trop étroites ; il voulait qu'aucun accord ne fût en réalité étranger à une tonalité donnée, si éloigné qu'il en pût paraître, et supprimait toutes les transitions exigées par les anciennes règles de la modulation. Il appliqua ses principes dans ses œuvres de piano, et surtout dans ses poèmes symphoniques : *Tasso*, *Orpheus*, *Prometheus*, *Mazeppa*, *Festklänge*, *Dante*, *Eine Faustsymphonie*, etc. Ce sont des compositions extrêmement curieuses, non pas tant par leur valeur intrinsèque que par tout ce qu'elles promettent pour l'avenir. Les thèmes sont souvent vulgaires ou plats, les développements décousus ou creux. Mais, malgré tout, il y a dans ces ouvrages bizarres du feu, du mouvement, et une foule d'inventions de détail, soit harmoniques, soit orchestrales, soit même mélodiques, qui annoncent directement Wagner, et d'une façon plus ou moins lointaine les impressionnistes russes et M. Debussy. Franz Liszt a exercé une influence considérable sur son époque non seulement par ses compositions musicales, mais aussi par sa parole et par ses actes. Il a été en relations avec tous les grands artistes de son temps, et l'on peut dire qu'il leur a été utile à tous. Il fut l'ami intime, l'ami profondément dévoué de Richard Wagner, qu'il secourut dans des heures difficiles, à qui il donna comme femme l'une des trois enfants qu'il avait eues de sa liaison avec la comtesse d'Agout (connue sous le pseudonyme de Daniel Stern), sa fille Cosima. De

1847 à 1859 il groupe autour de lui, à Weimar, où il
était chef d'orchestre de la cour, tous les artistes de
la jeune école allemande, *Raff*, *Bülow*, *Tausig*, *Cor-
nélius* (1824-1874) l'auteur du *Barbier de Bagdad*
(1858). Quand il quitta Weimar pour Rome (1861),
des élèves, des admirateurs enthousiastes le suivirent.
Partout où il allait, il cherchait à féconder les talents,
et il luttait pour le triomphe des plus nobles causes
artistiques.

En 1865 il avait reçu les ordres mineurs ; devenu
abbé, il composa surtout de la musique religieuse, et
il finit ses jours comblé d'honneurs et de gloire.

*
* *

Johannes Brahms (1833-1897) ne regarde pas comme
Liszt vers l'avenir ; comme Mendelssohn il revient
vers le passé, il s'attache étroitement aux traditions
classiques ; dans une langue très choisie, très sobre,
très correcte, il exprime sa personnalité, autrement
intéressante, autrement originàle, il faut le dire, que
celle de Mendelssohn.

Johannes Brahms était le fils d'un contrebassiste de
Hambourg. Il passa la plus grande partie de sa vie à
Vienne, sans qu'aucun événement remarquable soit
venu troubler son existence calme et paisible. Il
ne se maria pas. Il détestait le monde et ne se plaisait qu'au milieu de quelques amis habitués à sa brus-
querie et à sa rude franchise.

Son œuvre est considérable : quatre *symphonies*,
quatre *concertos*, plusieurs *cantates* dont *Ein Deutsches
Requiem* (1868), qui consacra sa réputation, *Rinaldo*,
Nänie, deux *sextuors* et deux *quintettes* à cordes, un

quintette pour clarinette et cordes, un *quintette* et trois *quatuors* avec piano, deux *sonates* pour clarinette, trois pour violon, une foule de morceaux de piano dont trois *sonates* et les délicieux *intermezzi*, les *valses* et les *danses hongroises*, un grand nombre de *lieder* et de *chœurs*.

Brahms est de tous les compositeurs allemands le plus purement allemand. Il l'est plus que Bach, que Beethoven, que Schubert même. Et c'est pourquoi il nous échappe si facilement. Instinctivement nous cherchons en lui de quoi satisfaire notre goût français, au lieu de faire effort pour entrer dans une pensée qui nous est étrangère. Aussi, tandis que, pour la plupart des Allemands, Brahms compte parmi les plus grands compositeurs modernes, en France il passe généralement pour un musicien de second ordre, parfois agréable, rarement grand, souvent ennuyeux.

Il est vrai qu'il a un peu trop écrit ; toutes ses compositions ne se valent pas ; plus que tout autre de ses compatriotes il abuse, surtout dans ses lieder, d'une certaine sentimentalité fade qui nous agace ; il est parfois emphatique et pompeux, ou bien un peu trop scolastique. Mais des lieder comme *Feldeinsamkeit* (*Solitude champêtre*), comme *Wie bist du, meine Königin, durch sanfte Güte wonnevoll*, comme *Ruhe, Süssliebchen, im Schatten*, ou comme *Von ewiger Liebe* (*D'un amour éternel*) sont d'un charme pénétrant et d'une expression très émouvante.

Toutes les fois que Brahms s'est inspiré de thèmes hongrois dans sa musique de chambre, il a été particulièrement heureux, et son style prend alors une couleur inimitable.

Il a une invention admirable dans les rythmes,

qu'il varie de mille manières, et aucun compositeur peut-être n'en a découvert de plus subtils ni de plus fuyants.

Il réussit merveilleusement les effets de demi-teinte, de grisaille : à cet égard les deux premières *Sonates de violon* sont tout à fait incomparables : c'est d'un art si discret et pourtant si touchant !

En somme Brahms possède un ensemble de qualités qui sont bien à lui, et sa musique est de celles dont on reconnaît sans hésiter l'auteur. Il restera, à côté de Schubert et de Schumann, ou un peu derrière eux, comme l'un des plus délicats poètes-musiciens du xixe siècle.

* *

Anton Bruckner (1824-1896), fils d'un maître d'école d'Ansfelden (Haute-Autriche), commença par apprendre tout seul le métier de musicien et devint un contrapuntiste remarquable et un excellent organiste. Les débuts de sa vie furent très pénibles. Enfin, en 1855, il fut nommé organiste de la cathédrale de Linz. Il continua dès lors ses études de composition sous la direction de Sechter et de Otto Kitzler, et il finit par obtenir le poste d'organiste de la chapelle de la Cour, à Vienne. Outre un *quintette* à cordes, une *cantate* et trois *messes*, Anton Bruckner a écrit *huit symphonies* dans un esprit qui est tout l'opposé de celui de Brahms. Il cherche les harmonies rares, les contrastes violents, transporte dans la musique de concert les procédés de l'art wagnérien, échafaude des constructions immenses et bizarres, donne enfin l'impression d'un effort un peu désordonné qui manque bien souvent son but. Et pourtant il y a dans cet art

très chargé de la grandeur et de la bonté. On regrette
que Bruckner soit à peu près inconnu en France.

*
* *

Hugo Wolf (1860-1903) fut un ami d'Anton
Bruckner, qui, devenu vieux, réunissait autour de lui
tous les jeunes musiciens épris de nouveauté. Né à
Windischgraz, en Styrie, fils d'un corroyeur musicien,
Hugo Wolf était persuadé qu'il avait dans les veines
quelques gouttes de sang latin, et il aima toujours les
grands musiciens français.

Hugo Wolf s'est formé à peu près seul. Il entra en
1875 au Conservatoire de Vienne, mais il n'y resta que
deux ans et se fit renvoyer pour son indiscipline. Dès
lors (il avait dix-sept ans) il n'eut d'autre maître que
lui-même. Il travailla avec une énergie indomptable
au prix de mille privations, de mille souffrances
dans une situation tout à fait misérable. Il lut non seulement tous les grands musiciens, et surtout Wagner
dont il subit profondément l'influence, mais les écri-
vains allemands et français Gœthe, Henri de Kleist,
Grillparzer, Hebbel, Rabelais, Claude Tillier. Après
quelques essais de jeunesse, dont un *quatuor à cordes*
(1879-1880) dans lequel on sent déjà sa grande âme
volontaire, souffrante et passionnée, il se mit à faire
de la critique musicale. En 1888, après la mort de
son père, son génie se manifesta tout d'un coup
par une production extraordinairement abondante :
en trois mois il composa cinquante-trois lieder
sur des poésies d'Eduard Mörike. Il écrivait à un
ami : « Il est maintenant sept heures du soir, et je
suis heureux, aussi heureux que le plus heureux des

rois. Encore un nouveau lied ! Mon cœur, si tu l'entendais !... le diable t'emporte de plaisir ! » — « Encore deux nouveaux lieder ! Il y en a un qui sonne si horriblement étrange que cela me fait peur. Rien de pareil n'existait encore. Dieu assiste les pauvres gens qui l'entendront un jour ! » — « Si vous entendez le dernier lied que je viens de faire, vous ne pouvez plus avoir qu'un désir dans l'âme : mourir... Votre heureux, heureux Wolf. » Puis il met en musique du Gœthe, des poésies d'Eichendorff, des poésies espagnoles traduites par Heyse, des poésies de Gottfried Keller, des poésies italiennes traduites par Geibel et Heyse. De 1888 à 1890 il avait composé environ deux cents lieder et il s'écriait fièrement : « Ce que j'écris maintenant, je l'écris pour l'avenir... Depuis Schubert et Schumann, il n'y a rien eu de semblable !... »

Puis, tout à coup, la veine se tarit ; le génie de Wolf n'a plus rien à dire, et le malheureux se désespère : « Je ne peux plus me figurer ce que c'est qu'une harmonie et une mélodie, et je commence presque à douter que les compositions qui portent mon nom soient vraiment de moi... Priez pour ma pauvre âme !.... Le ciel donne à chacun un génie tout entier, ou pas de génie du tout. L'enfer m'a donné tout à demi ! »

A la fin de novembre 1891 l'inspiration revient : Wolf écrit de suite quinze lieder italiens. En décembre tout se tait, et c'est de nouveau le silence pour cinq années. « Je crois bien fermement que c'est fini de moi, » écrit Wolf.

En 1895 la voix intérieure parle de nouveau. Il compose en trois mois un opéra-comique, le *Corregidor*, sur une nouvelle espagnole de don Pedro de

Alarcon, adaptée par Mme Mayreder ; puis vingt-deux lieder du deuxième volume de l'*Italianisches Liederbuch*. Il commence à mettre en musique des poésies de *Michel-Ange*, et un opéra nouveau, *Manuel Venagas*. Tout d'un coup, le 20 septembre 1897, la folie vient, le surprend au milieu de son travail, et l'abat. L'année suivante on put espérer la guérison, mais il retomba bientôt et définitivement. La paralysie générale se déclara; il traîna quelques années encore et mourut le 16 février 1903.

De son vivant Wolf avait été tourné en ridicule : sa musique ne se vendait pas et, sans la générosité discrète de quelques amis, il n'aurait pu suffire à ses besoins. Aussitôt qu'il fut mort, la gloire lui vint. Du jour au lendemain, changeant d'attitude, les artistes, les critiques, les instituts officiels célébraient à qui mieux mieux son génie.

Il n'est pas dans l'histoire de l'art de destinée plus tragique. Il n'est pas non plus de musique plus âpre, plus profondément désespérée que celle de Hugo Wolf. L'ironie, la colère, l'amertume et le dégoût, l'orgueil, la force, la volonté de vivre et d'être soi, voilà ce que ce grand musicien exprime admirablement dans ses lieder, et avec une puissance que les seuls Beethoven et Schubert ont égalée. Il est moins personnel quand il chante l'amour ou la joie. Mais toujours il traduit la pensée des poètes avec une souplesse, une ntelligence, une variété qui font de lui, selon son critique G. Kühl, « le plus profond psychologue qu'ait eu la musique allemande depuis Mozart ». Son *Prométhée*, ses *Gedichte von Mörike*, qui, en Allemagne, sont sur les pianos des plus pauvres maisons à côté des lieder de Schubert, les lieder de

Wilhelm Meister, le *Spaniches* et l'*Italianisches Liederbuch*, enfin les *Michel-Angelo Gedichten* contiennent quelques-unes des pages les plus humaines qui aient jamais été écrites en musique. Qu'on en juge seulement par le chant de mort que Wolf composa sur ces belles paroles de Michel-Ange (1):

> Alles endet, was entstehet
> Alles, alles rings vergehet.
> Menschen waren wir ja auch
> Froh und traurig, so wie Ihr.
> Und nun sind wir leblos hier
> Sind nur Erde, wie Ihr sehet.
>
> Tout finit, tout ce qui est né.
> Tout, de tous côtés, s'en va.
> Nous étions aussi des hommes
> Joyeux et tristes, comme vous ;
> Et maintenant nous sommes sans vie.
> Nous sommes seulement de la terre, comme vous voyez.

* *

Nous voici arrivés à la période tout à fait contemporaine de l'histoire de la musique allemande. Il nous devient bien difficile d'apprécier un mouvement artistique très complexe dont c'est à peine si quelques échos arrivent jusqu'à nous. Nous citerons quelques noms parmi les plus connus : **Gustav Mahler**, né en 1859 à Kalischt (Bohême), élève d'Anton Bruckner, auteur de *huit symphonies* mêlées de chant, cons-

(1)
> Chiunque nasce a morte arriva
> Nel fuggir del tempo, e'l sole
> Niuna cosa lascia viva...
> Come voi, uomini fummo,
> Lieti e tristi, come siete ;
> E or siam, come vedete,
> Terra al sol, di vita priva.

tructions énormes où tous les styles se rencontrent et s'amalgament, sans se fondre (la dernière est écrite pour deux orchestres, trois chœurs, un double quatuor vocal, en tout mille exécutants) ; **Ludwig Thuille**, né à Bozen (Tyrol) en 1861, auteur de *lieder*, d'un *sextuor* pour piano et instruments à vent, de *sonates* piano et violon, de *symphonies ;* **Max Reger**, né en 1873 à Brand, dans le Palatinat bavarois, qui s'est consacré tout particulièrement à la musique de chambre et qui a composé, avec un talent fin, délicat, ingénieux et une recherche peut-être exagérée des subtilités contrapuntiques, deux *sonates* piano et violon, deux *sonates* piano et violoncelle, six *sonates* pour violon seul, un *quatuor* et un *trio* à cordes, une *sérénade* pour flûte, violon et alto, des *variations* pour piano seul et un album intitulé *Aus meinem Tagebuche*, une *sonate*, des *préludes* et *fugues* pour l'orgue.

Mais la personnalité qui domine ici toutes les autres est celle de M. **Richard Strauss**. M. Romain Rolland a dépeint « sa silhouette haute et maigre, aux gestes saccadés et impérieux, sa figure pâle, un peu fiévreuse, les yeux singulièrement clairs, vagues et fixes à la fois, une bouche d'enfant, la moustache d'un blond presque blanc, des cheveux frisottants formant une couronne au-dessus des tempes dégarnies, le front rond et gonflé ». M. Richard Strauss est né à Munich le 11 janvier 1864. Fils d'un musicien d'orchestre, il donna de très bonne heure des preuves de sa vocation musicale. Il fut d'abord nourri de classiques. Un de ses amis, *Alexandre Ritter*, auteur de deux opéras : *Fauler Hans* et *Vem die Krone ?* lui révéla Liszt et Wagner, et la « musique de l'avenir ». D'autre part, un long voyage qu'il dut faire en Italie pour sa santé en 1892 eut une influence considérable sur le développement de son génie : il prit en aversion le Nord, « l'horrible gris sur gris du Nord, les idées fantômes sans soleil » (Nietzsche) ; et, à la façon de Nietzsche, il rêva « d'une musique plus profonde, plus puissante, peut-être plus méchante et plus mystérieuse, d'une musique supra-allemande, qui, à l'aspect de la mer bleue et voluptueuse et de la clarté du ciel méditerranéen ne s'évanouisse, ne pâlisse et ne se ternisse point ». Il voulut retrouver la naïveté, la variété, la vivacité d'impression du méridional. Ame de poète autant que de musicien, et de penseur nourri de la philosophie nietzschéenne, il écrivit une série de *poèmes symphoniques* où il traduit avec une exubérance extraordinaire son romantique pessimisme, son ironique mépris des hommes, et son orgueilleux individualisme.

Wanderers Sturmlied (1885), *Aus Italien* (1886) (souvenir d'un premier et très court séjour en Italie), *Macbeth* (1887), *Don Juan* (1888) ne sont que des essais.

Tod und Verklärung (*Mort et Transfiguration*) (1889) est l'histoire d'un malheureux qui, sur son lit de mort, repasse dans son esprit toutes les heures joyeuses ou tristes de sa vie, pense au rude combat qu'il a mené pour atteindre son idéal, voudrait continuer la lutte et croit la poursuivre encore, lorsque la mort l'abat. Alors c'est le repos, la rédemption et la transfiguration.

Till Eulenspiegel's lustige Streiche, nach alter Schelmenweise, in Rondeauform (*Plaisantes farces de Till l'Espiègle*, d'après une ancienne légende, en forme de rondeau, 1894) forment une œuvre très logiquement construite malgré son apparence extraordinairement fantaisiste et son programme décousu.

Also sprach Zarathustrâ, tondichtung frei, nach Nietzsche (*Ainsi parla Zarathustra*, composition libre d'après Nietzsche, 1895) nous raconte l'évolution d'un esprit libre qui cherche en vain à résoudre l'énigme de la vie par la foi religieuse, puis s'abandonne à ses passions, jusqu'à ce que l'image de la mort ramène en lui sa première inquiétude ; il demande alors à la science la clef du mystère de l'existence, trouve enfin la paix dans le rire et la danse, et s'enfuit,. en nous laissant dans la nuit de nos doutes.

Don Quixote, fantastische Variationen über ein Thema ritterlichen Charakters (*Don Quichotte*, variations fantastiques sur un thème de caractère chevaleresque, 1897) malgré la prodigieuse vituosité du compositeur, finit bien vite par nous lasser : c'est une musique trop uniquement narrative, et qui n'a plus d'intérêt proprement musical.

Heldenleben (*Vie de héros*, 1898) chante les travaux, les combats, les défaites, la victoire enfin de l'artiste qui veut s'élever au-dessus de la foule et qui ne la domine que du jour où il la méprise et dédaigne ses applaudissements : c'est de sa propre vie que Strauss nous donne ici un tableau d'une magnifique puissance.

La *Sinfonia domesticà* (1905) nous dépeint Strauss lui-même dans sa maison entre « sa chère femme et son garçon ». — « Je ne vois pas, disait Strauss, pourquoi je ne ferais pas une symphonie sur moi-même. Je me trouve aussi intéressant que Napoléon ou Alexandre. » Cette fois il y a un contraste choquant entre l'insignifiance des scènes d'intérieur que Strauss veut représenter et l'appareil orchestral formidable qu'il emploie pour les décrire. Fallait-il consacrer une symphonie à ces « scènes d'enfant » ?

L'art de Strauss est très mêlé. Les mélodies les plus banales, les plus vulgaires, qui rappellent le plus mauvais *Puccini*, y sont associées aux harmonies les plus subtiles et les plus bizarres, à une orchestration d'une variété, d'un coloris merveilleux ; elles servent de matière à un travail polyphonique digne d'un Bach ou d'un Wagner. La volupté et la mollesse italiennes voisinent avec la sévérité énergique de l'art germain. C'est une musique à programme ; et cependant elle s'enferme dans les cadres classiques ; elle développe ses thèmes sous la forme du rondeau, des variations ou de la sonate-symphonie. « Vous n'avez pas besoin de lire le programme, dit Richard Strauss lui-même à propos de *Heldenleben*. Il suffit de savoir qu'il y a là un héros aux prises avec ses ennemis. »

Dans ces œuvres de force réfléchie, de volonté intelligente, plutôt que d'instinct et de sentiment, la force elle-même et la volonté s'abandonnent souvent. C'est impérieux, victorieux et las. Richard Strauss reflète admirablement l'âme allemande contemporaine, orgueilleuse et fatiguée de trop de succès, encore soucieuse de ses traditions morales,. mais prête à toutes les déchéances, affectant la vertu et ne songeant qu'au plaisir, se raidissant encore dans un dernier effort pour « être », et retombant lourdement dans la frivolité, dans le vide.

*

Le grand art profond et intérieur, l'art symphonique, l'art de la musique de chambre et du lied, cet art dans lequel les Allemands étaient depuis si long-temps passés maîtres, ils semblent l'oublier désormais. De plus en plus ils préfèrent de grandes constructions théâtrales, toutes en façade, ou bien des amusettes. Et ce sont les Français d'à présent qui écrivent de la musique sérieuse, de la musique intérieure, de la musique profonde, — qui ennuie les Allemands.

LECTURES RECOMMANDÉES.

Ouvrages de critique et d'histoire : H. DE CURZON, *Les lieder de Franz Schubert* (Fischbacher). — ROBERT SCHUMANN, *Ecrits sur a musique et les musiciens* (Fischbacher). — ERNEST DAVID, *Schumann* (Fischbacher). — CAMILLE BELLAIGUE, *Mendelssohn*, collection des « Maîtres de la Musique » (Alcan). — LISZT, *Correspondance avec Hans de Bulow* (Fischbacher). — LISZT, *Lettres* éditées par La Mara (Fischbacher). — LISZT, *Lettres à la princesse Sayn-Wittgenstein* (Fischbacher). — LISZT, *Lettres à une amie* (Fischbacher). — HERMANN DEITERS, *Johannès Brahms* (Fischbacher). — HUGUES IMBERT, *Etude sur Johannès Brahms* (Fischbacher). — ROMAIN ROLLAND, *Musiciens d'aujourd'hui*, articles sur *Hugo Wolf* et sur *Richard Strauss* (Hachette). — M.-D. CALVOCORESSI, *Liszt*, collection « Les Musiciens célèbres » (Laurens). — P. DE STŒCKLIN, *Mendelssohn* (même collection). — BOURGAULT-DUCOUDRAY, *Schubert* (même collection). — CAMILLE MAUCLAIR, *Schumann* (même collection).

Textes musicaux : SCHUBERT, SCHUMANN, MENDELSSOHN, *Œuvres* (Breitkopf, Peters, etc.). — BRAHMS, *Œuvres* (Simrock à Berlin ; Max Eschig à Paris). — MAX REGER, *Œuvres* (Lauterbach et Kuhn à Leipzig). — RICHARD STRAUSS, *Œuvres* (Breitkopf).

CHAPITRE VI

LE DRAME MUSICAL EN ALLEMAGNE AU XIX⁰ SIÈCLE. WEBER ET RICHARD WAGNER.

Le début du XIXe siècle fut une des périodes les plus brillantes et les plus fécondes de l'art musical allemand. Au point de rencontre du classicisme finissant et du romantisme naissant les trois grands noms de *Beethoven*, de *Schubert* et de *Weber* se trouvent réunis.

*
* *

Carl Maria von Weber est né à Eustin, petite ville du Holstein, le 18 décembre 1786. Il était cousin de Konstanze Weber, la femme de Mozart. Ce fut un enfant débile : il boitait. Weber perdit de bonne heure sa mère qui mourut d'une maladie de poitrine. Son père étant directeur de théâtre, il passait tout son temps dans les coulisses. La musique l'attira d'abord; puis il se mit à la lithographie, dont il perfectionna les procédés ; il revint enfin à la musique. A dix-sept ans il dirigeait l'orchestre de l'opéra de Breslau. Puis il devint kapellmeister de la duchesse de Wurtemberg à Carlsruhe. Il écrivit alors deux symphonies. En 1806 il abandonne momentanément la profession de musicien pour entrer au service du duc de Wurtemberg à Stuttgart, comme secrétaire intime. Mais des friponneries de son père l'obligent à quitter cette situation. Il se retire à Mannheim puis à Darmstadt où il étudie la composition avec Vogler, en même temps que le jeune Meyerbeer. Après l'insuccès de *Sylvana*, à

Francfort, il entreprend une tournée comme pianiste-virtuose. En 1813 il est nommé chef d'orchestre au théâtre de Prague, qu'il s'agissait de réorganiser. Il monte *Fernand Cortez* de *Spontini*, *Don Juan*, les *Noces de Figaro*, la *Clémence de Titus* de *Mozart*, des opéras-comiques de *Cherubini*, *Dalayrac*, *Nicolo*, *Boïeldieu*, le *Fidelio* de *Beethoven*, et le *Faust* de *Spohr*. Il cherche à éclairer le goût du public par ses articles dans les journaux. Il prend conscience de ses tendances personnelles et achève de se former comme musicien et comme homme de théâtre.

A trente ans (1816), Weber n'avait encore produit aucun de ses chefs-d'œuvre. Le 13 janvier 1817 il est appelé à Dresde comme kapellmeister. Il a la charge de faire vivre le théâtre allemand en face de l'opéra italien si florissant. Il fait jouer d'abord *Joseph* de *Méhul*, puis du *Boïeldieu*, du *Grétry*, du *Nicolo*. Mais en même temps il se met au travail pour constituer un répertoire nouveau d'un caractère véritablement allemand. En 1821 il fait représenter son *Freischütz*, à Berlin d'abord, puis sur toutes les scènes d'Allemagne, y compris celle de Dresde, avec un énorme succès. C'est la légende du chasseur noir, du chasseur maudit qui va fondre des balles enchantées au Val d'Enfer, pour conquérir la main de celle qu'il aime, en gagnant le prix dans un concours de tir. En 1823 *Euryanthe* est moins bien accueillie. Le sujet en était tiré de « l'histoire de Gérard de Nevers et de la belle et vertueuse Euryanthe, sa mie », dans le recueil des poèmes français du XIIIe siècle de Schlegel : le même conte avait inspiré une nouvelle à Boccace, et *Cymbeline* à Shakespeare. Weber, déjà très malade, compose ensuite pour Londres *Obéron*, après avoir pensé à un *Faust* ; c'était encore une vieille légende, empruntée cette fois à *Huon de Bordeaux*. A ce moment la situation de Weber, qui s'était marié en 1817 à une chanteuse, Caroline Brandt, n'était rien moins que brillante ; il part pour l'Angleterre, sûr d'y laisser sa vie, mais sûr aussi de sauver sa famille de la misère : « Si je pars, disait-il, mes enfants, malgré ma mort, auront de quoi manger. » Le 12 avril 1826 la première représentation d'*Obéron* avait lieu avec un énorme succès, et dans la nuit du 4 au 5 juin de la même année, Weber mourait.

Nous ne parlerons pas des œuvres symphoniques et de musique de chambre de Weber : elles sont presque toutes au-dessous du médiocre. A peine pourrait-on mettre à part deux ou trois ouvrages : le *Concertstück* bien connu et l'*Invitation à la valse*, par exemple. Nous pouvons seulement noter en passant que Weber a eu, comme compositeur-pianiste, quelques inventions techniques dans le dessin des traits, dans la disposition des arpèges, dans l'écriture des accords.

Weber doit le meilleur de sa gloire à ses opéras. Ce n'est pas qu'ils soient sans défauts. Weber n'a jamais su écrire un ouvrage parfait. Il était trop dissipé, trop peu travailleur ; il improvisait toujours. Et puis il manquait d'esprit de suite, il sautait trop facilement d'une idée à une autre. D'autre part, Weber était surtout intellectuel, imaginatif ; son émotion n'était pas toujours assez intérieure, elle se manifeste par de grands élans que ne soutient pas un sentiment profond : il est un peu sec. Mais quel poète, et quel homme de théâtre ! Un de ses contemporains reproche déjà à *Euryanthe* « d'être plutôt de la poésie que de la musique ». Homme de théâtre, il l'est par éducation

et par instinct. Comment a-t-il pu accepter d'aussi
mauvais livrets? Il faut croire qu'il n'a considéré que
les sujets en eux-mêmes sans se rendre compte de la
faiblesse de la mise en œuvre. Il s'enthousiasma pour
le *Freischütz* parce que c'est un conte populaire
allemand qui convenait à merveille à son dessein de
fonder un opéra national, en face de l'opéra italien ou
français. La légende d'*Euryanthe* et celle d'*Obéron*
étaient empruntées aux vieilles traditions de la
France, mais leur caractère très romantique permettait de les germaniser très facilement.

La musique de Weber est un langage tout nouveau. Il emploie une sorte de déclamation mélodique,
surtout à partir d'*Euryanthe*, qui servira de modèle
à Wagner, et son souci de suivre exactement le mouvement de la poésie et du drame l'amène à diviser ses
partitions en scènes et non plus en airs, duos, trios,
ensembles, etc. Il varie ses rythmes à l'infini; il en a
de singulièrement vivants, vibrants, impétueux au
lieu des éternelles « rondeurs » d'autrefois. L'orchestration prend chez lui une variété et une couleur
extraordinaires : il a une prédilection pour les timbres
poétiques du cor et de la clarinette dont il fait un
usage tout à fait original. Il excelle dans l'expression
du rêve, du fantastique, de l'irréel, du surnaturel. Il
sait à merveille dépeindre le monde des fées, des
Elfes, des Koboldes. Ses ouvertures, construites sur
des motifs de ses opéras, sont des chefs-d'œuvre
beaucoup plus achevés que les opéras eux-mêmes.
Elles sont conçues dans le dessein de situer immédiatement l'action dans son cadre et d'éveiller chez le
spectateur des sentiments conformes à l'esprit du
drame. Ainsi le motif du cor au début de l'ouverture

du *Freischütz* évoque admirablement le mystère de la forêt. Le thème chevaleresque en triolets de l'ouverture d'*Euryanthe*, dont Wagner s'est souvenu quand il a écrit la *Marche des fiançailles* de *Lohengrin*, détermine immédiatement le caractère général de l'œuvre. Cet emploi de motifs qui prennent ainsi dès l'ouverture tant d'importance significative, fait déjà songer à la conception wagnérienne du *leitmotiv*. D'autre part, le sentiment romantique de la nature qui donne aux opéras de Weber un charme si pénétrant annonce la musique mystérieuse, symbolique, métaphysique de la *Tétralogie*. Weber a même pensé vaguement à l'union intime des « arts frères » au sein du drame : « Les Italiens et les Français, a-t-il dit, se sont formé une conception de l'opéra dans laquelle ils se meuvent de-ci, de-là, satisfaits ; mais non les Allemands... Là où, chez les autres nations, tout est sacrifié à la jouissance sensuelle momentanée, l'Allemagne entend créer une œuvre d'art d'ensemble où toutes les parties s'unissent harmonieusement en une beauté totale. »

Weber n'a pas seulement ouvert la voie à *Richard Wagner*, il a bien souvent inspiré *Berlioz, Mendelssohn, Schumann, Liszt, Chopin*. Son influence s'étend à tous les musiciens de la première moitié du XIXe siècle. On a remarqué avec raison que la *Dame Blanche, Zampa, Robert le Diable* n'étaient que de lointaines contrefaçons du *Freischütz*.

A côté de Weber, deux compositeurs ont joué un rôle assez important, quoique secondaire, dans l'histoire de la musique dramatique en Allemagne pendant la première moitié du XIXe siècle. **Heinrich-August Marschner (1795-1861)** a écrit une foule d'opéras parmi lesquels *Der Vampir* (1828), *Der Templer und die Jüdin* (1829) et *Hans Heiling* (1833) se sont conservés au répertoire des théâtres allemands. *Hans Heiling* surtout eut un succès extraordinaire, et le style romantique de cette œuvre n'est pas sans avoir influencé Wagner quand il écrivit son *Vaisseau fantôme*. Marschner est également l'auteur de nombreux lieder, chœurs, et ouvrages de musique de chambre. **Gustav Albert Lortzing** (1803-1851) s'est consacré à l'opéra-comique et quelques-unes de ses partitions se jouent encore aujourd'hui sur les scènes allemandes. Il avait écrit en 1840 un *Hans Sachs* qui n'eut pas de succès mais qui dut attirer l'attention de Wagner sur un sujet qu'il reprit plus tard. L'œuvre la plus originale de Lortzing est le *Wildschütz* (1842).

Jusqu'à Richard Wagner, les compositeurs d'opéras avaient hésité entre deux conceptions du drame musical : ou bien, comme les Florentins, *Peri*, *Caccini*, comme les Français *Lulli*, *Rameau*, et comme *Gluck* aussi, ils subordonnaient absolument la musique au drame ; ou bien, comme *Scarlatti* et son école, ils oubliaient le drame et ne songeaient qu'à la musique. Seul, peut-être, *Monteverde* et *Weber* avaient eu le sentiment d'une union plus intime des deux arts. Ce qui fait l'originalité de Wagner c'est qu'étant à la fois poète et musicien, — et aussi penseur, — il a vu plus nettement quel était le problème à résoudre, il a cherché et découvert les conditions d'une fusion plus intime de tous les éléments qui entrent en jeu dans le théâtre musical.

D'une part, il remarque que la *poésie dramatique* a pour caractère de peindre les passions humaines, non directement dans leur essence intime, mais par l'intermédiaire du *langage*, qui parle à la *raison* d'abord, et n'est qu'en second lieu traduit en *émotions*.

D'autre part, la *musique* est pour lui l'*expression immédiate du sentiment*. Là, point d'intermédiaire : le cœur parle au cœur.

Pour qu'une union soit possible entre la poésie et la musique, il faut que la poésie laisse de côté tout ce qui, en elle, est d'ordre purement *intellectuel*, le récit des faits qui n'ont pas de signification sentimentale, les événements extérieurs qui ne peuvent être traduits en émotions. Le drame musical sera donc surtout psychologique : il aura pour objet « l'*Éternel Humain* ». Cependant il faut bien réunir les conditions d'une action scénique ; il faut bien décrire des situations où les *individus* se trouvent aux prises avec les *événements* et tout cela est d'ordre intellectuel. On aura soin du moins de considérer surtout dans les *individus* ce qu'ils ont de commun avec d'autres hommes ; on cherchera à dégager le type général dont ils sont une réalisation particulière ; chacun d'eux représentera un sentiment dominant, un aspect caractéristique de la nature humaine. Quant aux *événements*, on en introduira le moins possible dans le drame musical, et on n'y admettra que ceux qui ont une valeur symbolique, c'est-à-dire qui, sous l'apparence d'un simple fait, sont l'expression transparente d'une *loi* psychologique.

Ainsi le drame musical sera nécessairement *symbolique* et *philosophique*. Non pas que le poète doive partir de conceptions abstraites pour tâcher de leur donner la vie en construisant des symboles qui les traduisent concrètement. Ce procédé est trop artificiel. Le poète, c'est le « voyant » qui dans la réalité concrète devine sa signification cachée, le symbole qu'elle recouvre, la métaphysique qu'elle révèle. Il part du monde sensible pour aller aux idées. Il ne descend pas de vaines idées aux choses dans l'espoir insensé de construire le monde avec ses rêves.

Richard Wagner eut à un tel degré la conscience des procédés et de la nature même de son art, qu'on l'accusa de n'être qu'un théoricien qui dissimulait la pauvreté de son inspiration sous la richesse de sa science et de sa philosophie. Mais le fait est que Wagner, loin d'avoir bâti ses œuvres d'après des idées préconçues, ne découvrit au contraire son système esthétique que par l'analyse de ses propres ouvrages. Il créa d'abord, il connut ensuite ce qu'il avait créé. L'ouvrage dans lequel il semble avoir le plus exactement appliqué ses théories, est justement celui qu'il a écrit avec le plus de liberté : « On peut, dit-il lui-même, apprécier *Tristan* d'après les règles les plus rigoureuses qui découlent de nos affirmations théoriques : non que je l'aie modelé sur mon système, — car j'avais alors radicalement oublié toute théorie, — mais parce qu'à ce moment enfin j'étais arrivé à me mouvoir avec la plus souveraine indépendance, dégagé de toute préoccupation théorique, heureux de sentir, pendant la composition, combien mon essor dépassait les limites de mon système ». C'est en étudiant l'histoire de la vie, et surtout du génie de Wagner que nous nous rendrons compte du rôle tout-puissant de l'instinct et de l'intuition dans la formation de son art et de sa philosophie.

Richard Wagner est né à Leipzig le 22 mai 1813. Son père, greffier de police, mourut six mois après sa naissance. Peu de temps après, sa mère se remaria, à Dresde, avec Ludwig Geyer, acteur, poète dramatique et peintre, qui mourut à son tour en 1820. Wagner fit de brillantes études classiques : ses maîtres le destinaient à la philologie. Il songea d'abord à la poésie et au drame, puis à la musique. En 1833 il écrit les *Fées* qu'il ne parvient pas à faire représenter. En 1834 il est nommé directeur de la musique au théâtre de Magdebourg : il compose *Liebesverbot (Défense d'aimer)*, adaptation très libre de *Mesure pour mesure* de Shakespeare, qui est représenté en 1839 sans grand succès. Il épouse une actrice, Minna Planer. Après un an de direction au théâtre de Königsberg, il passe six ans (1833-1839) comme chef d'orchestre au théâtre de Riga. C'est là qu'il se met à la composition de *Rienzi*.

Voilà les principaux événements de la jeunesse de Wagner. Il suffit de les avoir énumérés rapidement : car ce qui nous intéresse ce ne sont pas les détails de sa vie extérieure, c'est le lent et riche développement de son être intérieur.

Wagner dut certainement quelque chose à ses ancêtres du xviie et du xviiie siècle : c'étaient des maîtres d'école saxons, sortis du peuple et vivant avec lui, à la fois instituteurs, pasteurs, organistes et maîtres de musique, — éducateurs à tout point de vue. Ils léguèrent à Wagner ce souci moralisateur qui se retrouve dans toutes ses œuvres.

Dès le début de sa vie, Wagner subit toutes sortes d'influences diverses. Son beau-père voulait lui faire apprendre la peinture. Mais il se lassa de « dessiner indéfiniment des yeux ». Autour de lui il ne voyait que des gens de théâtre. Sa sœur Rosalie débutait à quinze ans ; ses sœurs Clara et Louise furent également actrices ; son frère aussi abandonna ses études de médecine pour devenir comédien, et de ses deux filles l'une, Johanna, devait plus tard chanter admirablement Elisabeth du *Tannhäuser*. Wagner connut de bonne heure les coulisses. Il n'avait d'ailleurs aucun goût pour le métier d'acteur. Mais il rêva d'abord d'écrire des drames. A treize ans, après avoir traduit les douze premiers chants de l'*Odyssée*, et s'être enthousiasmé pour Shakespeare, il esquisse une tragédie où quarante-deux personnages mouraient successivement, et reparaissaient ensuite comme fantômes pour ne pas laisser la scène trop tôt vide. Sa vocation musicale ne se dessina que très tard, et jamais il n'acquit de virtuosité sur aucun instrument : « De toute mon existence, disait-il, je n'ai pu apprendre à jouer du piano. »

Ce furent *Weber* et *Beethoven* qui lui révélèrent la musique. Depuis 1817 Weber était kapellmeister à l'Opéra de Dresde, et Ludwig Geyer était un de ses partisans enthousiastes : le jeune Wagner aussi. Après avoir assisté aux premières représentations du *Freischütz*, il en massacrait l'ouverture au piano. Vingt ans plus tard, quand il entend le *Freischütz* à l'Opéra de Paris, il s'écrie : « Oh! ma splendide patrie allemande, comme je t'aime, comme je te chéris, ne fût-ce que parce que le *Freischütz* est né sur ton sol ! Combien j'aime le peuple allemand qui aime le *Freischütz*, qui aujourd'hui encore croit aux merveilles de la plus naïve des légendes, qui, aujourd'hui encore, parvenu à l'âge viril, ressent des terreurs mystérieuses et douces qui firent frissonner son cœur au temps de sa jeunesse ! O charmante rêverie allemande, ô rêverie des bois, rêverie du soir, des étoiles, de la lune, du clocher du village qui sonne le couvre-feu ! Combien est heureux qui peut vous comprendre et croire, sentir, rêver, s'exalter avec vous ! »

En 1827, à Leipzig, Wagner entend aux concerts du Gewandhaus les symphonies de Beethoven, qui venait de mourir. Il éprouve une émotion profonde. Et tout d'un coup, il se met à composer une sonate, un quatuor, un grand air, sans savoir un mot d'harmonie. Il s'aperçoit de son ignorance et prend quelques leçons avec un professeur qui n'arrive qu'à le dégoûter rapidement de l'étude aride des accords. Il laisse de nouveau la théorie et compose une ouverture échevelée qui fut exécutée en 1830, mais dont il ne reste aucune trace. Il revient à l'harmonie, et sous la direction de Théodore Weinlig, la parcourt tout entière en six mois, ainsi que le contrepoint. Il écrit alors une sonate, une polonaise, une fantaisie pour piano, des ouvertures, deux symphonies, enfin en 1833 son opéra, *les Fées*, qui ne fut pas représenté, mais dont on donna quelques fragments dans des concerts. Le sujet de cette œuvre de jeunesse annonce déjà celui de *Lohengrin* ; la fée Ada est métamorphosée en statue parce que le mortel Arindal a eu la faiblesse de douter un instant de son amante.

Les années passées à Magdebourg, à Königsberg et à Riga furent de dures années. Le métier de chef d'orchestre était difficile et ingrat. Wagner connut souvent la misère à cette époque, surtout à partir de son mariage. Il cherche sa voie. Il s'enthousiasme d'abord pour les idées révolutionnaires de 1830, et les appliquant à l'art, il déclare la guerre à la tradition, aux subtilités scolastiques, et n'admet plus que la *libre mélodie* des Italiens dont il trouve le type dans la *Norma* de Bellini : « Du chant, du chant et encore du chant, s'écrie-t-il, Allemands que vous êtes ! » Mais il s'aperçoit peut-être qu'il va trop loin dans son admiration pour les Italiens, et il ajoute : « Il faut être de son temps, trouver des formes nouvelles appropriées aux temps nouveaux, et le maître qui fera cela n'écrira pas à l'italienne, ni à la française, — mais pas non plus à l'allemande. » C'est sous l'influence de ces idées qu'il compose *Défense d'aimer*. Il cherche même un sujet d'opéra-comique. Mais il s'arrête ; il s'aperçoit que dans la voie de la « musique facile » il s'égare. Alors, en 1838, il s'attaque à un ouvrage de longue haleine, *Rienzi*, sans se préoccuper de savoir quand il le terminera ni où il le fera représenter.

Rienzi est une sorte de tribun héroïque et pur qui veut délivrer le peuple romain du joug de la noblesse, et que le peuple lui-même finit par abandonner lâchement. A ce moment, Wagner subit l'influence de « l'opéra historique » qui triomphait à Paris : *Guillaume Tell* de *Rossini* est de 1829, *La Muette* d'*Auber* de 1828, *Robert le diable* de *Meyerbeer* de 1831, et les *Huguenots* de 1836, la *Juive* d'*Halévy* de 1835. Comme il l'a dit plus tard, il voyait son sujet de *Rienzi* « à travers les lunettes du Grand-Opéra », c'est-à-dire comme un spectacle en cinq actes, avec des ensembles considérables, des hymnes, des cortèges, des scènes militaires, des ballets, de grands airs, de grands duos écrits dans un style constamment pompeux et oratoire. Quelles que soient les faiblesses de cette œuvre qu'il qualifiait plus tard de « péché de jeunesse », on sent

que Wagner s'était sincèrement épris de cette figure
de Rienzi, « avec les grandes pensées qui se pressaient dans sa tête et dans son cœur », dont la tragique destinée « faisait vibrer de sympathie tous ses
nerfs ».

Après *Rienzi* Wagner abandonna définitivement
le drame historique (quoiqu'il ait songé plus tard à un
Manfred et à un *Frédéric Barberousse*). C'est qu'il
s'aperçut que le drame historique n'est pas d'essence
musicale. S'il donne lieu à l'expression de grands sentiments « purement humains », il en présente le développement dans un cadre trop particulier. La vie et le
pittoresque d'une époque, les mœurs, les préjugés
d'un temps et d'un pays, tout cela ne peut être traduit
musicalement. Et alors, ou bien on éliminera toutes
ces contingences, et l'intérêt proprement historique
s'évanouira, ou bien l'on encombrera la partition de
récits interminables qui n'auront aucun intérêt proprement musical.

En 1839 s'ouvre une nouvelle période dans la vie de
Wagner. Chassé de Riga par les intrigues d'un rival,
il se met en route pour la France, emportant avec lui
l'esquisse de son *Rienzi* qu'il espère bien faire jouer
à l'Opéra de Paris.

Il arrive à Paris sans argent, avec sa femme Minna,
et un magnifique terre-neuve. Meyerbeer lui donne
des recommandations, le présente, le patronne.
Wagner compose des romances pour les salons, qui
ne sont pas comprises. Il veut faire jouer *Défense
d'aimer* à la Renaissance, et justement la Renaissance
fait faillite (1840). Il se propose pour écrire la musique
d'un vaudeville de *Dumanoir*, la *Descente de la
Courtille;* mais on ne lui confie même pas ce travail

de.manœuvre. Il présente au directeur de l'Opéra le
scénario du *Hollandais volant*. Le directeur s'enthousiasme pour le sujet et lui achète 500 francs le droit
de le faire mettre en musique par un autre. En 1841,
dans un concert organisé par l'éditeur Schlesinger, on
exécute son ouverture sur *Christophe Colomb*, mais
l'orchestre est mauvais et le public reste indifférent.
C'est alors la misère noire. Wagner accepte les pires
besognes pour vivre : il arrange les opéras à la mode
pour flûte, pour clarinette, pour cornet à pistons; il
corrige des épreuves de musique; il se charge, pour
les revues musicales françaises et étrangères, des
collaborations les plus ingrates. Il est bien vite dégoûté
de Paris et de son dilettantisme. Sa seule consolation
est d'entendre au Conservatoire les *Symphonies* de
Beethoven, et notamment la *Symphonie avec chœurs*,
dirigées par Habeneck ; et des idées fécondes germent
dans sa tête : « Si je composais un opéra suivant mon
sentiment, écrit-il, il mettrait en fuite le public, car
il ne renfermerait ni airs, ni duos, ni trios, ni aucun
de ces morceaux qu'on coud ensemble aujourd'hui tant
bien que mal pour faire un opéra ; ce que je ferais, il
n'y aurait ni chanteurs pour le chanter, ni public pour
le comprendre. » Et il se remet à composer; dans
l'hiver de 1839-1840 il écrit l'ouverture de *Faust*, puis
il termine *Rienzi* et envoie la partition à Dresde où il
espère la faire exécuter ; en 1841 il achève en sept
semaines, à Meudon, l'esquisse musicale de son
Vaisseau-fantôme, et il reçoit en même temps la bonne
nouvelle que *Rienzi* va être joué à Dresde. Il quitte
Paris le 7 avril 1842 et gagne l'Allemagne par terre
(il était venu en France par mer). « Pour la première
fois je vis le Rhin, écrit-il, les yeux baignés de larmes,

je jurai, moi pauvre artiste, une éternelle fidélité à ma patrie allemande. »

Le 20 octobre 1842, *Rienzi* était représenté à Dresde avec un grand succès ; le 2 janvier 1843 le *Vaisseau-fantôme* était accueilli avec la même faveur, au moins en apparence ; car en réalité le public n'était pas entré dans l'esprit du nouveau drame musical. Wagner est nommé kapellmeister de l'Opéra de Dresde avec 1.500 thalers par an.

La légende du **Vaisseau-fantôme** ou du *Hollandais volant* a son origine dans cette croyance populaire que les vaisseaux qui ont fait naufrage « reviennent ». Elle s'est formée au début du XVIIe siècle et s'est perdue au commencement du XIXe. Heine l'a fait revivre dans un récit fantaisiste que Wagner avait lu en 1834. Heine raconte qu'un jour un intrépide marin, le Hollandais volant, jura par tous les diables qu'il doublerait un certain cap, malgré la tempête, dût-il courir des bordées jusqu'au jugement dernier. Le diable le prit au mot. Une seule chance de salut lui est laissée : tous les sept ans il descendra à terre, se mariera, et s'il trouve femme fidèle, sera délivré. Sinon, il devra recommencer son éternel voyage. Au bout de sept ans, le Hollandais débarque ; mais personne ne veut de lui. Cependant une jeune fille, qui a deviné son triste sort, le prend en pitié, lui déclare son amour et jure de lui rester fidèle jusqu'à la mort. Mais le Hollandais la repousse ; il part. Alors, pour accomplir son vœu et rester fidèle à celui qu'elle aime jusqu'à la mort, la jeune fille se jette dans les flots. Au même moment, le vaisseau-fantôme sombre, et le Hollandais est sauvé.

Dans son voyage par mer de Riga à Londres,

Wagner, un jour de tempête, avait songé à la vieille
légende, et depuis, il ne cessa d'y penser. Arrivé à
Paris, il bâtit son drame, qui se passe tout entier entre
quatre personnages : le Hollandais et Senta, Daland,
le père de Senta, Erik, son fiancé. Il n'y a pas de sujet
plus simple : aucun épisode inutile ne vient compli-
quer l'action, qui est purement intérieure. Wagner
commence à réaliser son idéal poétique.

Ce qui frappe tout d'abord, c'est le caractère romantique de l'œuvre. Wagner fait revivre, avec une
puissance que n'ont eue ni Weber, ni aucun des
poètes allemands du début du xixe siècle, le passé
national et ses légendes les plus lointaines. Il a le
sentiment des puissances élémentaires de la nature,
qu'il anime, qu'il peuple d'esprits et de fantômes.
Comme le *Freischütz* était le poème de la forêt, le
Vaisseau-fantôme est le poème de l'océan. Avec ses
voiles rouges, son mât noir, son équipage de spectres,
au milieu de la tempête, le vaisseau maudit symbolise
merveilleusement les terreurs religieuses du peuple
en présence de la mer.

Mais ce qui manque souvent aux personnages des
drames romantiques, c'est la vie intérieure. Ainsi dans
le *Freischütz* le décor et le drame extérieur, ou la
« rêverie naturaliste », comme dit M. Lichtenberger,
tiennent trop de place, aux dépens de la psychologie.
Au contraire, les héros de Wagner ne sont pas de
simples personnages de théâtre, mal dessinés sur
le fond brillant du décor et de l'action. Ce sont des
hommes, qui ont un caractère, des passions,
et qui nous émeuvent. Dans le *Vaisseau-fantôme*, il
est vrai, les physionomies ne sont pas encore assez
nettes ; les caractères restent parfois énigmatiques :

le drame sentimental n'en occupe pas moins le premier plan.

Déjà dans ce premier essai de l'art wagnérien, nous voyons le symbole se dégager. Semblable à Ulysse ou au Juif errant, le Hollandais est puni d'avoir trop voulu s'éloigner de la patrie : c'est son esprit d'aventure qui fait son malheur. Il faut revenir au foyer, ou plutôt il faut trouver son foyer, fût-ce dans les régions de l'idéal. Tous les héros de Wagner chercheront ainsi le chemin du vrai bonheur, le sens de la vie, la voie du salut. Et il y aura toujours dans ses drames un sauveur, un rachat par l'amour, la pitié ou par le sacrifice. Mais dans le *Vaisseau-fantôme*, le problème de la *rédemption* n'est encore posé que d'une façon obscure.

Au point de vue purement musical, le *Vaisseau-fantôme* marque la rupture de Wagner avec les anciennes formes de l'opéra : plus de morceaux détachés les uns des autres, et recousus tant bien que mal, véritable habit d'Arlequin sans continuité et sans suite. Le drame musical devient une symphonie construite sur un ou plusieurs thèmes qui ont une signification poétique ou dramatique, les *Leitmotive*. Au lieu de juxtaposer des motifs toujours nouveaux et toujours différents, le compositeur développera un petit nombre d'idées étroitement enchaînées entre elles par les liens de la polyphonie. « Je me souviens fort bien, dit Wagner dans la *Communication à ses amis*, qu'avant de passer à la réalisation proprement dite du *Vaisseau-fantôme*, je composai le texte et la mélodie de la *Ballade de Senta* au deuxième acte. Inconsciemment je déposai dans ce morceau les germes thématiques de la partition entière. C'était l'image concentrée du drame entier tel qu'il se dessinait dans ma pensée... Lorsque enfin je passai à la composition, l'image thématique que j'avais conçue s'étendit d'elle-même comme une sorte de réseau sur l'œuvre entière. Sans que je l'eusse à proprement parler voulu, il me suffisait de développer dans un sens conforme à leur nature les divers thèmes contenus dans la Ballade pour avoir par devers moi, sous forme de constructions thématiques bien caractéristiques, l'image musicale des principales situations lyriques de la pièce. »

Le *Vaisseau-fantôme* n'avait été qu'un demi-succès. Après le triomphe du premier soir, la presse s'était montrée défavorable et le public des représentations suivantes avait observé une attitude défiante. On redemanda *Rienzi,* et le *Vaisseau-fantôme* quitta l'affiche.

Wagner se mit à la composition de son **Tannhäuser**. Tannhäuser est un personnage réel, un *Minnesænger* du xiiie siècle. Un vieux lied populaire raconte qu'il se rendit dans la montagne de Vénus (Venusberg) où pendant un an la déesse l'aima. Mais, pris de remords, il invoqua l'appui de la Vierge Marie, quitta la montagne et alla implorer son pardon auprès du Saint-Père.

« Le pape avait en main un bâton fait d'une branche sèche : « Quand ce bâton portera des feuilles, dit-il, « Dieu te rendra sa grâce. » Le chevalier s'éloigna de la ville, triste et le cœur dolent... Et il retourna vers la montagne à tout jamais et pour l'éternité : « Je reviens « vers Vénus, ma tendre dame, où Dieu même m'en- « voie. » Et, quand vint le troisième jour, le bâton se prit à reverdir. Alors le pape envoya par tous pays pour savoir où était allé Tannhäuser. Mais il était rentré dans la montagne, auprès de la dame de son cœur. C'est pourquoi le pape Urbain sera damné à tout jamais. »

Wagner combine ce sujet avec la fameuse légende du tournoi poétique de la *Wartburg*. On trouve dans un médiocre poème du XIIIe siècle le récit de cette lutte étrange, où le vaincu devait perdre la vie par la main du bourreau. Wagner fait de son Tannhäuser le *Minnesænger* malheureux dans le tournoi de la Wartburg, et il invente le personnage d'*Élisabeth* qui sauvera Tannhäuser.

Il se met au travail avec une impatience fébrile ; il sent qu'un chef-d'œuvre va naître ; il craint de mourir avant de l'avoir achevé. Enfin en 1845 la partition est terminée. (Il devait la remanier en 1847 et en 1861.)

Entre le *Tannhäuser* et le *Vaisseau-fantôme* il y a des analogies évidentes. C'est le même décor romantique ; et l'idée de la rédemption par l'amour domine toute la pièce. Vénus représente non seulement l'amour, mais le bonheur terrestre sous toutes ses formes, le succès en ce monde et l'activité qui conduit à ce succès. Mais le vrai bonheur n'est pas de cet ordre : le salut est dans le renoncement dont Élisabeth donne l'exemple à Tannhäuser ; car elle aime Tannhäuser, elle en est aimée, et elle renonce à lui pour le sauver.

Dans le *Tannhäuser* l'action est bien plus pittoresque et plus dramatique que dans le *Vaisseau-fantôme*, les personnages sont plus vivants et plus caractérisés, le drame intérieur se développe d'une façon beaucoup plus ample.

La composition musicale de *Tannhäuser* tend vers

cette unité synthétique qui se manifestait déjà à un haut degré dans le *Vaisseau-fantôme*. Mais Wagner n'a pas encore acquis vis-à-vis des procédés de l'ancien opéra la parfaite indépendance dont il fera preuve un peu plus tard. S'il s'attache à suivre le drame pas à pas, il y a cependant encore des temps d'arrêt bien marqués dans l'action pour faire place au chant, aux duos, aux ensembles. Ses airs n'ont plus, il est vrai, la coupe italienne ; ils prennent une allure franchement wagnérienne ; ce sont presque toujours de longues phrases, sans carrure, à modulations très libres et très fréquentes mais très nettement accusées, et, en général, à intervalles très mélodiques, en valeurs longues. L'harmonie reste parfois très simple. Les nouveautés, les audaces, le chromatisme n'apparaissent que par endroits, par exemple dans la scène du Venusberg. Le leitmotiv prend de plus en plus d'importance, mais sans donner lieu à des combinaisons très développées, sans former toute la trame de l'œuvre : la polyphonie est presque absente. Quelques traces d'italianisme subsistent dans cette œuvre encore mélangée, mais dont bien des pages comptent parmi les plus poétiques qu'ait jamais écrites Wagner.

Lohengrin suivit de près *Tannhäuser*. Le livret fut écrit en 1845, et toute la musique composée en un an. La première représentation ne devait avoir lieu qu'en 1850 à Weimar, sous la direction de Liszt.

Selon Wagner, *Lohengrin* représente « la situation la plus tragique de notre époque », le malentendu irrémédiable qui sépare les âmes d'élite de la foule obscure vers laquelle elles sont poussées par un élan d'amour irrésistible. Lohengrin, c'est Wagner lui-

même se sentant isolé et impuissant au milieu de la
société contemporaine inintelligente et hostile. Wagner
souffre de cet isolement; il demande à ne pas être
discuté, il veut être aimé sans qu'on lui demande d'où
il vient, ce qu'il veut, quel est son nom, quels sont ses
titres. Croire et aimer, sans chercher à savoir, voilà le
secret du bonheur pour les autres et pour soi. Mais
Wagner n'est pas aimé, et il revient à sa solitude.
Elsa, c'est « l'esprit du peuple ». Elle est naïve,
spontanée, tout amour. Mais, de même que Lohengrin
qui « sait » tend vers l'amour, Elsa qui « aime » tend
vers la science et son erreur fatale, inévitable, la perd.
Peut-être que le malheur de ces deux êtres vient de
ce que Lohengrin est un sage, un orgueilleux, au lieu
d'être un simple, un être d'instinct, comme Siegfried
et Parsifal. L'inconscient seul est heureux et le royaume
des cieux appartient aux simples.

C'est à l'époque où il écrivit *Lohengrin*, que Wagner
sentit peut-être le plus amèrement son isolement moral.
Il avait à souffrir à la fois de l'injustice de la critique,
qui le traitait de charlatan, de l'hostilité des « connaisseurs » acharnés contre toute nouveauté, de la mauvaise volonté de l'intendant du théâtre royal, le baron
de Lüttichau, qui ne cherchait qu'à contrecarrer toutes
ses tentatives de réforme au théâtre de Dresde, enfin
de la jalousie implacable de Meyerbeer qui lui barrait
la route à Berlin et l'empêchait d'y faire représenter
ses ouvrages. Le pessimisme de Wagner s'exalte :
il accuse la société tout entière ; il adopte les opinions
révolutionnaires qui, à la suite du mouvement de 1848,
se répandaient de la France dans toute l'Allemagne.
Il entre dans le parti socialiste. Il prend part à une
émeute. Et pour éviter une condamnation, il est

obligé de fuir en Suisse : il se réfugie à Zurich.

Là, il laisse la politique de côté ; il revient à son art. Ses amis et ses admirateurs l'aident à vivre. Il se recueille et commence la publication de ses plus importants écrits théoriques. A ce moment (1848-1854), sous la double influence de la philosophie de Feuerbach et des événements de Dresde, Wagner est athée, antichrétien : il juge le monde mauvais, mais il espère fermement que la révolution inaugurera prochainement, pour l'humanité, une ère de félicité universelle. C'est à cette crise d'irréligion que nous devons la première conception de *l'Anneau du Nibelung*.

En même temps Wagner précise d'une façon à peu près définitive ses idées sur l'art. Dans l'*Œuvre d'art de l'avenir* (1849) et *Opéra et Drame* (1851) il développe sa conception du drame « populaire » ou « communiste » qui ne peut être réalisé qu'avec la collaboration du peuple. Ainsi, dans la Grèce antique, au temps d'Eschyle ou de Sophocle, le poète n'était que le porte-parole du peuple, du génie de la race ; les tragédies se jouaient devant le peuple tout entier, et le peuple lui-même fournissait les acteurs ; tous les arts, poésie, musique, danse, architecture, concouraient à cette sorte de cérémonie religieuse où la beauté apparaissait à tous sous des formes sensibles, matérielles, vivantes. Depuis, les arts se sont dissociés, pour leur malheur. La musique doit à la danse son rythme, à la poésie sa mélodie ; toute seule, elle est harmonie vide. Et, de son coté, la poésie toute seule ne s'adresse plus aux sens, mais seulement à l'esprit, elle devient pure littérature ; elle perd toute sa vertu. L'opéra prétend en vain rétablir l'union des arts frères ; en réalité il met entre eux une séparation absolue. « La musique pour sauver sa suprématie, concède à la danse tant de quarts d'heure où les chaussons frottés de craie du corps de ballet font la loi sur la scène et battent la mesure aux musiciens ; il est convenu d'autre part qu'il sera formellement interdit au chanteur de se permettre aucun geste, le droit de se mouvoir étant réservé au danseur, tandis que le chanteur, pour soigner l'émission de sa voix, doit réprimer toute velléité de pantomime dramatique. Avec la poésie, la musique signe un contrat qui donne à celle-ci toute satisfaction : il ne sera fait aucun usage de la poésie sur la scène ; on s'efforcera même de ne prononcer ni les vers, ni les mots : moyennant quoi elle pourra se présenter au public sous la forme d'un livret nécessairement consulté par le spectateur ; du noir sur du blanc, tout à fait littérature ! Ainsi fut conclue cette sainte alliance où chaque art put rester lui-même et où, entre le ballet dansé d'une part, le livret d'opéra de l'autre, la musique put nager en long et en large, en haut et en bas, comme bon lui semblait. »

Pour concevoir l'union des arts sous sa forme naturelle, il suffit de revenir par réflexion aux synthèses primitives et spontanées de l'instinct. Or, pour l'homme primitif, le langage, le chant et le geste ne font qu'un. Le langage en devenant purement abstrait, purement intellectuel, la musique en devenant purement sentimentale, ont perdu l'un et l'autre de leur puissance première. La question, pour l'artiste moderne, n'est pas de régler la poésie sur la musique ou la musique sur la poésie : chaque art doit suivre sa loi ; mais l'unité est obtenue si poésie et musique concourent à la même fin : exprimer *l'action humaine*, que le geste traduit aussi à sa manière. « *La musique ne doit pas commenter le poème dramatique mais le drame lui-même.* » Le tort de Gluck fut justement de subordonner la musique à la poésie, d'en faire un mot-à-mot servile ; en modelant sa mélodie sur le rythme du vers, il n'a réussi qu'à créer une sorte de « prose musicale ». La véritable mélodie dramatique est le point de rencontre de l'effort du poète et de celui du musicien. « Le poète, dit Wagner, déroule son tableau au-dessus de la surface mouvante des flots de la musique : l'image poétique vient s'y mirer, et ce reflet changeant et coloré est la mélodie. »

Sous la mélodie du chanteur, l'orchestre ne fera pas entendre, comme dans les opéras, un simple accompagnement aussi étranger à cette mélodie que la mélodie au drame. L'orchestre ne sera plus « une gigantesque guitare ». Il dira ce que le chant ne dit point ; il fera comprendre : 1º le geste ; 2º l'état d'âme du personnage dont le chant ne nous fait connaître qu'un élément isolé ; 3º le passé et l'avenir dans leur liaison avec le présent (pressentiments et souvenirs), et c'est ici que le leitmotiv jouera un rôle considérable. L'orchestre sera comme le chœur de la tragédie antique, toujours présent, et commentant chaque événement ; il assurera la continuité, la liaison des parties de l'œuvre qui, d'un bout à l'autre, ne sera qu'une « mélodie sans fin » (*unendliche Melodie*).

Wagner résume sa conception du drame musical dans deux définitions complémentaires. D'une part, il le considère comme « une action qui s'est intériorisée et qui est devenue sensible au cœur par l'expression musicale » ; d'autre part, comme « une symphonie qui s'est extériorisée et qui s'est précisée en une action visible et intelligible ». Et il célèbre Beethoven qui a voulu réaliser par la seule musique ses inventions de poète dramatique, et dont l'erreur géniale lui a ouvert la voie.

A peine Wagner a-t-il fixé ses idées sur le drame musical, qu'il entreprend de leur donner une grandiose application dans une œuvre colossale, **l'Anneau du Nibelung**, vaste trilogie précédée d'un prologue, dont les quatre parties : *l'Or du Rhin, la Valkyrie, Siegfried* et *le Crépuscule des Dieux* devraient être toujours représentées en quatre soirées consécutives.

La *Tétralogie* renferme un double drame : la mort des dieux et la délivrance de l'humanité. Les éléments en sont empruntés aux vieilles légendes germaniques et scandinaves. *Wotan*, roi des génies de la lumière, ne se contente plus de l'*amour*, il veut la *puissance*, et il donne un de ses yeux pour posséder le *savoir*. Il règne alors sur le monde. Les géants reconnaissent sa *loi*. Les nains cachés dans les profondeurs de la terre, les Nibelungen, les génies de la nuit, sont soumis à sa *force.* Mais en cherchant la puissance, Wotan n'a pas renoncé à l'amour, et c'est ce qui le perdra. Un nain de la race des Nibelungen, Alberich, a maudit l'amour pour avoir la puissance et s'est emparé de l'or du Rhin. Il forge avec cet or un anneau, qui assure à son possesseur la domination sur le monde entier. Wotan capture Alberich et l'oblige à lui livrer ses trésors et son anneau. Mais Alberich, désespéré, maudit l'anneau qui désormais portera malheur à tous ceux qui l'auront touché. Wotan est obligé de céder l'anneau aux géants, pour obtenir en échange la déesse Freia qu'il aime, et, dès lors, il ne cherchera plus, mais en vain, qu'à reconquérir l'anneau perdu. Il finira par comprendre l'inutilité de sa lutte contre la destinée ;

impuissant à faire cesser en lui le conflit tragique entre l'amour et la volonté de puissance, il ne souhaitera plus que la fin du monde dont il est l'auteur et le maître. Le jour où il apprendra que l'anneau maudit a été rendu aux Filles du Rhin, et que l'amour règne de nouveau sur la terre, il réunira toutes les divinités au Walhall, fera dresser un gigantesque bûcher autour du palais, et « souriant d'un sourire éternel », il s'abimera dans le crépuscule des dieux.

Une déesse, fille de Wotan, *Brünnhild*, qui renonce à sa divinité pour s'unir au héros qu'elle aime, et un homme, de la race des Wälse, issue de l'union de Wotan avec une mortelle, *Siegfried*, ont accompli la tâche sublime, ont délivré le monde de la malédiction de l'or. Siegfried représente la toute-puissance de la jeunesse et la spontanéité de la nature. Il est plus sage que la sagesse. Il est heureux parce qu'il ne calcule pas sa vie et ne craint pas la mort. Il accepte la Nécessité. Du premier coup et instinctivement, le « simple » s'est élevé à la perfection morale que Wotan a dû conquérir au prix de tant de souffrances et par l'effort de sa réflexion. Siegfried et Brünnhild, ces deux innocents, expient et rachètent la faute de Wotan. L'anneau maudit les voue au malheur ; mais leur malheur sauvera le monde : par eux le règne de l'or est aboli, l'anneau du Nibelung retourne aux profondeurs du Rhin.

Ce poème immense, dont nous ne faisons que présenter rapidement les principaux personnages, sans qu'il nous soit possible d'en analyser tout le contenu dramatique, renferme une philosophie elle-même très complexe. Wagner s'y montre tour à tour *socialiste*, quand il maudit l'or et sa puissance funeste, quand il prédit une régénération de l'humanité par l'amour ; *anarchiste*, quand il condamne les conventions et les lois, la justice fondée sur l'injustice, quand il oppose à Wotan, dieu des contrats, Siegfried, le héros libre ; *païen*, quand il dépeint comme « le plus parfait des hommes » ce même Siegfried, qui ne suit que son instinct, qui ne connaît pas de morale, qui vit sans dieux ni lois ; *chrétien*, quand il admet que Brünnhild et Siegfried puissent racheter par leur mérite les fautes de Wotan et assurer ainsi le salut de l'humanité ; *pessimiste*, puisque, selon Wotan, la sagesse est de vouloir ne pas être ; *optimiste* enfin, puisque le règne de l'amour peut rendre la vie bonne. Cette diversité d'idées et de sentiments, souvent antagonistes, qui inspirent la Tétralogie, se résume dans une antinomie fondamentale qui se retrouve dans la nature même de Wagner. D'une part, son tempérament ardent, son désir passionné de vivre et d'être heureux, le rendent optimiste et païen. D'autre part, la réflexion le mène au pessimisme, et il se console par la négation du « vouloir vivre » et l'affirmation d'un idéal, d'un « salut » plus ou moins chrétien. Ne nous étonnons pas, ne nous irritons pas des contradictions d'une philosophie essentiellement en devenir, qui n'a pas la prétention de constituer un système clos. C'est la richesse et la diversité même d'une œuvre comme la Tétralogie qui en fait la grandeur : elle nous révèle l'homme tout entier.

Si nous mesurons maintenant la distance parcourue par Wagner au point de vue musical depuis *Tannhäuser* jusqu'à *l'Anneau du Nibelung*, il est manifeste qu'après le progrès déjà considérable accusé par *Lohengrin*, Wagner a cette fois conquis la pleine possession des moyens expressifs dont il avait besoin pour réaliser sa pensée artistique. Dès lors il n'y aura plus trace dans ses ouvrages des anciens procédés de l'opéra : son style est entièrement personnel. Plus d'airs, de duos, ou rien qui y ressemble ; les scènes s'enchaînent sans discontinuité ; la musique n'a d'autre souci que de commenter le drame. La phrase chantée s'éloigne de plus en plus des formules convenues de l'italianisme ; l'harmonie se complique, s'enrichit ; le développement polyphonique des leitmotive donne à l'ensemble d'une même œuvre, ou même à tout un cycle, comme la Tétralogie, l'aspect d'une gigantesque symphonie. Wagner n'a plus rien à modifier à son art : il lui suffira de l'appliquer à des objets différents, pour produire toute une variété de chefs-d'œuvre incomparables.

En 1854, Wagner avait achevé *l'Or du Rhin* et la plus grande partie de *la Valkyrie*. De 1854 à 1857, il termine *la Valkyrie* et il écrit la moitié de *Siegfried*. Mais la production artistique ne lui suffisait pas. Il lui fallait le contact avec le public, la réalisation pratique de ses rêves d'art, et il souffrait de son inaction dans l'exil. Ses drames se jouaient sans lui, loin de lui, en Allemagne. Il était séparé de ses amis les plus chers. Et il n'avait aucun espoir de rentrer dans son pays : la réaction triomphait en France et en Allemagne.

Le 15 janvier 1854, il écrit à Liszt : « Aucune de ces dernières années ne s'est écoulée sans qu'une fois au moins, j'aie vu face à face l'idée de la solution extrême, sans que j'aie songé à mettre fin à ma vie. Toute mon existence est perdue, gâchée ! O mon ami, l'art n'est, au fond, pour moi qu'un expédient pour oublier ma détresse, rien de plus..... »

Justement pendant l'été de 1854, un ami de Wagner lui met entre les mains *le Monde comme volonté et comme représentation* de *Schopenhauer*. Wagner adopte immédiatement la doctrine du grand pessimiste, qui s'accordait si bien avec ses propres sentiments, et il déclare qu'il portait déjà en lui la pensée de Schopenhauer avant d'en avoir pris nettement conscience, et que c'est seulement maintenant qu'il comprend la signification profonde de ses précédents ouvrages. Il croyait avoir fait de *l'Anneau du Nibelung* une pièce révolutionnaire et optimiste ; en réalité, de la Tétralogie se dégageait, malgré lui, cette conclusion absolument pessimiste, que le monde est irrémédiablement mauvais et que le néant vaut mieux que la vie.

En même temps une crise sentimentale achevait de bouleverser l'âme de Wagner. Depuis longtemps de graves dissentiments s'étaient produits entre sa femme Minna et lui. Minna considérait Wagner comme un visionnaire égoïste, gâchant sa propre vie et sacrifiant sottement le bonheur d'une femme dévouée à des rêves politiques et artistiques irréalisables. Après bien des disputes, Wagner faillit rompre en 1851. En 1852 il faisait la connaissance à Zurich de M. et Mme Wesendonk, qui devinrent bientôt pour lui de sûrs et dévoués amis. En 1857, il accepte leur hospitalité dans la petite maison qu'ils lui offraient près de leur villa de la « Colline verte ». Entre Mathilde Wesendonk et Wagner s'établit une intimité de plus en plus tendre ; et ils s'aperçoivent bientôt qu'un amour affreusement passionné les entraîne l'un vers l'autre. Mais ils reculent devant une lâcheté et une vilenie. La séparation est décidée,

Wagner part pour Venise, après avoir rompu définitivement avec Minna, qui rejoint tristement sa famille en Saxe. De cette rapide tragédie un témoignage nous reste : c'est **Tristan et Iseut.**

Dès 1854, Wagner écrivait à Liszt : « Par pitié pour le plus beau rêve de ma vie, par amour pour le jeune Siegfried, il faudra bien que je termine mes *Nibelungen*. Mais comme, dans toute mon existence, je n'ai jamais goûté dans sa perfection le bonheur de l'amour, je veux, à ce plus beau de tous les rêves, élever un monument, un drame au cours duquel ce désir d'amour sera satisfait jusqu'à complet assouvissement : j'ai dans la tête le plan d'un *Tristan et Iseut*, une œuvre absolument simple, où déborde la vie la plus intense ; et dans les plis du drapeau noir qui flotte au dénouement, je veux m'envelopper pour mourir. » En 1857, Wagner abandonne la Tétralogie et se met à écrire la partition de *Tristan* (1857-1859), en partie pour des raisons pratiques, car il voulait composer un drame de dimensions restreintes qui pût facilement se jouer sur une scène d'Allemagne, mais surtout pour donner à son cœur l'occasion d'épancher toute la détresse d'amour et tout le désespoir dont il était rempli.

De tous les drames de Wagner, *Tristan* est le plus conforme à sa doctrine artistique. Les éléments pittoresques et les faits sont réduits au minimum : le drame est purement intérieur. La poésie cesse même parfois d'avoir un sens littéraire et devient simplement musicale.

L'idée fondamentale de *Tristan*, c'est que la passion a des droits imprescriptibles, supérieurs à toute loi et au jugement des hommes, à la condition qu'elle soit absolue, fatale, et qu'elle accepte la mort comme seule issue. *Tristan* est de toutes les œuvres de Wagner la plus passionnée et la plus désolée. Voilà le plus grand amour qui soit au monde, et voilà aussi la plus affreuse condition qui soit faite à des êtres humains. Cette vie est maudite. Il faut désirer le néant, la « nuit », l'inconscience. Les heureux sont Tristan et Iseut réunis dans la mort. Malheur au roi Marc qui reste vivant !

La musique de *Tristan* est de celles qu'on ne juge pas : elle vous prend tout entier, vous pénètre jusqu'au fond de l'âme, vous possède, et puis vous laisse épuisé. « Le monde est bien pauvre, a dit Nietzsche, pour qui n'a jamais été assez malade pour savourer cette volupté de l'enfer ! »

Tristan achevé, Wagner veut enfin retrouver le contact du public, il veut livrer bataille lui-même avec les artistes, avec les critiques, avec la foule, être au premier rang de la mêlée. Il part pour Paris. Il obtient que son *Tannhäuser* soit représenté à l'Opéra : mais l'intervention personnelle de l'empereur est nécessaire pour forcer la mauvaise volonté de la direction. La pièce, jouée trois fois (13, 18 et 23 mars 1861), tombe sous les sifflets d'une odieuse cabale. Les membres du Jockey-Club, privés de leur ballet, les rivaux allemands de Wagner, et Meyerbeer à leur tête, la plupart des journalistes enfin aux gages de ces deux puissants partis, arrivent à rendre les représentations impossibles. Baudelaire, Vacquerie, Barbey d'Aurevilly, le chanteur Bataille, le violoniste Morin, Emile Ollivier, Jules Ferry, Challemel-Lacour, Théophile Gautier, Reyer, Catulle Mendès, Jules Janin combattaient en vain pour Wagner. Quant au public parisien, Wagner en loua « la très grande réceptivité et un sentiment de la justice vraiment généreux ».

Cependant Wagner avait bénéficié d'une amnistie ; il peut enfin rentrer en Allemagne. Il essaye alors, mais en vain, de faire accepter sur les principales scènes allemandes son *Tristan* ; tous les directeurs le refusent. Il entreprend des tournées pour faire connaître ses œuvres par le concert en Allemagne, en Autriche et en Russie. Bientôt il ne sait plus de quel côté tourner son activité, tant il est persuadé que tous ses efforts sont perdus : ni véritable succès moral, ni succès matériel.

C'est à ce moment (1864) que le roi Louis II de Bavière l'appelle auprès de lui et lui offre toutes les ressources nécessaires pour réaliser enfin son rêve d'art. « Mon bonheur est si grand, écrit Wagner, que j'en suis anéanti! » Des représentations modèles de *Tannhäuser* et du *Vaisseau-fantôme* sont données à Munich, puis c'est *Tristan* (1865) qui est monté dans des conditions exceptionnelles. Malheureusement des intrigues de cour rendent la situation de Wagner auprès de Louis II de plus en plus difficile. Il est enfin obligé de partir ; il se retire en Suisse.

Là se placent quelques-unes des années les plus heureuses de Wagner (1866-1872), celles qu'il passe à Triebschen, près de Lucerne, dans une petite maison au bord du lac, où Cosima, la fille de Liszt et la femme du chef d'orchestre Hans de Bülow, vient bientôt le rejoindre, entraînée par une irrésistible passion (elle devait, après avoir divorcé, épouser Wagner en 1870, et lui donner un fils, Siegfried, pour la naissance duquel fut composé *Siegfried-Idyll*). « Je fais bon marché de tout le reste de mes relations avec les hommes, disait plus tard Nietzsche, alors qu'il était devenu l'ennemi de Wagner ; mais je ne voudrais pour rien au monde effacer de ma vie les beaux jours de Triebschen, ces jours faits de confiance, de sérénité, de sublimes hasards, de moments profonds... » C'est là dans le calme, dans la plénitude de son bonheur, que Wagner termine les *Maîtres chanteurs* et qu'il achève presque la Tétralogie (reprise en 1865, terminée en 1874).

L'idée première des **Maîtres chanteurs** remonte à 1845, à l'époque où Wagner était brouillé avec les critiques de Dresde. Il voulait mettre en scène l'éternelle lutte du génie contre le pédantisme et la routine. La figure de *Hans Sachs*, le cordonnier poète célébré par Goethe, avait été popularisée par un drame de *Deinhardstein* (1827) et un opéra-comique de *Lortzing* (1840). Wagner connaissait aussi la *Vieille Chronique de Nuremberg* de *Wagenseil*, et le *Tonnelier de Nuremberg* de *Hoffmann*. Mais il avait vite abandonné son projet ; il n'y revint qu'en 1861, après son retour d'exil, et l'œuvre ne fut définitivement mise au point qu'en 1867.

Les *Maîtres chanteurs* font un contraste frappant avec *Tristan*. Dans les *Maîtres*, c'est un débordement de vie et de joie. Dans une action touffue, une foule de personnages mêlent leurs passions diverses. Des parties comiques alternent avec les scènes les plus graves ou les plus poétiques : nous retrouvons, transformés, devenus méconnaissables, les chœurs et les ensembles de l'ancien opéra. M. Lichtenberger considère avec raison les *Maîtres chanteurs* comme une sorte « d'intermède » dans l'œuvre de Wagner. Mais sous l'apparence enjouée et railleuse d'une satire des mœurs artistiques de l'Allemagne se cachent toujours la même philosophie, les mêmes idées maîtresses, les mêmes sentiments dominants.

Walther de Stolzing représente les droits du génie contre la routine des pédants. Il est de sang noble ; il a vécu loin des villes dans son manoir solitaire. L'hiver il lisait des poésies de Walther de la Vogel-weide. L'été il errait dans la forêt, et c'est ainsi qu'il est devenu poète, sans avoir jamais appris les règles de son art.

Les *Maîtres chanteurs* sont les défenseurs de la tradition ; leur zèle est estimable, mais leur talent médiocre. Ce sont de bons ouvriers à l'esprit borné, au caractère volontiers méfiant. *Sixtus Beckmesser* représente tous les défauts de la corporation portés à l'excès : sot, jaloux, méchant, et même malhonnête, il se sauve du mépris par le ridicule. Mais Beckmesser est une exception. Les maîtres chanteurs sont en gé-néral de braves gens un peu vains, mais généreux, à la façon de *Pogner*.

Le vrai sage de la pièce, c'est *Hans Sachs*, « le dernier représentant, dit Wagner, de l'esprit créateur et artistique du peuple ». Il veut concilier les droits du génie avec les règles de l'art, la liberté de l'inspi-ration avec la discipline de la tradition. Il désire que l'art ne soit plus tenu éloigné du peuple, que le peuple en soit juge, et il s'oppose en cela aux maîtres qui méprisent le vulgaire.

A côté de la comédie de mœurs, les *Maîtres chan-teurs* renferment un drame de passion qui se joue au fond du cœur de Hans Sachs ; à peine indiqué par le poème, il est surtout mis en valeur par la musique. Hans Sachs aime Eva et il se sacrifie pour qu'elle épouse Walther. « Mon enfant, dit Hans Sachs à Eva, de

Tristan et Iseut je sais la triste histoire. Hans Sachs fut sage et ne voulut pas du bonheur du roi Marc. » Il sait bien que le vrai bonheur n'existe pas, qu'ici-bas tout est illusion : « Folie ! folie ! tout n'est que folie ! Les chroniques des villes, l'histoire des peuples sont remplies de toutes sortes de folies. Les paisibles citoyens de Nuremberg eux-mêmes ont été pris de folie tout à l'heure. Pourquoi ? Parce qu'un Kobold malin avait passé sur la vieille cité, parce qu'un ver luisant cherchait en vain sa compagne, parce que le sureau embaumait, parce que c'était le soir de la Saint-Jean... » Mais Hans Sachs n'est pas véritablement pessimiste. Il a foi dans la bonté. Il croit à la vertu du sacrifice, la vie a pour lui un sens. Nous prévoyons déjà le retour de Wagner à l'optimisme idéaliste qui se manifestera dans *Parsifal*.

Cette dernière évolution de la pensée de Wagner se traduit d'abord par des écrits : *L'État et la Religion* (1864), *l'Art allemand et la Politique allemande* (1865), *Beethoven* (1870), *Art et Religion* (1880). Sa doctrine de la nature et de la vie se complète ; le pessimisme n'en est plus que le premier moment. La volonté de vivre ne lui paraît mauvaise que si elle reste égoïste ; l'univers peut et doit être régénéré. L'homme est déchu par la faute de l'État capitaliste et militariste, de l'Église trop jalouse de son pouvoir temporel, de la morale utilitaire, de la science matérialiste, de l'art industriel. Cette déchéance est due aussi au mélange des races. Les Germains sont demeurés les plus purs : c'est d'eux que viendra la régénération et la rédemption. Et dans la voie du salut, c'est l'art qui conduira les peuples. Jusqu'ici l'art s'est abaissé à copier la réalité vulgaire et à se faire l'amuseur d'un public blasé et corrompu. Sa fonction est plus haute. L'artiste moderne est appelé à prendre la succession du prêtre : « l'œuvre d'art est la représentation vivante de la religion ».

Mais alors il faut modifier profondément les caractères d'une représentation théâtrale. Dès 1850 Wagner avait eu l'idée d'un théâtre spécial construit dans la campagne et dont les représentations n'auraient eu aucun but industriel. Dans la préface du poème de *l'Anneau* (1862), il fait un appel au public pour qu'on l'aide à réaliser son projet. En 1871, après la victoire des Allemands, Wagner croit la nation prête à l'effort qu'il attend d'elle ; il ouvre une souscription publique : au bout de cinq ans le théâtre modèle était construit à *Bayreuth*. Wagner voulait que l'entreprise ne donnât de profits à personne. C'étaient des représentations que le public se donnait à ses propres frais. En 1873 et 1874, quand l'œuvre périclitait, on offrit à Wagner des sommes considérables pour transporter son théâtre à Baden, à Londres, à Chicago : il refusa. C'est Louis II de Bavière qui permit à Wagner d'achever son théâtre en lui avançant en 1874 et en 1876 les sommes nécessaires, qui lui furent retenues d'ailleurs sur les tantièmes qu'il touchait à Munich pour la représentation de ses drames. En 1882 Wagner se vit dans la nécessité d'abandonner sa première idée : il fit de Bayreuth un théâtre payant, mais sous cette condition que les bénéfices ne serviraient qu'à grossir les fonds de réserve de l'entreprise, et ne seraient jamais répartis.

C'est sur le théâtre de Bayreuth, dans ce cadre si particulier et si impressionnant, sur cette scène qui recouvre un orchestre invisible, devant cette salle plongée dans l'obscurité, en présence d'un public pénétré d'une sorte de ferveur religieuse, que fut donnée en 1882 la première représentation de **Parsifal**. Wagner devait mourir bientôt après à Venise, le 13 février 1883.

Wagner indique, avec Görres, une étymologie fantaisiste du nom *Parsifal* : il le fait venir de l'arabe : *parsch* = pur, *fal* = simple. Parsifal est l'être inconscient et spontané qui réalisera la perfection selon la loi de la nature, et non selon les règles de l'esprit.

Wagner connut la légende de Parsifal au moment ou il conçut son *Lohengrin* : Lohengrin est le fils de Parsifal. Il avait songé, avant d'écrire *Parsifal*, à un *Jésus de Nazareth*, puis à un drame bouddhiste, *les Vainqueurs* (1856). C'est au printemps de 1857 qu'il entendit, le jour du vendredi saint, « ce soupir de la plus profonde pitié qui jadis retentit de la croix du Golgotha, et qui, cette fois, s'échappa de sa propre poitrine ». Il écrivit alors les vers où Gournemanz explique à Parsifal le charme du vendredi saint. C'était la première ébauche du nouveau drame. L'esquisse se précise en 1865, le poème est achevé en 1877, et la musique en 1882.

Trois figures dominent toute l'action, celle de *Kundry*, la femme sacrilège qui a insulté par un rire impie aux souffrances du Crucifié, celle d'*Amfortas*, roi du Graal, tombé sous les charmes de Kundry, et qui expie dans la douleur son péché, celle de *Parsifal* enfin, le « simple au cœur pur », qui doit « sauver » Amfortas, lorsqu'il aura compris le mystère de la souffrance humaine, l'illusion du désir, la vanité du péché.

Ainsi, dans sa vieillesse, Wagner arrive à concilier

les tendances contradictoires de sa nature dans l'affirmation mystique du salut par le renoncement, et la
croyance optimiste en une félicité surnaturelle, toute
voisine de l'idéal chrétien.

La musique de *Parsifal* reflète cet apaisement
religieux ; elle sonne à nos oreilles d'un son tout nouveau ; et c'est une merveille que ce long cantique
d'actions de grâces par lequel Wagner clôt la série de
ses chefs-d'œuvre.

La personnalité de Wagner est peut-être l'expression la plus puissante et la plus riche du génie de
l'Allemagne au XIXe siècle. Il en résume à la fois les
aspirations romantiques, le moralisme mystique, le
rêve démocratique, socialiste et nationaliste, le panthéisme et l'esprit de synthèse. Cet art lourd, chargé,
moins pur que l'art classique, mais profondément
émouvant, infiniment subtil, déborde d'humanité sous
son appareil compliqué de légendes et de symboles.
Il renouvelle et amplifie les ressources techniques du
langage musical et livre aux musiciens futurs un
trésor de découvertes. « C'est, dit Nietzsche, quelque
chose d'allemand au meilleur et au pire sens du mot,
quelque chose de complexe, d'informe, d'inépuisable
à la mode allemande. C'est une certaine puissance
proprement allemande, une plénitude envahissante
de l'âme qui n'a pas peur de se cacher sous les raffinements de la décadence, qui peut-être ne se sent
vraiment à l'aise que là ; une image fidèle et authen-
tique de l'âme allemande, à la fois jeune et vieillotte, à
la fois plus que mûre et trop riche d'avenir. Ce genre
de musique est l'expression la plus exacte de ce que
je pense des Allemands : ils sont d'avant-hier et
d'après-demain, ils n'ont pas encore d'aujourd'hui. »

Si l'on tient compte de l'exagération de la critique, il y a dans ce jugement du grand ennemi de Wagner quelques-unes des vues les plus pénétrantes qui aient jamais été présentées sur son œuvre.

*
* *

L'héritage de gloire laissé par Wagner fut lourd pour les Allemands. Après lui les musiciens qui écrivent pour le théâtre n'osent que l'imiter, et bien faiblement. Nous citerons rapidement quelques noms : **Max Schillings** (1868), l'auteur d'*Ingwelde* (1894) et d'une comédie lyrique, *der Pfeifertag* ; **Humperdinck** (1854) surtout connu par son opéra-féerie *Hænsel und Gretel* (1894) ; **Hans Pfitzner** (1869), l'auteur de *der Arme Heinrich* (1891) et de *die Rose von Liebesgarten*. Seul **Richard Strauss** s'est écarté des chemins battus, et, après tant de brillantes victoires au concert, a étonné de nouveau le monde par l'audace, la virtuosité prestigieuse et la force de ses créations dramatiques, *Feuersnot* (1901), *Salomé* (1905), *Elektra* (1909). Malgré tout, les efforts des artistes allemands contemporains donnent l'impression de la fatigue. De plus en plus ardemment l'école russe et surtout l'école française disputent aux Germains le sceptre musical que les Bach, les Hændel, les Mozart, les Beethoven, les Wagner leur avaient assuré et dont ils espèrent orgueilleusement n'être jamais dépossédés.

LECTURES RECOMMANDÉES.

Ouvrages de critique et d'histoire : Georges Servières, *Weber* (Laurens). — Richard Wagner, *Beethoven* (Fischbacher). — Richard Wagner, *Lettres à ses amis* (Juven). — Richard

WAGNER, *Correspondance avec Liszt* (Breitkopf). — RICHARD WAGNER, *A Mathilde Wesendonk*, Journal et lettres (1853-1871) (Fischbacher). — NIETZSCHE, *Richard Wagner à Bayreuth* (Fischbacher). — NIETZSCHE, *Le Cas Wagner* (Fischbacher). — CHAMBERLAIN, *Richard Wagner, sa vie et ses œuvres* (Perrin). — CHAMBERLAIN, *Le Drame wagnérien* (Perrin). — HENRI LICHTENBERGER, *Richard Wagner poète et penseur* (Alcan). — HENRI LICHTENBERGER, *Richard Wagner*, collection des « Maîtres de la Musique » (Alcan). — ROMAIN ROLLAND, *Musiciens d'aujourd'hui*, articles sur *Siegfried* et sur *Tristan* (Hachette). — GUSTAVE BERTRAND, *Les Nationalités musicales* (Didier).

Textes musicaux : Consulter les éditions Breitkopf, Peters, Schott, Fromont, Durand.

TROISIÈME PARTIE

LA MUSIQUE EN ITALIE, EN FRANCE, DANS LES PAYS SLAVES ET SCANDINAVES EN ESPAGNE ET EN SUISSE AU XIXe SIÈCLE.

CHAPITRE PREMIER

LA MUSIQUE ITALIENNE AU XIXe SIÈCLE.

La décadence de l'école italienne avait commencé dès le milieu du XVIIe siècle. Peu à peu l'*opera seria* avait perdu toute vie dramatique et même tout intérêt musical. L'*opera buffa* conserva seul quelque souci de vérité et de réelle beauté : la musique proprement dite y occupait une place plus considérable ; l'orchestre était plus nombreux et plus varié ; les trios, les quatuors, les quintettes alternaient avec les airs et les duos. Quant à la musique purement instrumentale, elle fut de plus en plus négligée par les Italiens au cours du XVIIIe siècle, si bien que le théâtre finit par absorber complètement leur activité artistique.

Au XIXe siècle, deux hommes, Rossini et Verdi, relevèrent momentanément l'opéra italien. Après eux il devait retomber encore un peu plus bas qu'auparavant.

Gioachino Rossini est né à Pesaro, petite ville de la Romagne, le 29 février 1792. Son père était inspecteur des boucheries, et « tubatore » (trompette municipal). Sa mère chantait ; et quand le père fut mis en prison pour cause de républicanisme, elle entra au théâtre. L'éducation du petit Rossini fut très négligée. Placé d'abord chez un charcutier, puis chez un forgeron, il donna bientôt de tels signes de sa vocation musicale qu'on lui fit donner des leçons de piano. Puis il chante à l'église ; il apprend à jouer du violon, du cor. Il trouve des protecteurs. A quatorze ans il avait déjà écrit un opéra en deux actes, *Demetrio e Polibia*.

A quinze ans, Rossini entre au lycée musical de Bologne, dans la classe de composition du père Mattei. Il s'enthousiasme pour les maîtres allemands et il s'amuse à reconstituer, d'après les parties séparées, les partitions des quatuors de Haydn et de Mozart. On le surnomme « il tedesco ».

Mais Rossini veut réussir au théâtre le plus vite possible pour gagner sa vie. Or voici quelles étaient les conditions de la production musicale en Italie à cette époque. Il y avait quatre saisons theâtrales, au carnaval, au carême, au printemps et à l'automne. Chaque compositeur écrivait quatre opéras par an, un par saison. Quand il arrivait dans la ville où l'on devait exécuter son œuvre nouvelle, pas une note n'en était encore écrite. Il commençait par entendre la troupe, puis en une vingtaine de jours il bâclait sa musique en ayant soin de l'adapter exactement aux aptitudes des chanteurs qu'il avait à sa disposition. Si son opéra avait du succès, il était joué une trentaine de fois, — et l'on n'en parlait plus jamais. Rossini possédait au plus haut degré le don d'improvisation sans lequel il était impossible de mener un semblable métier. Mais il sut apporter dans la composition de ses opéras un peu plus de soin que la plupart de ses contemporains.

Il remporta sa première victoire pendant le carnaval de Venise avec l'*Inganno felice* (1811) : c'était une farce pleine d'entrain. Puis après quelques autres essais, il écrivit coup sur coup *Tancrède* et *l'Italienne à Alger* (1813), une tragédie musicale et un opéra-bouffe qui consacrèrent sa réputation naissante.

Barbaja, ancien garçon de café, puis tenancier de maison de jeu, enfin directeur des théâtres de Naples, engage alors Rossini aux appointements de 15.000 francs, pour écrire deux opéras par année. Déjà le style de Rossini devient plus mâle, plus énergique, plus éloquent. Son *Élisabeth, reine d'Angleterre*, fut un triomphe, en partie grâce à l'ouverture qu'il avait empruntée à une œuvre précédente, *Aureliano in Palmiro* (1814), et qu'il plaça de nouveau en tête du *Barbier de Séville ;* grâce aussi au final du premier acte et à son impressionnant « crescendo », effet dont Rossini usera et abusera. Dans cet opéra, il avait supprimé le « recitativo secco », c'est-à-dire le récitatif accompagné seulement au piano : ce fut toute une révolution.

En même temps Rossini faisait représenter à Rome *le Barbier de Séville* (1816). La première soirée fut très houleuse. Tous les connaisseurs déclaraient d'avance que Paësiello, qui avait traité le même sujet, ne pouvait être surpassé. Le ténor Garcia fut sifflé pour avoir fait maladroitement résonner les cordes de sa guitare. Bazile, à son entrée, butta et faillit se casser le nez. Un chat traversa la scène pendant le final du deuxième acte et toute la salle miaula. Le lendemain Rossini refusa de conduire l'orchestre pour la deuxième représentation. A la fin de la soirée on vint le chercher pour répondre aux applaudissements enthousiastes de la foule qui voulait le porter en triomphe ; le succès du *Barbier* était cette fois décisif. Cette œuvre si jeune, si alerte, si vivante, écrite, dit-on, en treize jours, est le chef-d'œuvre de Rossini et de l'opéra-bouffe italien.

La même année Rossini donnait *Otello* à Naples, et il entrait résolument dans une voie nouvelle. Abandonnant la tragédie musicale traditionnelle, dont l'action doit être essentiellement intérieure, psychologique, il recherchait de préférence les effets extérieurs, les situations émouvantes par elles-mêmes, tout ce pathétique violent, mais d'ordre un peu inférieur, qui caractérise ce que nous appelons le « mélodrame », au mauvais sens du mot. Il engageait ainsi l'opéra italien dans une voie nouvelle qu'il n'abandonnera plus. La meilleure page d'*Otello* était la fameuse romance du *Saule*.

Sans nous arrêter à tous les ouvrages que le fécond génie du jeune compositeur ne cessait de produire, nous citerons encore en 1818 le *Moïse en Egypte* dont on connaît la célèbre prière, écrite après coup.

Mais voici la révolution napolitaine (1820). Rossini qui venait d'épouser une chanteuse, Mlle Colbran, de sept ans plus âgée que lui, mais possédant vingt mille francs de rentes et une villa en Sicile, part pour Vienne, où il rencontre Beethoven. Puis il revient à Bologne et compose *Semiramis*, qui est représentée le 3 février 1823 à Venise, au théâtre de la Fenice, sans aucun succès. Rossini quitte de nouveau l'Italie et entreprend une tournée de concerts et de soirées en Angleterre qui lui rapporte cent soixante-quinze mille francs.

C'est alors que le « maëstro » va se faire connaître en France. Il est d'abord engagé comme directeur du Théâtre-Italien de Paris, pour dix-huit mois, à la place de Paër, puis il est nommé « inspecteur du chant en France » et « compositeur du roi ». Il s'aperçoit bien vite que ses œuvres italiennes ne sont pas faites pour les Français qui demandent une déclamation exacte, et moins d'ornements, qui veulent des représentations plus longues, des opéras plus importants, surtout par la majesté des ensembles et la pompe du spectacle.

Le *Siège de Corinthe* (1826) fut un immense succès, et pourtant cet ouvrage ne valait pas grand'chose. *Moïse* fit encore plus d'impression sur le public. Mais c'est *Guillaume Tell* (1829) qui devait consacrer définitivement la renommée de Rossini en France. Pour composer cet opéra il avait fait un grand effort, il avait travaillé six mois. L'ouverture prenait des proportions inaccoutumées. L'orchestration était soignée; on remarquait d'heureux effets de couleur locale ; la déclamation avait de l'ampleur, de la simplicité, du naturel. Ce fut le chef-d'œuvre de Rossini dans le genre sérieux. Mais *Guillaume Tell* a le grand défaut d'appartenir à ce genre bâtard du mélodrame historique qui prête si peu à un développement vraiment musical : *Guillaume Tell* est loin d'atteindre la perfection du *Barbier*.

Après *Guillaume Tell*, à trente-sept ans, Rossini renonce au théâtre. Il fut sans doute effarouché par la gloire naissante de Meyerbeer. Il s'en retourna en Italie, mais il s'y déplut bientôt, et revint se fixer à Paris. Sa première femme étant morte en 1845, il épousa en deuxièmes noces Mme Olympe Pélissier.

Rossini mourut en 1868 sans avoir écrit autre chose d'important, depuis une quarantaine d'années, que son *Stabat Mater* (1832-1842).

De l'œuvre énorme de Rossini que reste-t-il ? Lui-même l'a dit avec une étonnante lucidité : le troisième acte d'*Otello*, le deuxième de *Guillaume Tell*, et *le Barbier de Séville*. Peu de compositeurs se sont mieux connus que lui. On cite ce mot (1860) qu'il aurait dit à Wagner : « J'avais de la *facilité*, j'aurais pu arriver à quelque chose. »

Rossini n'avait pas assez de respect et d'amour pour son art. Il en faisait commerce, mesurant son effort aux exigences du public. Il abusait de cette *facilité*, qui lui dictait parfois des mélodies d'un contour si pur, parfois aussi des phrases si banales. Il était clair, naturel, souvent fluide. Sa faconde méridionale le soutenait toujours, en l'absence d'une véritable inspiration ; mais dans cette éloquence musicale, il y a plus de mots que de pensée.

L'influence de Rossini fut nulle en Allemagne ; elle dura un demi-siècle en France ; elle est toute-puissante encore en Italie. Meyerbeer, Verdi, les « véristes » sont les disciples de cette école de l'effet à tout prix par des moyens qui devinrent de plus en plus grossiers.

Rossini a d'abord pour successeurs en Italie deux musiciens qui conservent encore, comme Rossini lui-même, la tradition du « bel canto » : ce sont Bellini et Donizetti.

Vincenzo Bellini est né à Catane, en Sicile, le 1er novembre 1801. Il est mort à Puteaux, près de Paris, le 24 septembre 1835. Il avait été élève du Conservatoire de Naples et s'était adonné d'abord à la musique d'église. En 1825 son premier opéra, *Adelson e Salvini*, fut représenté à Naples, et dès l'année suivante un second ouvrage, *Bianco e Fernando*, répandait sa réputation dans toute l'Italie. Bellini reçoit alors des commandes de la Scala de Milan pour laquelle il écrit : *il Pirata*, et la *Straniera* (1828) : ce furent deux grands succès. Puis il donne à Parme *Zaira*, à Venise *Montecchi e Capuletti*, à Milan la *Sonnambula* et la *Norma* (1831), son chef-d'œuvre, qui fit fureur, avec la Malibran dans le rôle principal. En 1833 il se rendà Paris, où il est très fêté, et il compose *I Puritani* pour le Théâtre-Italien. La veine mélodique de Bellini était intarissable, et certains de ses thèmes sont remarquables de pureté, d'élégance, de charme ; d'autres manquent de force, d'accent, de distinction. Les accompagnements choquent par leur simplicité excessive, et l'art du développement ou même de la simple présentation des phrases musicales est tout à fait rudimentaire.

Gaetano Donizetti est né à Bergame le 25 novembre 1797. Il est mort dans la même ville le 8 avril 1848. Il débuta à Venise en 1818 avec *Enrico, conte di Borgogna*. Il eut assez de succès. Il prit alors modèle sur Rossini dont il imita parfois très adroitement les formules. De 1822 à 1865 il écrivit deux ou trois opéras par an, véritables improvisations souvent bien négligées. Sa rivalité avec Bellini l'obligeait de temps en temps à plus de travail et plus de soin : c'est ainsi que pour répondre à la *Sonnambula* de Bellini, il composa son *Anna Bolena*. En 1835 il vient à Paris et fait représenter son *Marino Falieri* dont le succès fut écrasé par celui des *Puritains*. Il rassemble alors ses forces, et il produit son œuvre la meilleure, *Lucia di Lammermoor*, qui fut représentée à Naples. En 1839, la censure napolitaine ayant interdit son *Poliuto* (*Polyeucte*), il part pour Paris, indigné, et c'est alors qu'il écrit ses ouvrages français *la Fille du Régiment* et *la Favorite*, qui n'eurent d'abord qu'un médiocre succès, mais devinrent ensuite très populaires. Après cela, Donizetti repart pour l'Italie ; il fait représenter à Rome, à Milan, à Vienne une foule d'opéras sans valeur. Il passe les dernières années de sa vie dans un état de mélancolie aiguë, privé d'une partie de ses facultés.

La veine mélodique de Donizetti, moins abondante que celle de Bellini, est aussi moins pure : il tombe souvent dans la vulgarité. C'est un défaut que n'éviteront guère maintenant les compositeurs italiens dont il nous reste à parler.

*
* *

Giuseppe Verdi est né le 9 octobre 1813 à Roncole, petit village voisin de Busseto. Son père était aubergiste. Ses brillantes dispositions pour la musique furent de bonne heure remarquées et la ville de Busseto lui accorda une bourse pour faire ses études de composition à Milan. Le 17 novembre 1839 il donna son premier opéra : *Oberto, conte di Santo Bonifacio*, qui n'eut pas un très grand succès. Ce fut son troisième ouvrage, *Nabucodonosor*, qui établit sa réputation. Mais la période brillante de la production de Verdi ne commença qu'en 1851 avec *Rigoletto* (Milan). Coup sur coup il fait représenter en 1853 *il Trovatore* (Rome) et *la Traviata* (Venise). Il avait dès lors composé celles de toutes ses œuvres qui devaient rester le plus populaires. Après cela il n'eut pendant long-temps que des demi-succès, notamment avec les *Vêpres siciliennes* (Paris, 1855), *Un ballo in Maschera* (1858), *Don Carlos* (Paris, 1867). Il tâche de retrouver la faveur du public en modernisant son style : il s'inspire à la fois des traditions de l'opéra français, plus pompeux que l'opéra italien, et de l'orchestration wagnérienne qu'il tâche d'imiter : c'est tout ce qu'il prend à Wagner. Ces nouvelles tendances se mani-festent dans *Aïda* (1871), ouvrage écrit pour l'inaugu-ration du théâtre italien du Caire, sur la demande du vice-roi Ismaïl-Pacha, et qui rapporta à l'auteur cent mille francs d'honoraires. *Aïda* eut un succès énorme sur toutes les scènes d'Europe.

Verdi, vieillissant, produisit encore quelques œuvres, mais à de longs intervalles : en 1874 son *Requiem* à la mémoire du poète Alessandro Manzoni, en 1887, *Otello*, et en 1893, *Falstaff*. Dans ces deux derniers opéras Verdi adopte la division en scènes et s'efforce de découvrir des ressources d'expression plus complexes et plus nuancées : son art prend un caractère plus psychologique. A ce point de vue *Otello* et *Falstaff* renferment quelques pages très curieuses, qui prou-vent au moins la souplesse de cet étonnant musicien qui, à près de quatre-vingts ans, sut se renouveler.

Verdi n'a jamais eu le souci dominant du « bel canto » comme un Rossini ou un Bellini. Il recherche plutôt les effets pathétiques. A ce point de vue on peut le comparer à Meyerbeer ; s'il a moins de puissance et de variété, en revanche il a plus de spontanéité, de chaleur, de sincérité. Ajoutons que, comme tous les Italiens, il sait charmer.

Verdi avait engagé l'école italienne dans une voie qui la menait nécessairement à une nouvelle et rapide décadence. La recherche des situations émouvantes ou terrifiantes, et des coups de théâtre, le culte des grands cris et des grands gestes simulant les grandes passions, le désir d'étonner en frappant de plus en plus fort, déterminèrent la formation de l'école des « véristes ». Le « vérisme » prétend laisser au second plan la préoccupation de la mélodie ou de la symphonie et du lyrisme, et noter directement la vie en procédant par impressions rapides et fortes. Les principaux compositeurs qui se réclament de cette formule prestigieuse sont **Leoncavallo**, né à Naples le 8 mars 1858, auteur de *I Pagliaci* (*les Paillasses*, 1892) *Chatterton* (1896), *la Vie de Bohème* (1897) ; **Giacomo Puccini**, né à Lucques en 1858, auteur de *Manon Lescaut* (1893), *la Bohème* (1896), *la Tosca* ; **Mascagni**, né à Livourne le 7 décembre 1863, auteur de *Cavalleria rusticana* (1890), *l'Amico Fritz* (1891), *Les Rantzau* (1892).

Nous retrouvons chez ces derniers représentants du génie musical de l'Italie toujours les mêmes qualités de facilité et de brio, mais mises au service d'un art de moins en moins élevé. La composition est faible, le goût de plus en plus douteux. On imite maladroitement *Carmen*, sans cette délicatesse de touche et ce sens merveilleux de la nuance exacte qui caractérise Bizet. On écrit, selon le joli mot de M. Hugo Riemann, des « opérettes tragiques, » des drames violents et rapides dans un style de music-hall, ou de café-concert. C'est de l'art express pour foules impatientes de jouir, et indifférentes à la qualité de leurs émotions.

Nous n'étonnerons personne en constatant que de telles productions ont un succès universel.

Avant de terminer ce chapitre, il serait injuste de ne pas signaler le grand effort entrepris par le jeune maître de chapelle de Saint-Marc, à Venise, devenu directeur de la Sixtine, **Don Lorènzo Perosi** (1872) pour ramener la musique italienne aux vieilles traditions qui ont établi sa gloire. Dans un style, il est vrai, assez composite, et avec toutes sortes de gaucheries et de faiblesses, Don Perosi retrouve parfois quelque chose de l'inspiration poétique et mystique des Palestrina et des Carissimi. Il a écrit déjà une foule de messes, des psaumes, plusieurs oratorios : la *Passion*, la *Transfiguration*, la *Résurrection de Lazare*, la *Résurrection du Christ*, etc. On n'ose pas espérer que ce soit là l'aurore d'une nouvelle Renaissance italienne.

LECTURES RECOMMANDÉES.

Ouvrages de critique et d'histoire : LIONEL DAURIAC, *Rossini*, collection « Les musiciens célèbres » (Laurens). — LIONEL DAURIAC, *La psychologie dans l'opéra francais* : Auber, Rossini, Meyerbeer (Alcan). — ROMAIN ROLLAND, *Musiciens d'aujourd'hui*, article sur *Perosi* (Hachette). — GUSTAVE BERTRAND, *Les nationalités musicales* (Didier). — ADAM, *Derniers souvenirs d'un musicien* (Calmann-Lévy).

Textes musicaux : Il nous paraît inutile de signaler des éditions qui sont dans toutes les mains. Notons cependant que les maisons Breitkopf et Peters ont publié les principales œuvres de Rossini, de Bellini et de Donizetti dans leurs collections populaires.

CHAPITRE II

LE RÈGNE D'AUBER ET DE MEYERBEER.

Au début du xixe siècle en France, l'opéra sérieux cherchait sa voie. La tragédie musicale avait fait son temps : en attendant d'avoir trouvé une nouvelle forme pour le drame chanté, on se rejetait de préférence sur l'opéra-comique.

L'opéra-comique acquit donc sous l'Empire et la Restauration une importance et une faveur nouvelles. Ajoutons qu'il changea quelque peu de caractère : par imitation de l'opéra-bouffe italien la musique y prit une place plus considérable, et sous l'influence des Allemands, notamment de Mozart et de Weber, il se fit parfois plus sérieux. La mélodie de Mozart inspira beaucoup de musiciens de cette époque et le romantisme de Weber les inclina vers les sujets fantastiques, et mit à la mode « le genre troubadour ».

F. Paër (1771-1839) n'a écrit qu'un ouvrage français, *le Maître de Chapelle* (1821), dont le premier acte, charmante parodie des exagérations et des défauts de la musique italienne, est resté au répertoire. Né à Parme, d'abord chef d'orchestre d'un théâtre de Venise (1791), Paër s'établit à Vienne en 1797, et y subit l'influence de Mozart. En 1802, il était nommé maître de chapelle de la cour à Dresde. Il vint ensuite à Paris où il dirigea l'orchestre du Théâtre-Italien jusqu'à l'arrivée de Rossini. En 1831, il fut nommé membre de l'Académie des Beaux-Arts et, en 1832, directeur de la musique de la chambre royale. Sauf le petit acte que nous avons cité, toutes ses œuvres sont oubliées.

Nicolo Isouard (1777-1818), né dans l'île de Malte, après avoir donné plusieurs opéras en Italie, partit en 1799 pour Paris. Il écrivit alors *les Rendez-vous bourgeois*, *Cendrillon*, *Joconde*, *Jeannot et Colin*. C'est un musicien aimable, facile, élégant, mais assez négligé. Son rival Boieldieu eut bientôt fait de l'éclipser.

Boieldieu, né à Rouen en 1775, mort à Paris en 1834, est le plus remarquable représentant de l'opéra-comique français de 1800 à 1830. La facture de ses œuvres est assez soignée, quoiqu'il n'eût fait que des études techniques insignifiantes. Ce musicien, qui ne pouvait composer qu'en chantant, a des inspirations charmantes de fraîcheur et de naïveté, d'un contour mélodique très pur, qui rappellent parfois d'assez près Mozart, sans sa profondeur, sans son intimité, mais avec quelque chose de son esprit et de sa légèreté. On relit avec plaisir encore aujourd'hui certaines pages gracieuses ou fines de *Ma tante Aurore* (1800), *Jean de Paris* (1812), *le Nouveau seigneur du village* (1813), *la Fête du village voisin* (1816), *le Petit chaperon rouge* (1818), *les Voitures versées* (Saint-Pétersbourg, 1807 ; Paris 1820), *la Dame blanche* (1826).

Auber (1782-1871) est très inférieur à Boieldieu. Il a de l'esprit mais peu de grâce naturelle : son élégance est très factice, et son art sans noblesse. Auber est essentiellement « bourgeois ». Par ses défauts plus que par ses qualités, ce musicien de second ordre a obtenu de son temps un succès considérable et sa réputation fut extraordinaire. Il contribua plus que nul autre à détourner les Français de toute musique sérieuse et profonde, de tout art un peu élevé. Ses ouvrages les plus réputés furent *le Maçon* (1825), *Fra Diavolo* (1830), *le Domino noir* (1837), *les Diamants de la Couronne* (1841), *Haydée* (1847). Il a écrit *la Muette de Portici* (1828), qui, avec *Guillaume Tell* (1829) de Rossini, et *Robert le Diable* de Meyerbeer, (1831), fut l'un des premiers modèles d'un nouveau style d'opéra.

Hérold (1791-1833), né à Paris, était le fils d'un Alsacien, qui lui-même avait été l'élève de Ph.-E. Bach. Il eut d'abord peu de succès. Moins léger que ses rivaux, il surprenait par son sérieux dans un genre où la tradition réclamait surtout un aimable badinage. Il finit cependant par s'imposer. Ses deux meilleurs ouvrages sont *Zampa* (1831) et le *Pré-aux-Clers* (1832). Hérold a de l'accent, de la force, et une certaine sincérité touchante.

Adolphe Adam (1803-1856) imite les procédés de ses prédécesseurs et de ses rivaux, mais avec trop peu de distinction, d'esprit et de naïveté. Sa joie est souvent grosse, sa plaisanterie lourde, sa mélodie froide. *Le Postillon de Longjumeau* (1836), qui ne se joue plus en France depuis longtemps, s'est conservé au répertoire des théâtres allemands. *Le Chalet* (1834), et *Si j'étais roi* (1852) se donnent encore quelquefois à Paris.

Mais déjà le règne d'Auber touche à sa fin; le genre de l'opéra-comique tend à disparaître ou à se transformer.

Félicien David (1810-1876) auteur de *Lalla-Roukh*, et aussi d'une symphonie descriptive, le *Désert*, est un musicien aimable mais bien superficiel. **Victor Massé** (1822-1884), auteur des *Noces de Jeannette* (1853), des *Saisons* (1855), de *Paul et Virginie*, a de l'ingéniosité et de la tendresse, mais sans grand caractère. **Ambroise Thomas** (1811-1896) auteur du *Caïd* (1849), de *Mignon* (1866), d'*Hamlet* (1869), n'appartient déjà plus à la même école. Le *Caïd* est un opéra-comique. selon l'ancienne formule (et le ton en est très faux); mais *Mignon* annonce déjà l'opéra de demi-caractère, qui va prendre la place de l'opéra-comique.

Voici donc la fin d'un genre. L'opéra-comique français a vécu. Il se produit ici en musique une transformation analogue et parallèle à celle qui a lieu en littérature. Au point de vue littéraire, il y a, pour les classiques, distinction absolue des genres : la comédie et la tragédie ont des domaines nettement séparés. Les modernes confondent les genres, les mêlent entre eux ; ils écrivent des comédies tragiques, et des drames coupés de scènes plaisantes : ils évitent de nous présenter des tableaux uniformément nobles et tristes, ou au contraire constamment joyeux. La farce subsiste, mais en dehors du grand art. De même, la distinction de la tragédie et de la comédie musicales se perd de plus en plus et les deux genres tendent à se fondre en un seul. La farce musicale, sous le nom d'*opérette*, n'a plus accès sur les scènes de premier rang. Les pièces qui se jouent sur le théâtre de l'Opéra et celles qui sont représentées sur le théâtre de l'Opéra-Comique se ressemblent par le style, par les sujets traités, par les sentiments exprimés. La mise en scène et les ballets sont plus somptueux à l'Opéra; la majesté du lieu incline les compositeurs à traiter des sujets un peu plus graves. Mais on sent qu'ils sont mal à l'aise dès qu'ils haussent un peu le ton, et que leur cadre naturel est celui de l'Opéra-Comique. L'opéra de demi-caractère, à la fois comique et tragique, ni trop noble, ni trop familier, voilà la formule nouvelle qui tend à s'imposer en France dans le dernier tiers du xixe siècle.

Cette évolution du goût coïncide avec la fin du règne de Meyerbeer.

Jakob Liebmann Beer, dit **Meyerbeer**, est né à Berlin le 5 septembre 1791. Il était le fils d'un riche banquier israélite. L'adjonction du nom de Meyer au nom de Beer fut la condition posée à l'entrée en possession de l'héritage d'un parent. Meyerbeer travailla le piano avec Clementi, la composition avec l'abbé Vogler. Avant de s'essayer au théâtre, il écrivit une cantate *Gott und die Natur,* puis il fit représenter à Munich, en 1813, *Jephtas Gelübde*, et à Stüttgart, la même année, *Abimelek*. Ce dernier opéra fut encore joué à Vienne, à Prague et à Dresde (sous la direction de Weber) ; il porta plusieurs titres : *Die beiden Kalifen*, *Wirt und Gast*, et toujours il fut accueilli sans grande faveur. Découragé, Meyerbeer voulut abandonner la composition et se lancer dans la carrière de pianiste-virtuose. Il y était engagé par les conseils de Hummel et par les applaudissements du public. Mais il songeait toujours au théâtre. Salieri lui dit un jour qu'il ne suffisait pas de connaître le contrepoint, qu'il fallait apprendre l'art de la mélodie auprès des Italiens.

En 1815 Meyerbeer part pour Venise. Il entend les opéras de Rossini et les prend pour modèles. Il donne alors, avec succès, sur des scènes italiennes *Romilda e Constanza* (1818), *Semiramide riconosciuta* (1819), *Emma di Resburgo* (1819), *Margherità d'Angiù* (1820), *l'Esule di Grenata* (1822), *Il crociato in Egitto* (1824).

Puis il revient en Allemagne, et il essaye, mais en

vain, de faire représenter à Berlin *das Brandenburger Thor*.

Pendant six ans, Meyerbeer ne produit plus rien. C'est que, en quelques années, il avait perdu son père, il s'était marié, il avait eu deux enfants et les avait vus mourir l'un après l'autre.

En 1826, il s'était établi à Paris, et avec son extraordinaire facilité d'assimilation, il avait immédiatement compris les besoins du public français. De la mélodie des Italiens, du rythme et de la déclamation des Français, de l'harmonie des Allemands il concilia tant bien que mal les exigences contradictoires, et se composa ainsi un style hétéroclite dont le diplomatique éclectisme lui valut les suffrages du vulgaire, des dilettantes et des musiciens.

Robert le Diable (1831) et *les Huguenots* (1836) soulevèrent l'enthousiasme du public. Entre temps, **Halévy** (1799-1862) avait fait représenter *la Juive* (1835). L'opéra historique était pour longtemps implanté en France.

En 1842, *les Huguenots* furent joués à Berlin, et à cette occasion Frédéric-Guillaume IV nomma Meyerbeer directeur général de la musique. Meyerbeer fut donc obligé d'habiter Berlin et c'est là qu'il écrivit *das Feldlager in Schlesien* (1844), qui devint plus tard, après bien des remaniements, *l'Etoile du Nord* (1854).

En 1838 Meyerbeer avait commencé *l'Africaine*, mais il avait bientôt interrompu son travail, parce que le poème de Scribe ne le satisfaisait pas. Il ne termina son ouvrage que beaucoup plus tard, et la première représentation n'en eut lieu qu'après sa mort (1865).

Les derniers opéras qu'il fit jouer furent *le Prophète*

(Paris, 1849), et *le Pardon de Ploërmel*. Pendant les dernières années de sa vie, sa santé était devenue très chancelante, et il ne composait plus. Il surveillait les répétitions de l'*Africaine* quand il mourut à Paris en 1864.

Meyerbeer a su donner le change à ses contemporains ; ils sont unanimes à l'égaler aux plus grands maîtres de l'art musical. Tous célèbrent à l'envi son génie. Sa puissance dramatique, son pathétique impressionnant sont, aux yeux des critiques du temps, des dons extraordinaires qu'aucun autre compositeur de théâtre n'a possédés à un tel degré. En réalité, l'art de Meyerbeer est très extérieur, tout en attitudes, en grands gestes, en effets mélodramatiques. C'est un art grossier. Très habilement, du reste, Meyerbeer a masqué la pauvreté psychologique de ses ouvrages sous l'attrait prestigieux de grandes scènes historiques qui remuent dans le public les passions religieuses ou sociales, toujours en éveil, et il s'est donné l'apparence d'un artiste de grande allure, d'un penseur en même temps que d'un musicien. Mais que cet ambitieux appareil nous semble creux et vain aujourd'hui ! Combien cette rhétorique et ce pathos sonnent le vide à nos oreilles !

En somme, les opéras de Meyerbeer ne « restent » pas. Malgré son habileté technique, le coloris un peu voyant de son orchestration, une certaine fantaisie pittoresque un peu lourde, malgré la vigueur de certains effets dramatiques, d'ailleurs trop matériels et trop violents, cet art sans élévation, sans poésie et sans nuances n'était fait que pour plaire à une époque et disparaît avec elle. Meyerbeer a voulu posséder de son vivant la renommée à tout prix. La gloire qui vient sûrement après la mort, il ne l'aura pas. Ce sera un nom qu'on citera dans l'histoire, comme une date; mais on oubliera ses œuvres, et l'on s'étonnera un jour qu'il ait pu occuper l'attention de l'Europe entière.

LECTURES RECOMMANDÉES.

Ouvrages de critique et d'histoire : CHOUQUET, *Histoire de la musique dramatique en France* (Didot). — DAURIAC, *La psychologie dans l'opéra francais* : Auber, Rossini, Meyerbeer (Alcan). — BLAZE DE BURY, *Meyerbeer, sa vie, ses œuvres et son temps* (Fischbacher). — HENRI DE CURZON, *Meyerbeer*, collection « Les Musiciens célèbres (Laurens). — ADAM, *Souvenirs d'un musicien* (Calmann-Lévy). — AUGÉ DE LASSUS, *Boieldieu*, collection « Les Musiciens célèbres » (Laurens). — A. POUGIN, *Hérold* (même collection). — RENÉ BRANCOUR, *Félicien David* (même collection).

Textes musicaux : Il nous paraît inutile d'indiquer des éditions qui sont dans toutes les mains.

CHAPITRE III

BERLIOZ.

Pour qui ne connaît que superficiellement l'histoire de la musique en France au xviiie siècle et au commencement du xixe, l'art symphonique de Berlioz peut paraître une nouveauté sans précédent qui devait nécessairement dérouter un public habitué à la seule musique d'opéra ou d'opéra-comique. Et en effet, jusqu'au début du xixe siècle, le genre symphonique a donné lieu en France à des œuvres en général si médiocres que, sans la curiosité des érudits, qui les ont recherchées dans un intérêt purement historique, elles seraient aujourd'hui absolument oubliées.

Au xviie siècle, la danse avait fourni presque toute la matière à la musique symphonique française, sous quelque titre qu'elle se présente : *Ouvertures, Ballets,* « *Sommeils* » de **Lulli** ; *Sérénades ou Concerts* (1697) de **Montéclair**, pour deux dessus et basse ; *Symphonies* (1709) de **Dornel**, sortes de petites « suites en trio ». Les « airs de fanfares », les « airs tendres », les « airs champêtres » sont en général également « propres à danser ». Cependant des intentions pittoresques relèvent le genre et atténuent son caractère d'utilité pratique : il ne s'agit pas seulement de faire danser, on veut peindre la nature.

Une vingtaine d'années après la mort de Lulli, l'invasion des sonates et cantates italiennes provoque l'émulation des musiciens français, si bien qu'un peu plus tard, en 1725, **Philidor** eut l'idée de créer le

Concert spirituel pour donner aux symphonistes et aux virtuoses l'occasion de se produire régulièrement en public. Notons la répugnance que manifestent tout de suite les Français pour la « musique pure ». Même au concert ils voudront quelque chose qui ressemble à de la musique de théâtre ; ils réclameront des effets surtout dramatiques ; ils exigeront tout au moins que dans leur plaisir on fasse la plus grande part à l'esprit et que les compositions qu'on leur offre aient un intérêt surtout littéraire ou pittoresque. « Le plus beau chant, écrira Pluche en 1732 dans son *Spectacle de la nature*, quand il n'est qu'instrumental, devient presque nécessairement froid, puis ennuyeux, parce qu'il n'exprime rien. C'est un bel habit séparé du corps et pendu à une cheville... Les sonates sont une musique comme le papier marbré est une peinture. »

Le *Concert spirituel* avait lieu trente-cinq fois par an, les jours des fêtes religieuses où l'Opéra ne donnait pas de représentations. Dans ses programmes les « motets » de **Lalande** (1657-1726), sortes de cantates sacrées d'un style symétrique, solennel et froid, occupèrent longtemps la place d'honneur, à côté des sonates et des concertos de *Corelli*, de *Vivaldi*, et de leurs émules français les violonistes compositeurs **J.-B. Senaillé** (?-1730) et **J.-M. Leclair** (1697-1764) dont on préferait « les grâces, la netteté et la belle simplicité » aux « difficultés » et aux « traits extraordinaires » des Italiens.

Plus tard, les motets de **Mondonville** (1711-1772) succédèrent, dans la faveur du public, à ceux de Lalande ; c'étaient toujours les mêmes formes massives, régulières et creuses, le même art purement décoratif, sans expression, tout en façade.

En 1754, **J. Stamitz**, de l'école de Mannheim, vint à Paris et fit entendre une de ses symphonies au *Concert spirituel* ; une autre y fut jouée en 1755. Bientôt après, **Gossec** (1734-1829), prenant sans doute modèle sur Stamitz, composait des symphonies et des quatuors dans la forme classique, mais d'une inspiration très sèche et d'un développement tout à fait étriqué. Il réussit mieux dans la cantate et l'oratorio : son *Te Deum*, sa *Messe des morts*, sa *Nativité* renferment des pages qui annoncent déjà, au moins par l'intention descriptive, la recherche des effets de timbre, et le désir d'étonner, quelques-uns des caractères de l'art de Berlioz. Comme ses contemporains **Calvière, Dauvergne, Daquin**, Gossec se plaît à « faire frissonner » ses auditeurs « par les plus pathétiques accords », à imiter « le bruit affreux du tonnerre joint à celui des flots irrités,... le bouleversement de la nature,... et l'écroulement de l'univers ». Il imagine « l'effet terrible » d'un groupe d'instruments à vent « cachés dans l'éloignement pour annoncer le Jugement dernier, pendant que l'orchestre exprimait la frayeur par un frémissement sourd de tous les instruments à cordes ». Dans la *Nativité* il place « un chœur d'anges, séparés de l'orchestre, au-dessus de la voûte de la salle, dans le dôme du palais des Tuileries ». Ce chœur « était parfaitement entendu sans être vu et faisait illusion. Le maître de musique qui le dirigeait réglait sa mesure sur celle du maître du grand orchestre, qu'il observait par une petite ouverture de la largeur du creux de la main, faite au plafond. » En somme ce sont des effets de théâtre que Gossec cherche au concert. Nous sommes bien loin de l'art d'un **Haydn**, dont les symphonies pénétrèrent cependant en France à partir de 1764.

Gossec fonde en 1770 le *Concert des Amateurs*, réorganise en 1773 le *Concert spirituel*, qu'il dirige en compagnie du violoniste *Gaviniès* et de *Leduc*. Au *Concert des Amateurs* l'orchestre « formidable », disait-on, comprenait quarante violons, douze violoncelles, huit contrebasses et les instruments à vent habituels. Le *Concert des Amateurs* est remplacé en 1781 par le *Concert de la Loge olympique* pour lequel Haydn écrit six de ses plus belles symphonies (1784).

La Révolution arrête brusquement ce grand courant de musique symphonique, ou plutôt elle le détourne à son profit. Gossec, dès 1789, est nommé directeur de la musique des fêtes nationales, et lorsque *Sarrette* eut obtenu la direction de l'*Institut national de musique* (1793), devenu bientôt après le *Conservatoire* (1795), Gossec est choisi comme inspecteur, avec Chérubini et Lesueur. **Gossec, Lesueur, Méhul, Chérubini, Dalayrac, Berton, Catel** collaborent successivement à l'organisation de toutes les fêtes révolutionnaires. Quand on songe à l'appareil grandiose de ces cérémonies où des symphonies militaires étaient exécutées sur les places publiques par des orchestres monstres, où des chants patriotiques étaient entonnés par des milliers de choristes et répétés par le peuple entier, on ne peut s'empêcher de penser avec M. Tiersot que Berlioz, l'élève de Lesueur, l'auteur de la *Symphonie funèbre et triomphale* et du *Requiem* à cinq orchestres, est l'héritier direct de tous ces musiciens de la Révolution qui ne faisaient qu'adapter à des circonstances nouvelles, avec des moyens infiniment plus puissants, l'art pittoresque, pathétique et un peu théâtral qu'ils employaient, sous l'ancien régime, à composer leurs *Te Deum* et leurs *Jugements derniers*.

Louis-Hector Berlioz est né à la Côte-Saint-André (Isère) le 11 décembre 1803. Ses parents n'étaient pas musiciens. Autour de lui, aussi peu de musique que possible : dans la Côte-Saint-André, pas un seul piano. A douze ans il composait déjà des romances et des quintettes dont il utilisera les thèmes dans l'Ouverture des *Francs-Juges* et dans la *Symphonie fantastique*. Sa famille ne veut pas qu'il soit musicien et il vient à Paris pour faire ses études de médecine. Mais il va au théâtre, il s'enthousiasme pour Gluck, sa vocation l'emporte. Il entre en relations avec Lesueur, devient élève du Conservatoire, écrit les *Francs-Juges* (1827), les *Huit scènes de Faust* (1828) qui deviendront les pages les plus caractéristiques de la *Damnation*, enfin la *Symphonie fantastique* (Épisode de la vie d'un artiste, 1830). Ainsi, brusquement vers vingt-deux ou vingt-trois ans, Berlioz vient décidément à la musique et du premier coup produit quelques-uns de ses chefs-d'œuvre. C'est à peine s'il avait eu le temps d'apprendre les rudiments de son art.

Il ne s'appliqua d'ailleurs jamais sérieusement à l'étude de la technique musicale. Son maître *Lesueur* avait lui-même moins de science et d'habileté que d'imagination, et les leçons qu'il donna à Berlioz eurent surtout pour but de l'orienter vers la musique descriptive et la symphonie à programme. Lesueur avait composé, peu avant 1789, des messes-oratorios, sortes de tableaux musicaux peints à traits hardis et violents, dont la nouveauté fit scandale. Le 1er vendémiaire an IX il avait écrit pour le Temple de Mars (chapelle des Invalides) un chant à quatre chœurs et quatre orchestres où abondent les effets de timbres, de couleur et les contrastes dynamiques. Mais Lesueur n'avait pas de génie.

En 1830 Berlioz se présente pour la quatrième fois au concours du prix de Rome, et il l'obtient enfin. De son séjour en Italie il rapporte l'ouverture du *Roi Lear*, et *Lelio ou le Retour à la vie*. Puis il bataille dans les journaux et les revues pour soutenir ses idées sur l'art, il écrit des articles mordants et spirituels qui établiront sa réputation d'écrivain, mais nuiront de plus en plus à sa renommée de compositeur : on affectera de le traiter en littérateur égaré dans la musique.

Berlioz avait d'abord obtenu auprès du public (1828-1830) un succès d'enthousiasme : il ne le retrouva jamais plus. Les exercices d'élèves du Conservatoire sous l'Empire, les *Concerts spirituels* repris eu 1815, les séances de la jeune *Société des Concerts du Conservatoire*, instituées en 1828 sous la direction de *Habeneck* et consacrées en partie à l'exécution des symphonies de Beethoven, l'activité des músicologues *Choron* et *Fétis* avaient entretenu l'ardeur et la curiosité du public jusqu'à l'époque où Berlioz fit entendre ses premières œuvres. Mais ensuite, sans doute sous l'influence déprimante des Meyerbeer et des Auber, le goût musical semble se perdre en France. *Harold en Italie* (1834), le *Requiem* (1837) ne réussissent qu'en apparence, grâce au zèle de quelques amis. On siffle, *Benvenuto Cellini* (1838). *Roméo et Juliette* (1839) n'obtient qu'un succès factice, préparé par Berlioz à grand renfort de réclame. Quant à la *Symphonie funèbre et triomphale* (1840), composée pour l'inauguration de la Colonne de Juillet, on ne l'entend pas on ne l'écoute point, elle se perd au milieu des clameurs soulevées par les passions politiques. La *Damnation de Faust* (1846) ne sera pas même discutée. En vain Berlioz cherche un peu de réconfort dans ses tournées à l'étranger, en Allemagne (1843), en Autriche (1845), en Russie (1845). En Russie notamment, il est notoirement mieux compris qu'en France. N'importe ! il sent tous les jours un peu plus son isolement ; il n'a plus de courage. « Je me trouve si vieux, si fatigué, si pauvre d'illusions ! » écrit-il en 1848. S'il travaille encore, ce n'est plus avec la même ardeur, il perd la foi dans son art, dans son génie : il doute de son œuvre. Dans *l'Enfance du Christ* (1850-54), dans *les Troyens* (1855-63), dans *Béatrice et Bénédict* (1862), il n'y a plus la flamme intérieure, la passion brûlante de la jeunesse : l'artiste a grandi peut-être, il a gagné en maîtrise ; mais l'homme, vaincu par la destinée, abdique. Il achève la tâche commencée par habitude, par entraînement, sans amour, sans orgueil, sans espoir.

La vie sentimentale de Berlioz fut aussi lamentablement triste que sa vie artistique. Tout jeune il s'éprend d'une actrice anglaise, Henriette Smithson, qui joue la Juliette de Shakespeare. C'est un coup de foudre et un débordement de passion. Mais elle ne veut pas de lui. Alors il accepte les plus misérables calomnies qu'on lui rapporte sur son compte, et il se venge par l'odieux portrait de sa bien-aimée qu'il présente au public dans la *Symphonie fantastique*. Plus tard, il épouse la même Henriette Smithson, vieillie et endettée. Il a bien vite fait de s'apercevoir qu'il ne la connaissait pas et qu'elle ne répond en rien à l'image de sa fantaisie qu'il adorait. Il l'abandonne pour une mauvaise chanteuse espagnole, Maria Recio, qui le couvre de ridicule en l'obligeant à lui chercher des engagements et à lui faire donner des rôles, qu'il juge à sa valeur, mais qu'il aime. C'était encore une sorte de bonheur. Voici maintenant la mort qui enlève successivement autour de lui son père, sa mère, ses sœurs, Henriette Smithson, Maria Recio, son fils. Berlioz est seul. « L'inexorable besoin de tendresse qui le tue » n'a plus d'objet. Il attend son tour, dans l'ennui, dans le vide d'une existence sans soutien et sans but. Pour le consoler, aucune foi. Il appelle la mort, comme le néant libérateur, et il la redoute, elle le glace d'épouvante. Elle le prend enfin (8 mars 1869).

On a dit que Berlioz jouait un rôle, prenait des attitudes, qu'il avait su admirablement composer et répandre le roman de sa vie. Il est certain que les *Mémoires* de Berlioz contiennent des exagérations, ou même des inventions bien fantaisistes. La froide raison d'un esprit positif ne comprendra jamais les illusions d'une imagination passionnée : on prendra pour mensonges les folles erreurs du sentiment. Mais combien de pages aussi dans ces *Mémoires* ont un accent de sincérité qui ne trompe pas! Que Berlioz ait mal vu les événements de sa propre vie, qu'il ait mal jugé les hommes et les choses, soit. En tout cas il ne s'est pas trompé, il ne pouvait se tromper ni nous tromper quand il peignait en termes si précis et si poignants sa profonde détresse.

« Le hasard, dit quelque part Berlioz, ce dieu qui joue un si grand rôle dans ma vie ! » Et en effet Berlioz n'a point fait sa vie ; il l'a livrée à tous les caprices du sort et de la passion. L'expression de son visage aux yeux bleus, encadré de cheveux roux, peut sembler volontaire. Prenons-y garde : le pli de la bouche, la dureté du regard marquent plus d'amertume, de dégoût, de mépris, que de réel vouloir ; c'est la raideur d'un timide blessé. Le cœur trop sensible s'est refermé pour ne plus être atteint.

L'œuvre de Berlioz ne révèle pas plus que sa vie une volonté organisatrice. Elle manque d'unité : elle se contredit. Où va-t-il ? quel est son idéal ? Il n'en sait rien lui-même : il écrit au hasard des circonstances et du sentiment présent. Aussi, à qui cherche à le définir, il apparaît comme une énigme. Il ne s'est pas expliqué : il n'a pas longuement commenté son art, comme Wagner, ou s'il a essayé parfois de l'analyser il s'est trompé, il en a donné une idée fausse. Il n'a jamais su éclairer le public, ni le mener.

Berlioz se rattache aux symphonistes de la fin du XVIIIe siècle et de la période révolutionnaire par l'emploi de certains procédés. Mais son inspiration ne ressemble guère à la leur. Son génie n'est directement apparenté à celui d'aucun ancien maître français. Et après lui, qui donc l'imitera ? qui donc lui ressemblera ? Il est bien français cependant, et il est si difficile de découvrir ses affinités avec les autres musiciens de sa race !

Les Allemands, si fermés d'ordinaire à la musique française, ont un culte pour Berlioz. *Benvenuto Cellini*, inconnu en France, se joue dans vingt villes d'Allemagne. Berlioz est surtout discuté en France : il est nié par des artistes de la plus haute valeur et du goût le plus sûr, quand au contraire les publics les moins cultivés musicalement s'enthousiasment pour la *Damnation*

Il est romantique, d'un romantisme parfois extravagant, et nul mieux que lui ne sait être classique. Dans *les Troyens* il retrouve la noblesse et la pureté de ligne virgiliennes, la sobriété et la sérénité de l'art antique.

Pour tâcher de résoudre ces contradictions, d'éclaircir ces obscurités, essayons de découvrir ce qu'il y a de tout à fait essentiel dans le génie de Berlioz. Il nous semble que ce soit le sens très latin de la beauté plastique, le don d'être ému par la forme extérieure des choses.

C'est ce qui expliquerait tout d'abord le caractère objectif de son art, par opposition à l'intériorité d'un Beethoven ou d'un Wagner. Tous les êtres qu'il crée dans son imagination se détachent de lui, prennent une vie indépendante et extérieure, même s'ils ne sont qu'une image de lui-même. Les Allemands, au contraire, ont une tendance à fondre l'univers entier dans leur vie intérieure.

La musique elle-même de Berlioz vaudra surtout par le contour mélodique, par le dessin thématique, qui en est le côté plastique, plutôt que par l'harmonie ou la polyphonie. Instinctivement Berlioz détermine à tout instant la courbe de sa phrase musicale en l'adaptant aussi exactement que possible à l'objet imaginé, et non pas en cherchant à la construire en rapport avec les exigences d'une architecture préconçue, d'ordre subjectif. C'est en quoi il ressemble si peu aux autres musiciens français du xixe siècle presque tous influencés par la technique allemande.

On comprend que son « génie monodique » déroute les habitudes des artistes et des critiques, et plaise immédiatement à la foule ignorante. Les uns lui reprocheront ses pauvretés harmoniques, son impuissance à développer, le décousu d'un style musical où les thèmes ne sont reliés entre eux que par des idées littéraires. Mais le peuple écoutera cette voix qui lui parle un langage si simple, exempt de rhétorique. « Cherchez les quintes, et laissez-nous en paix », disait Schumann ; et Wagner admirait en Berlioz « son entente à écrire des compositions parfaitement populaires au sens le plus idéal du mot ».

Berlioz est souvent loué par les musiciens pour ses qualités les plus extérieures et qui expriment le moins son génie. Ils ne cessent de vanter la richesse et la variété de son coloris et la prodigieuse virtuosité avec laquelle il manie les ressources de l'orchestre. Qu'est cela auprès de ce que dit sa musique ? Quel misérable éloge à faire d'un musicien ! Et c'est peut-être tout ce que les Allemands voient dans Berlioz !

Le romantisme même de Berlioz, qui séduit bien des gens, n'est-il pas ce qu'il y a de moins profond en lui, ce qu'il tient surtout de son milieu, de son temps, un vêtement à la mode dont son caprice imprudent a voilé la véritable beauté de son art plutôt classique ?

La véritable grandeur de Berlioz, est dans son inspiration mélodique si généreuse, tantôt d'une souplesse tout italienne à la Bellini, tantôt d'une fermeté toute française qui rappelle Rameau ou Gluck; et sa plus solide gloire c'est, peut-être, d'avoir ouvert une voie, dans laquelle on ne l'a guère suivi jusqu'à présent, celle de la libre et simple description musicale de la nature, — non pas de la nature transposée en émotions, devenue un état psychologique du sujet, ni de la nature imitée par des procédés techniques qui feraient de la musique une sorte de peinture sans précision et sans variété à la façon dont l'avaient comprise les musiciens du xviiie siècle, mais de la nature traduite directement par le langage des sons, comme les mots peuvent désigner les choses sans les imiter, et aussi sans faire allusion aux sentiments qu'elles provoquent en nous. Il a découvert l'analogie immédiate de la forme sonore et de la forme matérielle.

LECTURES RECOMMANDÉES.

Ouvrages de critique et d'histoire : Michel Brenet, *Les concerts en France sous l'ancien régime* (Fischbacher). — Julien Tiersot, *Les fêtes et les chants de la Révolution française* (Hachette). — Berlioz, *A travers chants ; Correspondance inédite ; Les grotesques de la musique ; Lettres intimes ; Mémoires ; Les soirées de l'orchestre* (Calmann-Lévy). — Adolphe Jullien, *Hector Berlioz, sa vie et ses œuvres* (épuisé). — Julien Tiersot, *Hector Berlioz et la société de son temps* (Hachette). — Adolphe Boschot, *La jeunesse d'un romantique ; Un romantique sous Louis-Philippe* (Plon). — Romain Rolland, *Musiciens d'aujourd'hui*, article Berlioz (Hachette). — Prodhomme, *Hector Berlioz* (Delagrave). — Marnold, *Hector Berlioz, musicien*, articles du *Mercure de France*, du 15 janvier et du 1er février 1905. — Arthur Coquard, *Berlioz*, collection « Les Musiciens célèbres » (Laurens).

Textes musicaux : Gossec, *Le chant du 14 Juillet*, chœur à trois voix (Hachette). — Berlioz, *Apothéose*, chœur extrait de la *Symphonie funèbre et triomphale* (Hachette). — Berlioz, *Œuvres.*

CHAPITRE IV

DE GOUNOD A M. GUSTAVE CHARPENTIER.

De 1830 à 1860 environ, Meyerbeer et Auber avaient régné sur les destinées de notre théâtre musical, et nous avons dit à quel point leur influence avait été funeste. Même en dehors du théâtre, Berlioz n'avait pas réussi à s'imposer. Un long effort fut nécessaire pour refaire l'éducation du public et pour ramener les musiciens au respect de leur art.

C'est à Gounod que revint en définitive l'honneur d'avoir inauguré cette renaissance de la musique française.

Charles-François Gounod est né à Paris le 17 juin 1818. Sa mère, bonne pianiste, commença son éducation musicale qu'il acheva au Conservatoire sous la direction de Halévy, de Paër, et de Lesueur. En 1837, il obtint le deuxième prix de Rome et en 1839 le premier. Pendant son séjour en Italie, il étudia Palestrina, écrivit une *Messe* à trois voix (1841) et un *Requiem* (1842). A son retour à Paris il obtint le poste d'organiste et maître de chapelle de l'Église de la Mission extérieure. Bientôt après, admis comme externe au séminaire de Saint-Sulpice, il était sur le point d'entrer dans les ordres. Il revint assez vite à la musique. Pendant un voyage en Allemagne il connut les compositions de Schumann, qui firent grande impression sur lui, et lui révélèrent peut-être certaines dispositions poétiques de sa nature qu'il ignorait encore. Vers la même époque il étudia Berlioz, dont le génie sans doute n'avait pas grande parenté avec le sien, mais dont les œuvres attirèrent tout au moins son attention sur le caractère musical de certains sujets, tels que *Faust* et *Roméo et Juliette*. En 1851, Gounod débute au théâtre avec *Sapho* et en 1854 il donne *la Nonne sanglante* : ces deux ouvrages n'eurent qu'un médiocre succès. En 1852 Gounod est nommé directeur de l' « Orphéon » (Association des sociétés chorales et des écoles de chant de Paris) ; il resta huit ans à la tête de cette institution. Cependant il écrivait des chœurs, deux *Messes*, deux *Symphonies*. En 1858 il faisait représenter à l'Opéra-Comique *le Médecin malgré lui,* qu'on ne trouva pas assez gai ; enfin le 19 mars 1859, avait lieu au Théâtre-Lyrique la « première » de *Faust*. Le chef-d'œuvre de Gounod ne fut pas immédiatement compris. Bien des critiques reprochaient à cette musique d'être compliquée, obscure, sans mélodie. On n'applaudit guère sincèrement le premier soir que l'air de Siebel et la marche des guerriers, les deux pages les plus banales de la partition. On sait la fortune extraordinaire qu'eut ensuite cet ouvrage non seulement en France, mais dans tous les pays du monde. Gounod ne retrouva jamais plus un pareil succès. Il écrivit encore *Philémon et Baucis* (1860), *la Reine de Saba* (1862), *Mireille* (1864), *la Colombe* (1866), *Roméo et Juliette* (1867). Pendant la guerre de 1870 il se réfugia à Londres, y fonda une société de chant et fit exécuter en 1871 *Gallia*. Puis de retour en France, il fit représenter trois grands opéras, *Cinq-Mars* (1877), *Polyeucte* (1878), *le Tribut de Zamora* (1881), qui comptent parmi ses productions les moins intéressantes. Enfin il revint à la musique religieuse et composa notamment trois oratorios : *Tobie*, *Rédemption* (1882) et *Mors et Vita* (1885). Il mourut à Paris le 17 octobre 1893.

Guidé par son instinct, Gounod a ramené la musique française de théâtre à sa destination naturelle : il a fondé l'*opéra de demi-caractère*, genre moyen pour lequel notre public semble avoir une prédilection marquée et nos artistes des aptitudes toutes particulières. Moins constamment dramatique que la tragédie musicale de Gluck, il comporte des parties légères ou même comiques (c'était déjà la conception très française de Lulli); le ton n'est pas d'une noblesse soutenue, il devient souvent familier.

D'autre part, dans les ouvrages de Gounod, l'action s'interrompt souvent pour laisser la place à de longs épanchements lyriques; Gounod est plus poète que dramaturge, il s'arrête volontiers à une situation sentimentale où son art voluptueux trouve l'occasion d'un riche développement. Il a aussi une fantaisie colorée, il se meut à son aise dans le domaine du fantastique, et c'est peut-être là qu'il doit quelque chose à Berlioz et aussi sans doute à Weber. Sa mélodie est claire, son style harmonieux et pondéré.

Malheureusement Gounod n'est pas toujours égal à lui-même. On relève dans ses ouvrages bien des platitudes ou au contraire des boursouflures. Ne considérons pas ces défauts d'un œil trop sévère. Il faut tenir compte des exemples déplorables que Gounod avait autour de lui. Et comment n'aurait-il pas imité quelquefois Meyerbeer ou Auber? Il est déjà bien extraordinaire qu'il ait pu dans la plupart des cas réagir contre un entraînement si puissant.

En définitive, l'influence considérable que Gounod

a exercée sur ses contemporains et ses successeurs immédiats a été excellente. On ne remarque pas assez tout ce que lui doivent César Franck, Henri Duparc, Bizet.

N'oublions pas non plus le grand service qu'il a rendu à la musique en commençant de mettre en honneur en France cet autre « genre moyen », qui peut être si français lui aussi, le lied, ou la mélodie poétique.

Louis-Etienne-Ernest Rey, dit **Reyer**, a contribué pour sa part au relèvement du goût musical en France dans le dernier tiers du xix° siècle. Né à Marseille le 1ᵉʳ décembre 1823, ce n'est qu'en 1848, à vingt-cinq ans, qu'il se voua à la musique et vint à Paris pour y travailler sous la direction de sa tante, Mᵐᵉ Farrenc. Ses études d'harmonie et de composition restèrent toujours incomplètes, et l'on s'en aperçoit à bien des gaucheries dans la facture de ses œuvres. Il donna en 1854 *Maître Wolfrann*, en 1858 *Sacountala*, en 1861 *la Statue*, en 1862 *Erostrate*, et se mit ensuite à la composition de son *Sigurd*, qui ne fut joué qu'en 1884 à Bruxelles. Sa dernière œuvre fut *Salammbô* (Bruxelles, 1890 ; Paris, 1892). Il mourut en 1909.

Reyer a dû attendre la réputation à laquelle il avait droit jusqu'aux représentations de *Sigurd*. Jusque-là il passait pour un novateur sans talent et sans inspiration. Cependant il faisait d'utile besogne au *Journal des Débats* où il mettait généreusement sa critique ardente au service de l'art désintéressé. Reyer est un musicien sincère, personnel surtout dans le charme et la tendresse ; il a une sensibilité délicate et vive, une imagination très poétique. Bien Français, comme

Gounod, il a subi davantage l'influence des Allemands et à ce point de vue il a joué un rôle historique très important, en préparant le public français à l'audition des drames de Wagner. Il a reconnu lui-même, avec une simplicité touchante, que ce serait là peut-être son principal mérite aux yeux de la postérité.

Citons en passant un musicien tout de grâce, de légèreté, qui n'a écrit que des opéras-comiques et des ballets, **Léo Delibes**, né à Saint-Germain-du-Val (Sarthe) le 21 février 1836, mort à Paris le 16 janvier 1891. *Le Roi l'a dit* (1873), *Jean de Nivelle* (1880) *Lakmé* (1883), *Coppélia* (1870), *Sylvia* (1876) sont des œuvres coquettement écrites, mais qui passeront vite et sont déjà en partie fanées.

Après Gounod, **Georges Bizet** est le musicien qui a le plus fait pour libérer l'opéra français des fâcheuses traditions de l'opéra italien et de l'opéra de Meyerbeer. Il est né à Paris le 25 octobre 1838. Son père était professeur de chant. Il entra au Conservatoire à neuf ans, obtint toutes les récompenses et enfin le prix de Rome, en 1857.

Il part pour l'Italie plein d'espoir : « Quand j'aurai cent mille francs, écrit-il à ses parents (1859), c'est-à-dire du pain sur la planche, papa ne donnera plus de leçons, ni moi non plus. Nous commencerons la vie de rentier, et ce ne sera pas dommage. Cent mille francs ce n'est rien, deux succès d'opéra-comique ! Un succès comme *le Prophète* rapporte un million ! »

Son séjour à Rome ne pouvait beaucoup contribuer à lui former le goût. « Il faut renoncer à peu près à entendre de la musique quand on habite Rome, disait Gounod : j'en étais venu moi-même, au milieu de cette atmosphère antiharmonique, à n'en pouvoir plus composer. » A cette époque, Rossini est le dieu du jeune Bizet. Dix ans plus tard il ne sera plus du même avis ; Beethoven, Berlioz, Schumann auront exercé sur lui leur influence bienfaisante. Il écrira (11 mars 1867) : « Comme vous, je mets Beethoven au-dessus des plus grands, des plus fameux. La *Symphonie avec chœurs* est pour moi le point culminant de notre art. » Mais il reconnaissait encore à Meyerbeer un « foudroyant génie dramatique ». Il était bien près cependant de le renier, puisqu'après la première représentation de *la Jolie fille de Perth* il déclarait à un de ses correspondants : « Non, monsieur, pas plus que vous, je ne crois aux faux dieux, et je vous le prouverai. J'ai fait cette fois encore des concessions que je regrette, je l'avoue. J'aurais bien des choses à dire pour ma défense,... devinez-les. L'école des fioritions, des roulades, du mensonge est morte, bien morte. Enterrons-la sans larmes, sans regrets, sans émotions, et... en avant ! »

Bizet ne devint tout à fait lui-même qu'avec *l'Arlésienne*. Ses premiers ouvrages, *les Pêcheurs de perles* (1863), *la Jolie fille de Perth* (1867), *Djamileh* (1872), sont imités de Rossini, de Meyerbeer et de Gounod. La musique de scène pour *l'Arlésienne* est un chef-d'œuvre de premier ordre. Jamais Bizet n'a atteint peut-être une semblable perfection. Dans cette suite de petits tableaux si pittoresques, si colorés, les nuances sont d'une finesse exquise ; il s'en dégage un charme pénétrant et parfois une émotion poignante. C'est l'art de Schumann transposé sous un autre ciel, pour une autre race, ensoleillé, devenu méditerranéen. (N'oublions pas, à ce propos, que Bizet a écrit lui aussi ses *Kinderscenen*, sous le titre de *Jeux d'enfants ;* c'est un délicieux petit recueil de pièces pour piano à quatre mains.)

Entre *l'Arlésienne* et *Carmen* se place l'ouverture de *Patrie* (1874), qui lui avait été commandée par Pasdeloup, en même temps que celle de *Phèdre* à Massenet, et celle d'*Artevelde* à Guiraud (1837-1892). Bizet s'est inspiré des malheurs de la France en 1870. Mais ne voulant pas insister sur ces tristes souvenirs au moment où l'apaisement commençait à se faire, il a préféré que le public crût qu'il s'agissait de la Pologne.

C'est en 1875 que fut représentée *Carmen*, l'œuvre capitale de Bizet. Cette fois il renonce presque entièrement aux anciennes formes de l'opéra pour suivre pas à pas l'action. Sa musique nerveuse, chaude, souple, traduit le drame d'une façon tellement immédiate qu'elle semble faire corps avec lui : aucune vaine recherche de l'effet : tout est simple et direct. Et quel coloris! Le parisien Bizet est aussi naturellement espagnol dans *Carmen* qu'il avait été provençal dans *l'Arlésienne.*

La première représentation de *Carmen* ne fut pas un succès. On ne comprit pas cette musique si spontanée, qui se moquait des règles. Bizet fut accusé de wagnérisme. On n'imagine pas de plus sotte critique. L'art de Bizet est tout l'opposé de celui de Wagner. Il est aussi français que l'autre est germanique.

Bizet ne connut pas la gloire de son vivant. Il mourut à trente-sept ans (1875), laissant une partition manuscrite assez avancée *Don Rodrigue.* L'art français perdait un de ses plus grands maîtres.

Après Bizet l'opéra français, peu à peu, insensiblement décline ; les compositeurs recommencent à flatter le public, à faire appel à ses instincts les moins nobles, et l'on peut suivre pas à pas cette déchéance, de M. Massenet à M. Gustave Charpentier.

M. Massenet (*Jules-Emile-Frédéric*) est né à Montaud, près de Saint-Etienne (Loire), le 12 mai 1842. Il entra à neuf ans au Conservatoire de Paris. Il eut pour maîtres Laurent (piano), Reber (harmonie) et Ambroise Thomas (composition). En 1863 il obtint le prix de Rome avec sa cantate *David Rizzio*. D'Italie il rapporta les *Scènes napolitaines,* un *Requiem,* et un recueil de mélodies, *Poème d'Avril* (1866). Puis il commença de produire avec une abondance extraordinaire : *Pompéia,* suite d'orchestre, *Noce flamande* pour chœurs et orchestre (1867), *Première suite d'orchestre* (1867-68), *Grand'tante,* opéra-comique en un acte (1867), *la Coupe du Roi de Thulé,* opéra non représenté, *Méduse,* opéra inédit, *Deuxième suite d'orchestre, Scènes hongroises* (1871), *Don César de Bazan,* opéra-comique (1872), musique de scène pour les *Erinnyes* (1873), *Marie-Madeleine,* oratorio (1873), *Troisième suite d'orchestre, Scènes pittoresques* (1874), ouverture de *Phèdre* (1874), *Ève* (1875), *Quatrième suite d'orchestre, le Roi de Lahore* (1877), qui eut du succès surtout à l'étranger, *la Vierge* (1880), *Hérodiade* (Bruxelles, 1881), *Manon* (1884), *le Cid* (1885), *Esclarmonde* (1889), *le Mage* (1891), *Werther* (Vienne, 1893), *Thaïs* (1894), le *Portrait de Manon* (1894), *la Navarraise* (Londres, 1894), *Sapho* (1897), *le Jongleur de Notre-Dame* (1904), *Cendrillon, Grisélidis, Ariane* (1906), etc., etc.

M. Massenet a obtenu les plus grands succès. Deux de ses opéras, *Manon* (1884) et *Werther* (1893) résument admirablement sa manière, et, pour leurs qualités comme pour leurs défauts, resteront vraisemblablement au répertoire pendant longtemps encore. M. Massenet a une tournure mélodique très personnelle, un peu précieuse. Sa phrase est malheureusement courte ; le souffle s'arrête avant la fin, et les procédés viennent au secours de l'inspiration interrompue. La recherche de l'effet gâte d'ailleurs trop souvent ses plus charmantes inventions musicales. Il a moins de véritable lyrisme que Gounod, et aussi moins de saine tendresse. Son art, voluptueux, agit violemment sur les sens, nullement sur le cœur : c'est ce qui explique à la fois son extraordinaire puissance de séduction sur les foules, qui ne discutent pas leur plaisir, et d'autre part la répugnance que manifestent à son endroit les critiques ou les artistes soucieux de pureté morale.

M. **Bruneau** (*Louis-Charles-Bonaventure-Alfred*) est né à Paris, le 3 mars 1857. Son père était altiste, sa mère pastelliste. Il obtint en 1876 au Conservatoire le premier prix de violoncelle. Il concourut trois fois sans résultat pour le prix d'harmonie ; il entra dans la classe de composition de M. Massenet, et en 1881 le deuxième grand prix de Rome lui fut décerné. Il prit alors quelques conseils de César Franck.

M. Bruneau n'avait presque rien produit encore, et il était à peu près inconnu du public quand il fit représenter à l'Opéra-Comique, le 18 juin 1891, *le Rêve*, dont Émile Zola lui avait fourni le livret. Ce fut un succès considérable. En 1892 aux Concerts-Colonne, son poëme symphonique *Penthésilée* est favorablement accueilli. Le 23 novembre 1893, à l'Opéra-Comique, nouvelle victoire avec *l'Attaque du Moulin. Messidor* à l'Opéra en 1897, *l'Ouragan* à l'Opéra-Comique en 1901 et *l'Enfant-Roi* furent moins goûtés du public.

M. Bruneau est un réaliste à la façon de Zola. Il parle au peuple, et il fait parler le peuple. Sans aller jusqu'à « l'opéra en blouse », il a une prédilection pour l'opéra en prose. Et cependant il prétend ne pas marcher sur les traces des « véristes » italiens, des partisans du fait-divers lyrique, qui se sont appliqués à n'écrire que des pièces d'action rapide et brutale. « Leur réalisme est grossier, déclare M. Bruneau, sans poésie, il ne comporte aucun symbolisme. Oui, c'est la nature ; c'est le réel que nous voulons exprimer, mais en l'éclairant d'une pensée, d'une philosophie, d'un grand amour de l'humanité. » Ces excellentes intentions, M. Bruneau les réalise trop souvent par des moyens un peu simples, un peu gros. Rendons hommage cependant à sa sincérité, qui lui inspire parfois des pages émouvantes, sans grand style, mais d'un lyrisme puissant.

M. **Gustave Charpentier** est né à Dieuze, en Lorraine, le 25 juin 1860. Au Conservatoire de Paris il a été l'élève de Massard (violon), de M. Pessard (harmonie), de M. Massenet (composition). En 1887 il obtint le prix de Rome avec sa cantate *Didon*. Ses *Impressions d'Italie* commencèrent d'établir sa réputation. En 1892 il fit exécuter *la Vie du Poète*, symphonie dramatique en trois parties dont il avait écrit lui-même le poème. M. Charpentier s'inspire ici, pour le sujet, de Berlioz ; pour la musique, de M. Massenet et de Chabrier. Dans *Impressions fausses*, M. Charpentier prend pour texte deux poésies de Verlaine : *la Veillée rouge* et *la Ronde des compagnons ;* il manifeste ses idées socialistes, et son amour du peuple dans un style qui peut paraître souvent un peu trop « débraillé ». Après ses *Poèmes chantés* (1895), il donne le 2 février 1900, à l'Opéra-Comique, *Louise,* dont la centième représentation avait lieu le 22 février 1901. Le livret de cet ouvrage est écrit en prose par M. Charpentier lui-même. C'est une sorte d'autobiographie. « Autour d'une action dont le fond est vécu, dit-il lui-même, j'ai voulu faire le poème de notre jeunesse à tous, poètes et artistes. » Dans cette « Vie de Bohème » modernisée, le réalisme paraît bien factice, le sentiment peu profond. Artistes, petits bourgeois et gens du peuple « posent » à qui mieux mieux, prennent des attitudes qui ne sont ni sincères, ni intéressantes. C'est un mélange de « blague » et de sentimentalisme affecté et niais qui plaît infiniment aux foules, mais qui sonne bien faux à des oreilles un peu délicates. Paris vu d'un atelier de Montmartre par les yeux d'un « rapin » sans cervelle et sans cœur, voilà ce qu'on nous donne pour une vision pénétrante de l'humanité. « Pour moi, l'univers est contenu dans le quartier où je vis, » disait M. Charpentier. On se prend vite à le regretter.

M. Gustave Charpentier avait commencé une *Deuxième suite d'orchestre* et un *Orphée* en quatre actes ; mais le mauvais état de sa santé ne lui permet plus de travailler. Quel dommage qu'un musicien, si bien doué à tant d'égards, d'une nature si poétique, d'un talent si souple, au lieu de suivre les traces de Bizet, à qui par bien des côtés il ressemble, se soit laissé aller à la recherche des effets les plus faciles et du plus mauvais goût !

Ainsi l'effort de Gounod, de Reyer, de Bizet pour relever notre théâtre musical semble perdu. L'opéra retombe dans la vulgarité. Après M. Charpentier, d'autres compositeurs, qu'il n'importe même plus de citer, prennent modèle sur les véristes italiens et ne songent qu'à obtenir l'applaudissement à tout prix, par les moyens les plus bas.

Nous en serions donc réduits à constater, au début du xxᵉ siècle, une nouvelle décadence de la musique française, si du moins le tableau que nous avons fait de son histoire depuis une cinquantaine d'années était complet. Mais, à dessein, nous avons laissé de côté, pour en parler maintenant, un groupe d'artistes qui ont compris que la musique dramatique doit être un aboutissement et non un point de départ, qu'il n'y a pas de théâtre musical sérieux, puissant et noble, qui ne suppose une longue pratique de la musique instrumentale, de la sonate et de la symphonie. La préoccupation exclusive de l'effet scénique, de la juste déclamation, de l'expression vraie ne suffit ni à soutenir l'inspiration du compositeur ni à développer sa technique. Il faut qu'il soit d'abord un musicien, c'est-à-dire un homme pour qui le monde des sons a son existence en soi, capable d'inventions purement musicales, sans rapport avec aucun texte, et rompu au maniement de toutes les formes sonores.

Ce retour fécond à la musique pure, depuis si longtemps négligée en France, nous le devons d'abord à Lalo, à M. Saint-Saëns et à M. Fauré.

Lalo (*Édouard-Victor-Antoine*), né à Lille le 28 janvier 1823, mort à Paris le 22 avril 1892, avait commencé par faire d'excellentes études littéraires. Il travailla la musique au Conservatoire de Lille (violon et harmonie), puis au Conservatoire de Paris avec Habeneck (violon). Ses professeurs de composition furent Schulhoff et Crèvecœur. En 1855 il entra comme alto dans le quatuor Armingaud-Jacquard fondé cette même année, et il se mit à écrire des œuvres de musique de chambre remarquables, mais qui n'eurent pas de succès. En 1865, il épousa Mlle Bernier de Maligny, une de ses élèves, qui avait une très belle voix de contralto. En 1867, il écrivit un opéra, *Fiesque*, qui fut édité, mais dont il ne parvint à faire jouer que quelques fragments dans des concerts. Après un moment de découragement, il se remit au travail et bientôt il composait son chef-d'œuvre *le Roi d'Ys*, dont on exécuta quelques pages dans les concerts dès 1876, mais qui ne fut représenté à l'Opéra-Comique que le 7 mai 1888. A sa mort, Lalo laissait une partition inachevée, *la Jacquerie*, qui fut terminée par M. *Arthur Coquard* (né en 1846), et représentée à Monte-Carlo le 8 mars 1895. Outre ses opéras, Lalo a écrit une *Symphonie*, trois *Concertos* pour violon, un *Quatuor* à cordes, trois *Trios* pour piano et cordes, etc., qui renferment des pages de premier ordre. Lalo possède le rythme et la couleur, la tendresse et la force ; c'est un des artistes les plus personnels du xixe siècle, et son *Roi d'Ys* restera.

M. **Saint-Saëns** (*Charles-Camille*) est né à Paris le 9 octobre 1835 d'une famille normande. Élève de Stamaty pour le piano, de Benoist pour l'orgue, de Halévy, de Reber et de Gounod pour la composition, il n'est pas arrivé à obtenir le prix de Rome. C'est que son tempérament était plutôt celui d'un symphoniste. Or, au concours pour le prix de Rome, on ne demande que de la musique de théâtre, ce qui est assez singulier, d'abord parce qu'on écarte ainsi d'excellents symphonistes, et ensuite parce qu'on favorise le métier aux dépens du talent, rien ne s'apprenant aussi aisément que la recette des effets scéniques. M. Saint-

Saëns ne se découragea pas et se livra avec ardeur à la composition. A vingt-cinq ans il avait déjà écrit une *Ode à Sainte Cécile*, trois *symphonies*, l'*Oratorio de Noël* (1858), un *Quintette* piano et cordes, un *Concerto* de violon. Il se faisait connaître dans les concerts comme organiste, pianiste et compositeur. C'est à ses poèmes symphoniques, *le Rouet d'Omphale*, *Phaéton*, *Danse macabre*, *la Jeunesse d'Hercule*, qu'il dut d'abord sa grande réputation ; et tout en continuant de composer une foule d'œuvres symphoniques et de musique de chambre il donnait au théâtre : *la Princesse jaune* (1872), *le Timbre d'argent* (1877), *Samson et Dalila* (Weimar, 1877), *Etienne Marcel* (Lyon, 1879), *Henry VIII* (1883), *Proserpine* (1887), *Ascanio* (1890), *Phryné* (1893), etc. Enfin il revenait de temps en temps au genre de l'oratorio avec *le Déluge*, *la Lyre et la Harpe*, etc.

M. Saint-Saëns est notre Mendelssohn français. Comme Mendelssohn, il a eu le grand mérite d'imposer au public et aux artistes le culte des classiques et des préclassiques ; comme Mendelssohn aussi, il se laisse entraîner à pasticher bien souvent les vieux maîtres au lieu de faire œuvre originale. Le souci de la forme prend aussi, dans son art, une importance exagérée. La forme n'est pas tout. « Musique de verre, disent les Allemands, d'un joli timbre, mais qui sonne le creux. » On pourrait discuter la valeur de la forme elle-même dans les compositions de M. Saint-Saëns : elle est plus logique qu'harmonieuse, plus satisfaisante pour l'esprit que pour la sensibilité, pour la réflexion que pour l'instinct : d'où cette impression de raideur qu'on a souvent en suivant ses développements si nets et si clairement déduits : c'est du raisonnement plus que de l'art véritable : la vie fait défaut à ces ingénieuses combinaisons ; l'ensemble est froid, et nous ne nous étonnerons pas que ce soit au théâtre que M. Saint-Saëns ait le moins bien réussi ; son chef-d'œuvre dans ce domaine n'est pas un véritable opéra, mais une sorte d'oratorio, *Samson et Dalila*.

Les qualités comme les défauts de M. Saint-Saëns en faisaient un admirable pédagogue. On peut dire qu'il a fait l'éducation musicale de la France au moment précis où Berlioz avait désespéré d'y réussir, et qu'il a préparé un public pour la jeune école de symphonistes de la fin du XIXe siècle.

M. Gabriel Fauré, élève de M. Saint-Saëns, ressemble à son maître par l'ingéniosité de ses développements et la solidité de sa technique. Mais il ajoute à sa science musicale les ressources d'une sensibilité singulièrement complexe et fine.

M. Gabriel Fauré, né à Pamiers (Ariège) le 13 mai 1845, a fait ses études à l'école Niedermeyer : il fut d'abord organiste à Rennes (1866), puis à Paris, à l'église Saint-Sulpice (1870) et à l'église de la Madeleine (1896). Actuellement il dirige le Conservatoire national de musique. M. Fauré n'a jamais écrit pour le théâtre : et c'est là un signe des temps. Il a composé une *Suite d'orchestre*, une *Symphonie en ré mineur*, un *Requiem*, des chœurs et de petits oratorios ; mais son véritable domaine est celui de la musique de chambre ; ses deux *Quatuors* pour piano et cordes sont des ouvrages de grande valeur, et surtout ses *lieder* sont d'un accent tout à fait personnel. Ne disons pas que M. Fauré est notre Schumann ou notre Brahms : cette comparaison n'aurait guère de sens. M. Fauré est très français. Il écrit une musique sensuelle, d'une poésie très subtile, d'un esprit un peu précieux, qui rappelle en la modernisant, la manière des Costeley et des Claude Le Jeune.

Lalo, MM. *Saint-Saëns* et *Fauré* se rattachent, au moins par leur éducation et par leur technique, aux maîtres classiques qu'ils ont d'abord pris pour modèles. Il fallait bien, pour orienter la musique française vers la sonate et vers la symphonie, se fonder tout d'abord sur une tradition certaine. Mais on ne pouvait indéfiniment avoir les yeux tournés vers le passé. A partir de 1871, un groupe de jeunes musiciens réunis sous la présidence de M. Saint-Saëns en une association dite *Société nationale de musique*, avec cette devise : *Ars gallica*, veulent fonder une nouvelle tradition, conforme au génie français et aux aspirations modernes, et ils s'engagent audacieusement dans des directions inconnues, d'abord sous la conduite de *César Franck*, plus tard sous celle de M. *Vincent d'Indy* et de M. *Claude Debussy*. M. *Saint-Saëns* refusera bientôt de les suivre ; M. *Fauré*, plus souple, saura les rejoindre et, quelquefois, leur montrer le chemin.

LECTURES RECOMMANDÉES.

Ouvrages de critique et d'histoire : GOUNOD, *Mémoires d'un artiste* (Fischbacher). — HUGUES IMBERT, *Médaillons contemporains* (Fischbacher). — GUSTAVE BERTRAND, *Les Nationalités musicales* (Didier). — ROMAIN ROLLAND, *Musiciens d'aujourd'hui*, article sur *M. Saint-Saëns* (Hachette). — P. LANDORMY, *L'état présent de la musique française*, dans la *Revue Bleue* du 26 mars et du 2 avril 1904. — ADOLPHE JULLIEN, *Ernest Reyer*, collection « Les Musiciens célèbres » (Laurens). — P.-L. HILLEMACHER, *Gounod* (même collection).

Textes musicaux : Il nous paraît inutile de signaler des œuvres si connues, dont les éditions sont dans toutes les mains.

CHAPITRE V

César Franck (1822-1890) fut, dans sa production, un des compositeurs les plus tardifs. Jusqu'à cinquante ans, il n'avait guère donné que des promesses, ses quatre *Trios* pour violon et violoncelle (1841-42), *Ruth* (1843-46), la *Messe à trois voix* (1860), les *Six pièces pour grand orgue* (1860-62). Nous passons sous silence les ouvrages sans importance. C'est à partir de la cinquantième année seulement qu'il compose ses chefs-d'œuvre :

1871-72. — *Rédemption*, poème-symphonie (48 ans).

1874. — *Rédemption*, seconde version.

1876. — *Les Éolides*, poème symphonique.

1878. — *Trois pièces pour grand orgue.*

1878-79. — *Quintette*, piano et cordes (56-57 ans).

1869-79. — *Les Béatitudes*, oratorio (47-57 ans).

1881. — *Rébecca*, scène biblique.

1882. — *Le Chasseur maudit*, poème symphonique.

1884. — *Les Djinns*, poème symphonique (piano et orchestre).

1884. — *Prélude, Choral et Fugue*, pour piano (62 ans).

1882-85. — *Hulda*, opéra en quatre actes et un épilogue.

1885. — *Variations symphoniques* (piano et orchestre).

1886. — *Sonate* pour piano et violon (64 ans).

1886-87. — *Prélude, Aria et Final* pour piano (64-65 ans).

1887-88. — *Psyché*, poème symphonique.

1886-88. — *Symphonie en ré mineur* (64-66 ans).

1889. — *Quatuor* à cordes (67 ans).

1888-90. — *Ghisèle*, drame lyrique inachevé.

1890. — *Trois chorals* pour orgue (68 ans).

Plus il avance en âge, plus César Franck semble trouver de jeunesse et de force. C'est qu'au début de sa vie, il a subi l'influence d'un milieu très défavorable à la musique de chambre, à la musique symphonique et à la musique religieuse, les seules musiques pour lesquelles il fût né.

Son père, banquier à Liége, avait voulu en faire un virtuose A onze ans il jouait déjà remarquablement bien du piano. A seize ans il concourut si brillamment au Conservatoire qu'on lui donna plus qu'un premier prix, « un grand prix d'honneur ». Il commença des tournées, mais y renonça bientôt pour se fixer à Paris où il vécut du métier d'organiste et des leçons qu'il donnait.

Quels exemples trouvait-il autour de lui ? Rossini, Meyerbeer, Auber triomphaient au théâtre. La musique symphonique et la musique de chambre n'avaient pas encore de public : il fallait attendre que l'exécution des œuvres de Beethoven aux concerts du Conservatoire et dans quelques rares séances de quatuors eût fait l'éducation d'un noyau de connaisseurs. La tradition établie voulait que la musique religieuse fût ou théâtrale ou inexpressive. Avec sa touchante modestie, César Franck prit d'abord modèle sur ses contemporains, imita leurs procédés, n'osa que timidement être lui-même. Sa *Messe à trois voix* est, à cet égard, très caractéristique. Que de formules empruntées !

Ce qui sauva Franck, ce fut son orgue. Là, à Notre-Dame-de-Lorette d'abord, à Sainte-Clotilde ensuite, il s'isole, il est loin de la foule et loin des maîtres de son temps. Il va tout droit à Bach et se livre à son instinct : il s'éloigne de plus en plus de ses contemporains.

Alors, à mesure qu'il prend conscience de son génie et qu'il le développe péniblement par un effort de méditation intérieure, sans aide et sans soutien, on fait le vide autour de lui. On ne le comprend pas ; il parle un langage qui paraît insensé. Ses oratorios *Rédemption*, les *Béatitudes* déroutent le public et la critique. Si on le nomme professeur de la classe d'orgue au Conservatoire en 1872, c'est uniquement pour sa virtuosité d'instrumentiste ; on se défie du compositeur ; ses collègues le traitent en ennemi. Quand une classe de composition devient vacante, on lui préfère Ernest Guiraud. Comme compensation, on le nomme, à cinquante-huit ans, officier d'académie ! En 1889, sa *Symphonie* exécutée aux concerts du Conservatoire ennuie les abonnés, fait hausser les épaules aux musiciens ! « D'abord, est-ce qu'on emploie un cor anglais dans une symphonie ! » dit l'un d'eux. Gounod, doctoralement, prononce que dans cette œuvre « l'affirmation de l'impuissance est poussée jusqu'au dogme ». Ce fut l'année de sa mort, en 1890, que César Franck obtint son premier grand succès à la *Société nationale* pour la première exécution de son *Quatuor*. Toute la salle, transportée, était debout pour l'applaudir. « Allons, dit tout joyeux le bon père Franck, voilà le public qui commence à me comprendre !.. »

Ni le ministère, ni l'administration des Beaux-Arts, ni le Conservatoire ne se firent représenter à ses obsèques.

Quatorze ans plus tard, tous les personnages officiels prononçaient de pompeux discours pour l'inauguration d'un monument élevé à sa mémoire.

Ainsi, César Franck a dû se tracer sa voie tout seul, sans aucun guide, en luttant au contraire contre une foule d'obstacles matériels et de mauvaises volontés réunies pour le décourager, sans même la consolation d'un succès. Il a, comme le vieux Bach, travaillé pour lui-même, enfermé dans sa vie modeste et laborieuse, loin du monde et de la gloire, sans jamais se plaindre, toujours satisfait de sa destinée.

L'art de Franck se caractérise avant tout par le dédain des succès faciles et par le mépris des conventions.

Plus de *conventions mélodiques,* plus de ces petits bouts de phrase de quatre mesures qui se répètent ou s'imitent avec une symétrie fatigante, des repos attendus, des reprises imposées et des chutes inévitables : tout cela uniquement pour la facilité de la mémoire. La première phrase de la *Sonate* de Franck a vingt-sept mesures. Un de ses disciples, *Lekeu,* écrira orgueilleusement : « La mélodie de la seconde partie de ma sonate a vingt-sept mesures ! Le premier thème de mon quatuor en a quarante-six ! Le vieux J.-S. Bach en était arrivé à écrire des mélodies de telle longueur qu'un seul exposé suffisait à parfaire de la première à la dernière note un morceau de musique. »

Plus de *conventions harmoniques,* de procédés appris, de modulations passe-partout. A l'assaut des règles ! Après Monteverde, Rameau, Beethoven,

Schumann, Wagner, et avant M. Debussy, Franck veut à son tour se faire une harmonie qui soit sienne.

Plus de *conventions architecturales*, de formes fixées d'avance, immuables. Chaque œuvre doit avoir son plan original. Qu'on examine à ce point de vue la *Sonate* ou le *Quatuor*, et l'on sera émerveillé d'abord de la nouveauté de la construction d'ensemble, et aussi de la souplesse d'une technique qui, en assurant aussi solidement l'unité du tout, n'enlève rien à la liberté du détail. Franck crée même une nouvelle forme d'art en donnant à tous ses ouvrages symphoniques ou de musique de chambre, comme Wagner à ses drames musicaux, un caractère *cyclique*. La « sonate » n'est plus faite de morceaux juxtaposés qui s'harmonisent tant bien que mal. D'un bout à l'autre de l'œuvre les mêmes thèmes circulent ; dès la première page sont donnés les éléments organiques d'où, comme d'une semence féconde, doit sortir la riche moisson des développements ultérieurs.

Ainsi César Franck, appliquant dans un autre domaine les principes de l'art dramatique de Wagner, fondait une nouvelle tradition, opposée à la tradition d'origine plutôt classique qui jusque-là, malgré le glorieux effort de Berlioz, avait été toute-puissante en France. Au delà de Wagner et comme Wagner lui-même, César Franck cherchait aussi son inspiration dans les dernières œuvres de Beethoven et dans celles de Bach, où il pouvait trouver encore tant de romantisme. Si l'on songe d'autre part à la tendresse et à la chasteté de sa nature mystique, aux violences passionnées de ses inspirations fantastiques (voir le *quintette*, première et dernière partie), à son adresse subtile, à ses délicieuses gaucheries et à sa naïveté, on comprendra combien un tel homme devait différer de musiciens comme MM. Saint-Saëns et Gabriel Fauré, tout en vivant auprès d'eux et en cultivant les mêmes genres.

César Franck n'était pas seulement un grand musicien, mais un excellent homme et un professeur incomparable. Les qualités de son cœur et la valeur de son enseignement groupèrent autour de lui, vers la fin de sa vie, une foule de disciples et d'amis.

Alexis de Castillon (1838-1873), d'abord officier, vint tard à la musique. Il écrivit un *quintette* et un *quatuor* piano et cordes, un *quatuor* à cordes, une *sonate* piano et violon, etc. Il fut, avec M. Saint-Saëns et quelques autres, un des fondateurs de la *Société nationale de musique* (1871), où bientôt l'influence de Franck devait être prédominante. L'œuvre de Castillon est un peu mêlée. Elle contient des pages de premier ordre, d'ordinaire très romantiques, d'une poésie pittoresque, d'un contour mélodique très net, d'un rythme très accusé. Mais souvent le musicien est trahi par l'insuffisance de son métier ; on sent « l'amateur » ; et puis il cède à la mode régnante, il est de son temps, il écrit des pauvretés ou des fadeurs.

Chabrier (1842-1894), lui aussi, n'étudia d'abord la musique qu'en amateur ; il débuta en 1877 par une opérette, *l'Étoile*. En 1881 il fut chef des chœurs aux Concerts Lamoureux. En 1883 sa rapsodie *España* obtint un succès considérable. Il écrit alors pour le théâtre *Gwendoline* (Bruxelles, 1886) et *le Roi malgré lui* (Opéra-Comique, 1887). La riche imagination et la brillante fantaisie de ce musicien s'exerçaient surtout dans la recherche de mille inventions de détail, ryhtmiques, harmoniques, orchestrales, dont ses contemporains et ses successeurs profitèrent, sans que lui-même ait réussi à composer véritablement une œuvre .

Chabrier ne fut pas à proprement parler un élève de Franck. M. **Henri Duparc** (né en 1848) est un des premiers musiciens qui aient travaillé (dès avant 1870) sous la direction du Maître. Il n'est connu que par un poème symphonique, *Lénore* (1875), et un recueil de douze mélodies, parmi lesquelles *l'Invitation au voyage*, *Phidylé*, *la Vie antérieure*, et quelques autres, sont certainement les plus beaux lieder qui aient jamais été écrits en France. Un langage des plus choisis, une forme parfaite, de grandes images et de grandes passions, et aussi des sentiments subtils et raffinés, une mélancolie délicate et un peu maladive, mais toujours le souffle d'une inspiration profonde, la phrase large et vibrante, voilà ce qui fait de ces quelques pages un des plus précieux monuments de notre art moderne. Pourquoi faut-il qu'un mal sans remède ait depuis vingt ans condamné un tel musicien au silence?

M. **Vincent d'Indy** (1851) fut non seulement le disciple de Franck, mais encore son successeur dans la direction de la jeune École. Il avait eu d'abord pour maîtres Diemer, Marmontel et Lavignac ; ce n'est qu'après 1870 qu'il demande des leçons à César Franck. Voulant s'instruire de toutes façons, et malgré une situation de fortune qui l'aurait dispensé de faire de la musique en professionnel, il se fit engager d'abord comme organiste à Saint-Leu, puis comme timbalier, et ensuite chef des chœurs, aux Concerts Colonne. Il voyagea en Allemagne, entra en relation avec Liszt, assista aux premières représentations de Bayreuth.

Il fit partie de la *Société nationale*, d'abord comme secrétaire, puis comme président. On finit par lui offrir une chaire de composition au Conservatoire, qu'il refusa pour se consacrer tout entier à la *Schola Cantorum* (fondée en 1896, à Paris, par MM. Bordes, Guilmant et Vincent d'Indy).

Son œuvre se compose de musique d'orchestre : *Wallenstein* (1879-81), *Istar* (1897), deux *symphonies;* d'opéras : *Fervaal* (1897), *l'Étranger* (Bruxelles, 1903); de *trios*, de *quatuors*, de *sonates* pour piano seul et pour piano et violon ; de musique de fantaisie pour le piano : *Poème des montagnes* (1881), *Helvetia* (1882), *Tableaux de voyage* (1889), etc. En somme, dans chaque genre, des ouvrages relativement peu nombreux, mais très médités.

M. Vincent d'Indy se présente avant tout comme un *chef d'école*, et comme un apôtre. Il est très dogmatique, très autoritaire, très ardent polémiste.

Ses idées sur l'art peuvent se ramener à un petit nombre de principes :

1° L'inspiration a ses deux sources principales dans l'amour du pays natal et dans le sentiment religieux : notamment la religion catholique est par excellence inspiratrice de chefs-d'œuvre, infiniment plus que la religion protestante. (Bach constitue à cet égard une exception peu négligeable qui embarrasse fort M. Vincent d'Indy.)

2° L'étude de la tradition des grands maîtres peut seule nous révéler les secrets de l'architecture musicale. M. Vincent d'Indy est donc traditionaliste. Mais il a le sentiment très vif du caractère provisoire et évolutif de toute forme artistique, et son enseignement de la composition se base sur l'histoire de la musique. Il n'a nullement l'intention de donner le passé comme modèle invariable de l'avenir.

3° Il n'y a pas d'art sans sincérité et sans désintéressement. Le métier, les procédés, l'habileté du technicien ne suppléeront jamais à l'inspiration, et la recherche exclusive du succès a vite fait d'en arrêter le cours.

Comme *musicien*, M. Vincent d'Indy tâche d'appliquer au développement de son individualité ses principes esthétiques : 1° Pénétré de l'art allemand de Bach et de Wagner, il s'applique à se libérer de cette influence qui a pesé sur lui un peu lourdement dans sa jeunesse et à redevenir bien français. Il y arrive sans peine, car il tient par des racines solides au sol de son pays ; et malgré tout le raffinement de sa culture, il porte encore les sabots ou les souliers ferrés du paysan du Centre, et sa musique est tout imprégnée du parfum de ses montagnes. La religion n'occupe peut-être pas dans l'œuvre de M. Vincent d'Indy toute la place qu'il aurait voulu lui donner. Sans doute on retrouvera le sentiment chrétien dans *Fervaal* et dans *l'Étranger ;* mais même dans ces ouvrages où l'auteur a voulu cacher sous des symboles une leçon de morale religieuse, l'accent de la musique n'est pas religieux. Quoi qu'il fasse, M. Vincent d'Indy s'exprime dans un langage qui nous semble étrangement païen, peut-être parce qu'il est profondément latin.

2° Au point de vue de la forme, M. d'Indy a réalisé véritablement des merveilles d'architecture originale, il est le virtuose de la composition.

3° Enfin il veut être sincère, inspiré ; il veut son génie. Il y a peut-être un peu de tension dans cet effort ; mais cela même donne beaucoup de noblesse à son art, et si la pensée y dépasse parfois le sentiment, elle ne cherche jamais à en prendre la place.

Dans l'*homme* on voit d'abord le front puissant et volontaire, les yeux profonds et ardents ; le reste du visage paraît tourmenté. Le corps est grand, avec quelque chose de gauche dans la démarche, de la lourdeur dans les jambes. M. d'Indy est timide : et sa modestie, très réelle, recouvre sans doute un légitime orgueil. Il est simple, presque naïf, il a quelque chose d'enfantin dans la joie qui rappelle « le père Franck », et qui ne sied pas mal à sa foi robuste.

Ernest Chausson (1855-1899), à l'opposé de M. d'Indy, était une nature inquiète et hésitante. « Il montrait, nous dit un de ses amis, une attitude très simple, un visage doux, franc et net, aux yeux gris mélancoliques, à la bouche souriante et fine sous la barbe ; le regard très lointain, très voilé, démentait l'allure vive, le profil et le port de tête volontaire. » Outre un opéra, *le Roi Arthus*, Chausson a écrit une *symphonie*, un grand nombre de *lieder*, et surtout un *quatuor* et un *sextuor*, piano et cordes, qui sont ses œuvres les plus parfaites. Sa musique est charmante, d'une sonorité très douce et très chaude, et d'une facture très ingénieuse.

Guillaume Lekeu (1870-1894), est né à Heusy, près de Verviers. Belge comme César Franck, il ne se fixa pas dans son pays (ainsi que l'avaient fait ses compatriotes, **Peter Benoît** (1834-1901), **Érasme Raway** (1850), **Jan Blockx, Edgar Tinel** (1854), **Joseph Ryelandt,** tâchant de fonder une école nationale en dehors de l'influence française). Ses parents vinrent s'établir à Poitiers en 1879 et il suivit les cours du lycée jusqu'à son baccalauréat de philosophie, qu'il passa à Paris en 1888. A quatorze ans Beethoven lui avait révélé la musique. Une fois ses études littéraires et scientifiques terminées, il fit la connaissance de César Franck qui accepta de lui donner deux leçons de composition par semaine. Quand il mourut, à vingt-quatre ans, emporté par une fièvre typhoïde, il avait écrit une *Fantaisie symphonique* sur deux airs populaires angevins, une *sonate* piano et violon, trois *Poèmes* pour la voix, et les deux premiers mouvements d'un *quatuor* pour piano et cordes.

Lekeu est un des plus puissants musiciens de la fin du XIXe siècle. Si ses compositions sont parfois un peu touffues, un peu désordonnées, en revanche, quelle abondance mélodique, quelles violences passionnées, quelles tendresses délicates ! Et que ne pouvait-on attendre d'un tel génie s'il fût parvenu jusqu'à sa maturité !

A ce mouvement franckiste se rattachent encore directement ou indirectement les compositeurs **Pierre de Bréville** (1861), **Charles Bordes** (1863-1909), fondateur des *Chanteurs de Saint-Gervais* et de la *Schola Cantorum*, **Guy Ropartz** (1864), **Paul Dukas** (né en 1865), auteur de *l'Apprenti sorcier* et d'*Ariane et Barbe-bleue*, **Albéric Magnard** (né en 1865), **Florent Schmitt, Albert Roussel, Vreuls, Déodat de Séverac,** etc. A sa classe d'orgue au Conservatoire, César Franck eut pour élèves **Samuel Rousseau,** MM. **Gabriel Pierné,** auteur de ces délicats poèmes *la Croisade des enfants* et *les Enfants de Bethléem*, **Augnste Chapuis,** inspecteur général du chant dans les écoles de la ville de Paris, **Dallier, Tournemire,** etc. L'influence du maître s'exerça aussi sur son ami le grand organiste **Guilmant,** sur les violonistes **Ysaye** et **Armand Parent,** etc., etc.

Ainsi, sous l'action bienfaisante du génie de César Franck se développa la plus brillante école de symphonistes qu'ait jamais possédée la France, et dont la réputation sans cesse grandissante commence d'inquiéter le tranquille orgueil germanique.

LECTURES RECOMMANDÉES.

Ouvrages de critique et d'histoire : VINCENT D'INDY, *César Franck*, collection des « Maîtres de la musique » (Alcan). — ROMAIN ROLLAND, *Musiciens d'aujourd'hui*, articles sur *M. Vincent d'Indy* et sur le *Renouveau* (Hachette). — PAUL LANDORMY, *L'état présent de la musique française*, dans la *Revue Bleue* du 26 mars et du 2 avril 1904.

Textes musicaux : CÉSAR FRANCK, *Œuvres* (Hamelle). — VINCENT D'INDY, *Œuvres* (Durand). — BRÉVILLE, CHAUSSON, DÉODAT DE SÉVÉRAC, DUPARC, LEKEU, ROPARTZ, *Œuvres* (Rouart et Lerolle), etc.

CHAPITRE VI

Au xviiie siècle, trois grandes nations musiciennes comptent seules dans l'histoire de l'art : la France, l'Italie et l'Allemagne. Si, par hasard, quelque artiste naît dans un autre pays, il s'empresse de quitter sa patrie, il accourt en France, en Italie ou en Allemagne, et il adopte les traditions du peuple auquel il veut plaire. C'est ainsi que les Tchèques *Stamitz* et *Dussek* devinrent des musiciens allemands. Même la différence des styles italien, français et allemand tend à s'effacer à la fin du xviiie siècle : Gluck rêve d'une sorte de musique internationale, de caractère neutre.

Au xixe siècle au contraire, des tendances nationalistes s'accusent dans tous les pays, et nous voyons des musiciens polonais, russes, tchèques, danois, norvégiens, espagnols, suisses, faire effort pour exprimer dans leurs œuvres le génie particulier de leurs races.

Chopin, né à Zélazowa-Wola, près de Varsovie, le 1er mars 1809, mort à Paris le 17 octobre 1849 d'une maladie de poitrine qui le minait depuis longtemps, apporte à l'art musical la riche matière des rythmes et des mélodies populaires de la Pologne idéalisés par sa nature poétique, et entremêlés aux inventions infiniment variées de son génie créateur. Dès sa vingtième année il possédait la maîtrise la plus parfaite comme pianiste et comme compositeur, et son style, si original dans son caractère fantaisiste et improvisé, ne se renouvellera plus. Il n'y a pas chez lui de recherches ni de savants arrangements : tout est spontané, tout est naturel, même une certaine affectation sentimentale, une certaine boursouflure, qui peut déplaire, mais qui ne fait que traduire naïvement l'exaltation un peu maladive d'une sensibilité trop délicate.

Chopin n'a pas fait école dans son pays. La Pologne ne compte pas au nombre des grandes nationalités musicales. L'École russe au contraire, fondée par Glinka, a pris tout de suite un développement considérable.

Avant Glinka lui-même, on peut citer au xviiie siècle quelques précurseurs, *Kachine*, *Volkow*, *Fomine*, *Titow*. En 1790, *Pratsch* publie un recueil de chants populaires russes auquel Beethoven empruntera des thèmes pour ses *Quatuors* op. 59. En 1804, *Danilow Kircha* fait paraître un choix de chants cosaques.

Mais c'est seulement **Glinka** (1804-1857), élève du théoricien Dehn, de Berlin, qui réussit à créer une musique artistique russe en s'inspirant directement des chansons populaires de son pays. Son premier opéra, *la Vie pour le Tsar* (9 décembre 1836), est une date. Le succès en fut considérable et eut un retentissement prodigieux dans toute la Russie. Quelques années plus tard *Rußlan et Ludmilla* soulevait de nouveau l'enthousiasme.

Dargomyzski (1813-1869), auteur de la *Roussalka* (1856) et du *Convive de Pierre* (1872), joua à son tour un rôle très important comme président de la Société de musique russe, et il exerça une très heureuse influence sur les jeunes artistes qui s'unirent après lui pour prendre la direction du mouvement musical nationaliste en Russie, les « Cinq », comme on disait : Balakirew, M. César Cui, Borodine, Moussorgsky et Rimsky-Korsakow.

Balakirew (1836-1910), après des études sérieuses de mathématiques et de sciences naturelles, se voua exclusivement à la musique. En 1862 il fondait à Saint-Pétersbourg une école de musique gratuite, et, de 1867 à 1870, conduisait les *Concerts de la Société de musique russe*. Ses œuvres les plus curieuses sont un poème symphonique, *Tamara*, la musique du *Roi Lear*, une fantaisie orientale pour piano, *Islamey*.

M. César Cui (né en 1835), professeur de l'art des fortifications à l'Académie des ingénieurs de Saint-Pétersbourg, essaye de concilier sa vocation musicale avec les exigences de sa profession scientifique. Ses opéras, *le Prisonnier du Caucase*, *le Fils du mandarin*, *William Ratcliff*, *Angelo*, *le Flibustier*, ne sont, en fin de compte, que des œuvres estimables.

Borodine (1834-1887), d'abord médecin militaire, puis professeur à l'Académie médico-chirurgicale de Saint-Pétersbourg, mena de front, comme M. César Cui, ses études scientifiques et son labeur artistique. Il a laissé quelques œuvres très remarquables : deux *symphonies*, un poème symphonique *Dans les steppes de l'Asie centrale*, de la musique de chambre et un opéra inachevé, *le Prince Igor* que Rimsky-Korsakow et M. Glazounow terminèrent et firent représenter à Saint-Pétersbourg en 1890.

Rimsky-Korsakow (1844-1909), d'abord officier de marine, fut nommé en 1871 professeur de composition au Conservatoire de Saint-Pétersbourg. Son œuvre considérable comprend à la fois des poèmes symphoniques : *Sadko, Antar, Scheherazade,* un *Capriccio espagnol,* plusieurs *quatuors* à cordes, et un grand nombre d'opéras : la *Pskovitaine* (1873), *Nuit de mai* (1880), *Sniégourotchka* (1882), *Mlada* (1893), la *Nuit de Noël* (1895), *Sadko* (1897), *Mozart et Salieri* (1898), la *Boyarina Véra Schéloga* (1898), la *Fiancée du Tsar* (1899), le *Conte du tsar Saltan* (1900), *Servilia* (1902), *Kaschei l'immortel* (1902), *Pan le Voyévode* (1905), le *Dit de la ville invisible de Kiteg et de la vierge Févronia* (1906).

Nous mettrons à part **Rubinstein** (1830-1894) et **Tschaïkowsky** (1840-1893), auteurs prolixes, dont la musique, bien souvent du goût le plus détestable, offre un caractère plutôt allemand que russe.

D'ailleurs toute l'école russe subit jusqu'à un certain point l'influence de l'art allemand. En l'absence d'une tradition nationale, il fallut bien chercher des exemples à l'étranger. Le voisinage de l'Allemagne invitait les artistes russes à prendre modèle sur les maîtres germaniques. Ils furent attirés par les génies les plus indépendants, les plus romantiques, Schumann, Liszt, même Wagner, bien que son art leur parût un peu éloigné de leurs tendances réalistes. — Mais, d'autre part, ils demandaient des leçons d'harmonie, de contrepoint, de composition à de médiocres professeurs allemands dont l'enseignement pédant et la lourde technique entravaient parfois le libre cours de leur inspiration naturellement légère et souple. Heureusement la forte originalité des chants populaires slaves ou asiatiques dont ils empruntent souvent les thèmes aux modes bizarres, aux rythmes rompus, aux contours capricieux, d'une sensualité subtile et passionnée, donne à leur musique un charme étrange, une saveur pénétrante qui contrastent avec la banalité de certains procédés scolastiques de présentation ou de développement.

Les Russes sont volontiers descriptifs, et, à ce point de vue, ils se réclament de Berlioz, qu'ils n'imitent guère que dans ce qu'il a de plus extérieur. Ils ont l'instinct de l'orchestration colorée, et ils savent tirer des combinaisons instrumentales toutes sortes d'effets brillants, scintillants, chatoyants, dont l'abus finit d'ailleurs par lasser.

Moussorgsky (1839-1881), est tellement différent à bien des égards des musiciens auxquels il s'était associé pour constituer un art national, qu'il est nécessaire d'étudier à part son œuvre et son génie. Moussorgsky appartenait à la noblesse ; il fut d'abord officier, et il eut des succès de salon comme pianiste et comme compositeur. Il ignorait alors la plupart des grands maîtres classiques et romantiques : ce fut Balakirew qui les lui fit connaître. Il se prit d'enthousiasme pour la composition et donna sa démission d'officier. Il n'apprit pas, il ne voulut jamais apprendre l'harmonie, ni rien de la technique musicale, et, peu à peu, il en vint à découvrir d'instinct la forme tout à fait personnelle de son écriture. Moussorgsky est un impressionniste. Il note directement la vie telle que sa fine sensibilité la lui révèle à tout instant. Sa musique aura toujours un objet ; elle voudra toujours dire quelque chose, et pour dire chaque chose elle n'aura qu'une expression. Peu de répétitions, de variations, de développements, car la vie ne se répète ni ne développe, elle est toujours différente. Il sera l'ennemi de toute rhétorique et, plus généralement, de la

musique pure. Cette conception de l'art musical, il
l'applique particulièrement à la peinture des gens du
peuple, dont il pénètre admirablement l'âme tour à
tour douce et résignée, violente et révoltée. Il a une
pitié profonde pour les destinées misérables des êtres
mal doués physiquement ou moralement : infirmes
ou innocents. Il devine merveilleusement les enfants,
et l'un de ses chefs-d'œuvre, *la Chambre d'enfants*,
est un minutieux tableau de leurs jeux, de leurs rêves
et de leurs pensées naïves.

Moussorgsky a peu écrit : quelques lieder, parmi
lesquels, outre *la Chambre d'enfants*, *le Sémina-
riste*, *Hopak*, *Aux Champignons*, et les cycles inti-
tulés *Sans Soleil* (1874), *Chants et Danses de la mort*
(1875), un opéra, *Boris Godounow* (1868-1871), et l'é-
bauche d'un drame musical, *Khovanchtchina*. Ces
œuvres contiennent des pages uniques. Aucun autre
compositeur n'est comparable à Moussorgsky pour
l'intensité et la variété de l'expression dans la notation de l'instantané. Il ne faut pas chercher dans cette
musique une architecture, des ensembles construits :
elle ne vaut que par le détail. C'est d'un artiste purement
sensitif, non intellectuel, tout en spontanéité. Il est
regrettable que des mains maladroites aient gâté certains ouvrages (notamment *Boris Godounow*, dont
on jugeait l'harmonisation et l'orchestration insuffi-
santes) en y introduisant les procédés d'une banale
technique.

*
* *

Nous ne signalerons qu'en passant l'effort de Smetana (1824-1884), auteur de deux *quatuors* à cordes,
d'un *trio* pour piano, violon et violoncelle, de nom-

breuses pièces symphoniques et de neuf opéras dont *la Fiancée vendue* (1863-66) ; de **Dvorak** (prononcer *Dvorchak*) (né en 1881), et de **Fibich** pour créer une école nationale tchèque.

Parmi les musiciens danois ou scandinaves **Niels Gade** (1817-1890), **Svendsen** (né en 1840), **Grieg** (1843-1907), **Sinding** né en 1856), **Sjögren**, etc., **Grieg** est le seul qui ait su tirer du précieux fonds des chansons populaires de son pays des œuvres, un peu grêles il est vrai, mais d'un grand charme poétique et d'une saveur harmonique toute nouvelle.

Il faudrait noter en Espagne un mouvement plus intéressant mais encore peu généralisé, dont les promoteurs furent **Felippe Pedrell** (né en 1841), musicologue distingué, auteur de plusieurs opéras : *Quasimodo* (1875), *le Tasse à Ferrare* (1881), *Cléopâtre* (1881), *Mazeppa* (1881), d'une vaste tétralogie, *les Pyrénées* (1891), et de quelques poèmes symphoniques ; et **Albeniz** (1860-1909), qui, sur des motifs empruntés à la musique populaire espagnole, a écrit de délicieuses fantaisies dont un recueil pour piano bien connu, *Iberia*.

Quant aux Suisses, sollicités à la fois par l'art allemand, l'art français et l'art italien, ils s'efforcent à grand peine de dégager leur originalité. Dans les pays romands tout au moins, elle commence à se manifester chez deux musiciens-poètes délicats, spirituels et tendres : **Jacques-Dalcroze** (1865) et **Gustave Doret** (1866).

A côté des Russes, aucune de ces jeunes écoles n'a pris encore beaucoup d'importance. Quant aux Russes, non seulement ils se placent aujourd'hui au premier rang des nationalités musicales, mais encore ils exercent une influence notable sur certains artistes français, et tout d'abord sur M. Claude Debussy.

.[*].

Claude-Achille Debussy est né le 22 août 1862 à Saint-Germain-en-Laye. Autour de lui personne ne cultivait la musique. Son père le destinait à la marine. Cependant sa vocation musicale se découvrit d'assez bonne heure et en 1873 il entrait au Conservatoire. Il obtint en 1877 un deuxième prix de piano ; mais toute récompense en harmonie lui fut refusée. En revanche, le premier prix d'accompagnement lui était décerné en 1880 et le prix de Rome en 1884 pour sa cantate *l'Enfant prodigue*. Entre temps il avait fait un court séjour en Russie qui lui donna l'occasion d'entendre quelques œuvres de Rimsky-Korsakow, de Balakirew et de Borodine, mais surtout les libres improvisations des vrais tziganes.

D'Italie, M. Debussy fit à l'Institut un double envoi, *le Printemps* et *la Damoiselle élue*, qui fut en partie refusé : *le Printemps* fit scandale. M. Debussy s'opposa dès lors à l'exécution de *la Damoiselle élue* au Conservatoire, selon la tradition quï récompense ainsi les prix de Rome de leur labeur ; et la première audition en fut donnée par la *Société nationale*.

C'est alors qu'un vieil amateur de musique fit connaître à M. Debussy *Boris Godounow*. Bientôt après M. Debussy mettait en musique les *Ariettes oubliées* de Verlaine (1888) et *Cinq poèmes* de Baudelaire (1890). Il entrait en relation avec Stéphane Mallarmé dont la maison était le rendez-vous de tant de jeunes artistes, surtout poètes et peintres, et le sanctuaire de l'école symboliste. Il connut là Gustave Kahn, Henri de Régnier, Pierre Louys, Francis Viélé-Griffin, Stuart Merril, Verlaine, Whistler, etc. M. Debussy est

— chose rare ! — un musicien lettré, d'une culture très raffinée. D'instinct, il était allé vers les artistes qui non seulement pouvaient le comprendre, mais encore l'aider à parfaire son développement intellectuel. En 1892 il écrivait son premier poème symphonique, *Prélude à l'après-midi d'un Faune* inspiré par un poème de Stéphane Mallarmé ; et puis il se mettait à la composition de *Pelléas et Mélisande*, qui devait l'occuper pendant une dizaine d'années. Cependant il donnait en 1893 le *quatuor* à cordes, d'une inspiration si large ; en 1894, les *Proses lyriques*, dont il avait lui-même écrit le texte littéraire :

> La nuit a des douceurs de femme,
> Et les vieux arbres, sous la lune d'or
> Songent.

En 1898 parurent les merveilleuses *Chansons de Bilitis* et les trois *Nocturnes* pour orchestre ; et déjà la renommée de M. Debussy commençait à se répandre au delà du cercle de ses intimes. Il s'essayait aussi à la critique musicale, dans laquelle il apportait son esprit fin, primesautier, net, tranchant et libre. Les représentations de *Pelléas et Mélisande* à l'Opéra-Comique (1902) rendaient enfin manifeste à tous les musiciens le nouveau génie.

Une suite *Pour le piano*, les *Estampes*, les *Fêtes galantes* (1904) de Verlaine, les *Chansons de France* de Charles d'Orléans et de Tristan l'Hermitte, les *Images* pour piano, *la Mer* (1905) et les *Images* (1909) pour orchestre, nous permettent d'attendre en toute confiance quelque prochain chef-d'œuvre.

Quelque part que l'on fasse aux influences extérieures qui ont amené M. Debussy sur le chemin de ses découvertes, il n'en reste pas moins qu'il fut un extraordinaire inventeur. Jamais peut-être dans toute l'histoire de la musique on ne put constater un si brusque ni si radical changement de technique. Toute l'harmonie traditionnelle en est bouleversée. Disons mieux : il n'en subsiste rien. Au lieu de nos seules gammes, majeure et mineure, « lieux communs » de toute mélodie, une foule d'échelles différentes dont on conçoit que la variété puisse se diversifier presque à l'infini : gamme à cinquième degré abaissé ou au contraire élevé d'un demi-ton, gamme de cinq notes, gamme par tons entiers, etc. Au lieu de la distinction fondamentale des accords consonants et des accords dissonants, tous les accords considérés comme consonants ; par suite, plus de résolutions, plus d'enchaînements corrects et incorrects ; des accords nouveaux formés de rencontres de sons jugées auparavant barbares et exclues de la musique. On pense bien que les professeurs d'harmonie s'émurent d'un pareil attentat aux règles éternelles du beau ! Faudra-t-il donc toujours leur rappeler que les règles n'ont été déterminées qu'après coup par l'analyse des chefs-d'œuvre du passé, et sans cesse modifiées chaque fois qu'un génie révolutionnaire créait une beauté inconnue ?

Il y a d'ailleurs une logique dans l'évolution de l'harmonie et sa complication croissante. Tandis que certains peuples orientaux s'en tiennent à des bruits harmonieux très complexes, une première fois choisis, dont ils font leur musique, nous, Occidentaux, nous voulons recomposer l'infini du bruit avec des éléments finis, avec des sons relativement simples. L'ordre naturel de nos combinaisons va du simple au complexe, et, après avoir admis comme consonances l'octave puis la quinte et la quarte, puis la tierce, notre oreille devait nécessairement accepter les septièmes, les neuvièmes, les onzièmes. La question est résolue par le fait même que pour tant d'auditeurs la musique de M. Debussy est bien de la musique. Et tous les traités d'harmonie du monde n'y feront rien.'

Si importantes que soient les innovations techniques de M. Debussy, tout son art n'est pas là, ou plutôt il faut comprendre comment elles sont liées à sa façon de sentir, à son caractère d'artiste, à son génie.

M. Debussy est à la fois un impressionniste et un symboliste.

Il n'a aucune prétention à exprimer les choses mêmes, la nature dans son objectivité, mais seulement le reflet de l'objet dans sa conscience individuelle. Il refuse d'être dupe de l'illusion sans cesse reconstruite par notre esprit d'un monde solide et extérieur à nous, dont nous aurions l'intuition immédiate. Il sait que nous ne touchons ainsi du doigt que nos préjugés sur la réalité, non la réalité même. Ses sensations au moins ne le trompent pas, et seules elles l'intéressent : il nous les livrera ; ses sensations autant que possible, plutôt encore que ses sentiments, élaborations secondaires de la vie consciente, constructions équivoques, dont il vaut mieux douter. Cependant la sensation elle-même a parfois un retentissement subit dans l'être tout entier dont elle ébranle les plus profondes assises : c'est l'émotion, dont la spontanéité ne ment pas non plus, et qui sera l'une des sources les plus abondantes de l'inspiration de M. Debussy. Retrouver la naïveté de notre façon primitive et originale de sentir sous l'encombrement des interprétations du sens commun, voilà quelle tâche infiniment délicate cet artiste subtil se prescrit, et l'on ne peut manquer d'être frappé par l'analogie d'une telle conception du rôle de la musique, non seulement avec les tendances fondamentales de la poésie impressionniste, mais encore avec les idées les plus caractéristiques de la philosophie de M. Bergson.

L'art de M. Debussy est aussi symboliste. Mais il l'est d'une tout autre manière que celui de Wagner. Le symbole n'a chez M. Debussy aucun caractère intellectuel ; le symbole se produit de lui-même, par la naturelle corrélation de nos sensations ou de nos émotions qui s'évoquent l'une l'autre en vertu d'une liaison purement affective. M. Debussy, qui commença par être un fervent wagnérien, se détacha bien vite d'une admiration stérile, et reconnut même l'antipathie profonde de sa nature avec celle de Wagner. Ce sont les deux pôles de l'art : d'un côté tout est voulu, systématique, intelligent, et peut donc paraître artificiel et affecté, même les plus ardentes effusions du sentiment : c'est le triomphe de l'éloquence et du pathétique. De l'autre, on repousse tout dessein préconçu, on se laisse aller à l'innocent et facile mouvement de l'instinct ; on a peur surtout de l'emphase ; on est discret, réservé, simple et concis ; on renonce à toute métaphysique, et, si l'on a une philosophie, c'est celle qui se dégage, sans qu'on la cherche, des mystérieuses correspondances qu'une riche et vive sensibilité établit spontanément entre ses impressions diverses. Dans cette attitude à l'égard du réel, l'artiste peut atteindre à autant de force, de grandeur et d'humanité que par la méthode classique ou que dans l'emportement de la passion romantique.

Que l'on en juge seulement par le rôle d'Arkel dans *Pelléas*, et par tout le dernier acte ; ou encore par l'andante du *quatuor* à cordes !

Mais on dira que cette recherche du naturel finit par tomber dans l'affectation, que cette peur du mensonge tue toute sincérité, que tant de naïveté suppose bien du raffinement, et qu'en somme on ne fait que remplacer des conventions par d'autres. Sans doute ! mais qu'est-ce donc que la création artistique sinon l'invention d'un parti pris nouveau, un choix dans la multitude infinie des points de vue d'où il nous est loisible de déformer la réalité, c'est-à-dire d'en donner une image mutilée et faussée par notre vision même et par l'individuelle nature de notre âme tout entière ?

On a dit que M. Debussy ne ferait pas école. Tant mieux ! si l'on entend par là qu'il ne suscitera pas une foule d'imitateurs maladroits empressés à copier ses procédés sans pénétrer l'esprit de son art. Mais, hélas ! on se trompe. Le fait est là. M. Debussy a déjà ses plagiaires.

On se trompe encore plus lourdement si l'on pense que la voie dans laquelle s'est engagé M. Debussy est fermée aux musiciens sincères et originaux, qu'il est impossible d'aller plus loin, et qu'après lui il faut nécessairement revenir en arrière. Toutes les vieilles techniques, classiques et romantiques, sont usées, vermoulues, et tombent. Il faut les renouveler. L'avenir est — comme toujours ! — aux indépendants. L'Allemagne musicale meurt de sa servilité à l'égard du passé. La Russie doit son avènement dans le domaine artistique à son sauvage mépris de la règle. Et la France va s'assurer le premier rang parmi les nations musiciennes, parce qu'elle a pris la tête du mouvement révolutionnaire.

Ne croyons pas M. Debussy isolé. A côté de lui, derrière lui, d'autres hommes travaillent dans des directions parallèles. S'ils ne lui ressemblent pas de tous points, au moins professent-ils le même mépris à l'égard des traditions déchues, et la même foi dans leur puissance créatrice.

Les Jeux d'eau (1902), le *quatuor* à cordes (1904), *les Miroirs* (1906), *les Histoires naturelles* (1907), *Gaspard de la Nuit* (1908), de **M. Maurice Ravel** (né en 1875) sont les conquêtes d'un artiste peut-être trop raffiné, et dont la conception manque parfois d'ampleur et d'envolée, mais qui nous annoncent au moins une terre inconnue.

D'une voix plus émue et plus douce, dans ses mélodies *Clair de lune religieux* (1893), *Pauvre fou qui songe* (1897), *la Légende de Pauvre homme* (1897) *Au crépuscule* (1908), *Prélude d'automne* (1909), dans son recueil pour piano *Jean Christophe* (1908) et dans ses *Poèmes* pour quatuor à cordes (1909), **M. Paul Dupin** (né en 1865) nous apporte le son troublant d'une musique ignorante et hardie, qui, elle aussi, fonde à tout instant une technique nouvelle.

Ici nous sommes en présence d'un cas singulier : d'instinct, sans maître et sans modèle, voici un musicien qui devine ce que les plus grands raffinements d'une culture, étendue à tous les domaines de l'art, inspirent aux plus subtils de ses contemporains. Sa technique est aussi compliquée parfois que la leur — et, en ce sens, aussi peu populaire. Mais, par l'accent de ses chants, par la qualité de son émotion, par ses sympathies naturelles, M. Paul Dupin possède au contraire, au plus haut degré, ce caractère populaire qui manque le plus souvent aux compositions d'un Debussy ou d'un Ravel.

Il est certain, en effet, que pour comprendre les poésies de Verlaine, la prose de M. Mæterlinck et la musique de M. Debussy une longue initiation est nécessaire : en dehors d'un certain milieu très cultivé, de telles œuvres resteront toujours lettre morte. Ce n'est pas que le style ou la technique en soit trop obscure (l'oreille s'habitue vite aux nouveautés de cet ordre), mais c'est que les impressions décrites ou les idées exprimées sont étrangères à l'expérience moyenne de l'humanité. Les sensations de M. Debussy, les idées de M. Mæterlinck n'existent pas dans la conscience d'un ouvrier, d'un paysan, ou d'un bourgeois médiocre.

Au contraire, la musique de M. Paul Dupin n'exige aucun raffinement des sens ou de l'esprit pour être comprise. Elle parle au cœur, qui saisit immédiatement toutes les nuances du sentiment. La vie la plus banale ne suffit-elle pas à l'éducation du cœur ? C'est l'éducation de l'esprit ou celle des sens qui mettent le plus de distance entre les hommes. Les plus grands raffinements de la tendresse, de l'amour, de la jalousie, du sentiment en général, sont du domaine commun, et les prendre pour objet de l'expression artistique, c'est faire œuvre populaire.

Voilà de quelle façon il peut, il doit y avoir un art populaire, un art qui, sans concession au mauvais goût ni à l'ignorance des foules, refuse de s'attacher exclusivement à dépeindre les particularités exceptionnelles d'une existence consacrée au luxe, mais s'intéresse à tout ce qui vit, à tout ce qui pense, à tout se qui souffre.

C'est sans doute dans cette direction que la musique française, jusqu'ici presque toujours aristocratique, quand elle n'est pas vulgaire, doit chercher un idéal nouveau, qui, tout en donnant satisfaction aux légitimes exigences des âmes délicates et des esprits supérieurs, exprime les inconscientes aspirations d'une humanité trop longtemps oubliée, méconnue, qui, elle aussi, a le droit de parler par la voix de l'artiste.

LECTURES RECOMMANDÉES.

Ouvrages de critique et d'histoire : Liszt, *Chopin* (Fischbacher). — A. Bruneau, *Musique de Russie et musiciens de France* (Fischbacher). — César Cui, *La musique en Russie* (Fischbacher). — A. Pougin, *La musique en Russie* (Fischbacher). — A. Soubies, *La musique en Russie* (Fischbacher). — Calvocoressi, *Moussorgsky*, dans la collection des « Maîtres de la musique » (Alcan). — William Ritter, *Smetana*, dans la collection des « Maîtres de la musique » (Alcan). — Romain Rolland, *Musiciens d'aujourd'hui*, article *le Renouveau* (Hachette). — Louis Laloy, *Claude Debussy* (Dorbon aîné). — Elie Poiré, *Chopin*, collection « Les Musiciens célèbres » (Laurens). — Paul Landormy, *L'état présent de la musique française*, dans la *Revue Bleue* du 26 avril et du 2 mars 1904.

Textes musicaux : Auteurs russes, éditions Belaïeff, Hansen, Jurgenson, Zimmermann, en dépôt chez Rouart, Lerolle et Cie, à Paris. — Moussorgsky, *Sans Soleil, la Chambre d'enfants, Chants et Danses de la Mort, Boris Godounow* (Bessel, éditeur, à Saint-Pétersbourg). — Claude Debussy, *Œuvres* (Fromont, Durand). — Paul Dupin, *Jean-Christophe* (Demets), *Douze Mélodies* (Senart et Roudanez), *Poèmes* pour quatuor à cordes (Senart et Roudanez).

FIN

TABLE ALPHABÉTIQUE

DES NOMS PROPRES ET DES MATIÈRES

N. B. — Les chiffres renvoient aux pages où le sujet est plus spécialement étudié.

TROISIÈME PARTIE

La musique en Italie, en France, dans les pays slaves et scandinaves, en Espagne et en Suisse au XIXᵉ siècle.